Arbeitnehmerbeteiligung am Arbeitsplatz
Eine empirische Untersuchung zur Arbeitnehmerbeteiligung in Qualitätszirkeln bei der Volkswagen AG

Europäische Hochschulschriften

Publications Universitaires Européennes
European University Studies

Reihe VI

Psychologie

Série VI   Series VI
Psychologie
Psychology

Bd./Vol. 356

PETER LANG
Frankfurt am Main · Bern · New York · Paris

Ferdinand Schultz

Arbeitnehmerbeteiligung am Arbeitsplatz

Eine empirische Untersuchung zur Arbeitnehmerbeteiligung in Qualitätszirkeln bei der Volkswagen AG

PETER LANG
Frankfurt am Main · Bern · New York · Paris

Die Deutsche Bibliothek - CIP-Einheitsaufnahme

Schultz, Ferdinand:

Arbeitnehmerbeteiligung am Arbeitsplatz : eine empirische Untersuchung zur Arbeitnehmerbeteiligung in Qualitätszirkeln bei der Volkswagen AG / Ferdinand Schultz. - Frankfurt am Main ; Bern ; New York ; Paris : Lang, 1992
(Europäische Hochschulschriften : Reihe 6, Psychologie ; Bd. 356)
Zugl.: Braunschweig, Techn. Univ., Diss., 1991
ISBN 3-631-44693-4

NE: Europäische Hochschulschriften / 06

D 84
ISSN 0531-7347
ISBN 3-631-44693-4

Printed in Germany 1 2 3 4 5 6 7

Für Susanne, Svea und Rika

Danksagung

Diese Arbeit wurde von der Hans-Böckler-Stiftung finanziell gefördert. Dafür sei ihr an dieser Stelle besonders gedankt.

Ohne die Unterstützung des Betriebsrates der Volkswagen AG, insbesondere der Kollegen Klaus Volkert, Walter Hiller und Hans-Jürgen Uhl, der IG Metall Verwaltungstelle Wolfsburg sowie der IG Metall Vertrauenskörperleitung im Werk Wolfsburg, wäre diese Arbeit nicht entstanden. Der DGB Kreisvorsitzende Gerd Bruder war mir bei meiner ersten Erkundung der Thematik behilflich.

Mein Dank gilt besonders den an der Untersuchung beteiligten Kolleginnen und Kollegen, den Teilnehmerinnen und Teilnehmern an den Seminaren, die alle die Idee der Untersuchung aktiv mitgetragen haben, sowie meinen betrieblichen Diskussions- und Interviewpartnern.

Lutz Packebusch, Jürgen Selzner und Renate Wachsmuth haben mit mir die Seminare über VW-Zirkel durchgeführt.

Für die Unterstützung auf betrieblicher Seite möchte ich mich besonders bei Friedhelm Marciniak und Traudel Klitzke vom VW-Zirkel-Beraterteam bedanken.

Ohne die Hilfe von Florence Görtz, Heidi Kamp, Andrea Madsack, Carsten Bauer, Stefan Fuchs, Wilfried Hauer und Jürgen Messing läge die Arbeit noch nicht vor.

Wesentliches verdankt eine Arbeit wie diese dem wissenschaftlichen Betreuer. In allen Phasen der Bearbeitung hat mir Prof. Dr. Heiner Erke Mut gemacht und mich durch Anregungen und konstruktive Kritik unterstützt. Er ließ mir große Freiheit bei der Umsetzung meiner Ideen, war aber stets bereit zur Diskussion und Hilfe, wenn die Notwendigkeit bestand.

Ich danke auch Prof. Dr. Dr. h. c. Bernhard Wilpert für seine Tätigkeit als Koreferent.

Inhalt

Kapitel 1
VW-Zirkel als Schritt zur Mitbestimmung am Arbeitsplatz

Die industriellen Arbeitsbedingungen, als Gesamtheit der Beziehungen zwischen Arbeitnehmern und Arbeitgebern, befinden sich gegenwärtig in einem tiefen Wandlungsprozeß.

Wirtschaftliche Zwänge, wie ein verschärfter internationaler Wettbewerb, Sättigungserscheinungen auf den Märkten, verstärkte Qualitätsnachfrage und die "dritte industrielle Revolution" mit der Mikroelektronik als Schlüsseltechnologie, verändern derzeit die industriellen Produktions- und Arbeitsprozesse grundlegend. Unter dem Druck der veränderten ökonomischen Bedingungen ist das Management in den exportorientierten bundesdeutschen Unternehmen in die Offensive gegangen und versucht, das enorme Rationalisierungs- und Flexibilisierungspotential der Mikroelektronik auszuschöpfen. Parallel dazu ist die Erkenntnis gewachsen, daß bürokratische, zentralisierte Organisationsformen kontraproduktiv zu den sich bietenden Möglichkeiten sind. Entsprechend abgespeckte, flexible, dezentral organisierte, effiziente Organisationseinheiten mit hoher Verantwortlichkeit und Selbständigkeit der Beschäftigten erscheinen notwendig.

Entsprechend dieser gewandelten Organisations- und Produktionsphilosophie rückt der Arbeitnehmer notwendigerweise verstärkt in den Mittelpunkt des Managementinteresses. Ohne die Beschäftigten sind die anspruchsvollen Automatisierungs-, Flexibilisierungs- und Reorganisationsbemühungen nicht zu verwirklichen. Damit verbunden ist die Notwendigkeit einer verstärkten kooperativen Zusammenarbeit mit Gewerkschaften und Betriebsräten. So kommt ein Modell zum tragen, wie es bei Volkswagen im Rahmen der "kooperativen Konfliktbewältigung" traditionell vorhanden ist. Ein zukunftsorientiertes Modell einer gemeinsam getragenen verantwortungsvollen Politik die sowohl Notwendigkeiten regionaler Strukturmaßnahmen als auch Anforderungen eines umweltbewußten Umgangs mit Ressourcen und Lebensräumen zu berücksichtigten versucht.

Im Rahmen dieser gemeinsam getragenen Politik hat die gewerkschaftliche Interessenvertretung der Volkswagen AG einen nicht unumstrittenen offensiven und kooperativen Weg zur Ausgestaltung des Beteiligungskonzepts "Qualitätszirkel" eingeschlagen (Volkert,K.; Uhl,H.-J.; Widuckel-Mathias,W.; 1987). An der Gestaltung und Umsetzung dieses Weges im Umgang mit einem betrieblichen Beteiligungskonzept war ich beteiligt und konnte im Rahmen dieser Tätigkeit die vorliegende Untersuchung durchführen.

Im ersten Teil der Untersuchung gehe ich den veränderten Rahmenbedingungen in der Automobilindustrie nach. Sie bilden die Grundlage für Neuorientierungen in Management und Interessenvertretungen. Die Konsequenzen unternehmensseitiger Beteiligungsangebote für die gewerkschaftliche Interessenvertretung werden diskutiert. Die Bedingungen, unter denen die direkte Beteiligung am Arbeitsplatz erfolgt, werden aufgezeigt.

Im Anschluß daran lege ich eine Modellvorstellung vom Beteiligungshandeln und vom Beteiligungsprozeß vor, die auf handlungspsychologischen sowie kontrolltheoretischen und motivationspsychologischen Überlegungen basiert. Um Partizipationsangebote entsprechend analysieren und bewerten zu können, ist eine Klärung des häufig benutzten Begriffs "Beteiligung" notwendig. Daraus leitet sich eine spezifische Fragestellung ab, in der zu klären ist, ob Arbeits- und Beteiligungshandeln voneinander abgrenzbar sind. Die besonderen Merkmale, die das Beteiligungshandeln von Arbeitnehmern im Betrieb aufweist, sind darzustellen.

In einem kurzen historischen Abriß über Beteiligungsansätze bei der Volkswagen AG leite ich von den allgemeinen Überlegungen zu den spezifischen Gegebenheiten meines Untersuchungsfeldes über. Durch die Darstellung des VW-Zirkel-Konzepts als weiterentwickeltem Qualitätszirkelansatz mit sehr breit angelegten Umsetzungs- und Begleitmaßnahmen sollen die grundlegenden Momente dieses Partizipationsangebots deutlich werden.

Seit Abschluß der Betriebsvereinbarung VW-Zirkel im Jahr 1986 habe ich an der Weiterentwicklung einer gewerkschaftlichen Strategie und der Erarbeitung entsprechender Umsetzungshilfen für Betriebsräte und Vertrauensleute zur Nutzung dieses Beteiligungsangebots mitgewirkt. Eine damit verbundene Bildungsmaßnahme für Vertrauensleute der IG Metall wird ausführlich dargestellt.

Insbesondere in meiner Bildungsarbeit mit Betriebsräten und Vertrauensleuten der Volkswagen AG formte sich die Frage, welche spezifischen Bedingungen für die Motivation zur Teilhabe von Arbeitnehmern an betrieblichen Diskussions-, Entscheidungs- und Gestaltungsprozessen vorhanden sein müssen. Was zeichnet ein Beteiligungsangebot aus, das von Arbeitnehmern angenommen und aktiv genutzt werden kann? Damit verbunden war die Frage, ob VW-Zirkel als Maßnahme zur Erweiterung der Handlungs-, Entscheidungs- und Kooperationsspielräume der Beschäftigten dienen und entsprechend wahrgenommen werden können.

Im Rahmen der vorliegenden Untersuchung zur Arbeitnehmerbeteiligung am Arbeitsplatz konnte ich im Juni 1989 und im März 1990 Beschäftigte der Volkswagen AG zu Beteiligungsmöglichkeiten am Arbeitsplatz befragen. In einem Vorher-Nachher-Kontrollgruppen-Design mit zwei Experimentalgruppen (Arbeitnehmer in

VW-Zirkel-Bereichen, Teilnehmer an gewerkschaftlichen Seminaren über VW-Zirkel) und einer Kontrollgruppe (Arbeitnehmer außerhalb der VW-Zirkel-Bereiche) wurden von mir, abgeleitet von meiner Modellvorstellung des Beteiligungsprozesses, folgende Teilaspekte untersucht:

- Verändert sich durch VW-Zirkel der Anregungsgehalt der Arbeitssituation?
- Verändert sich durch VW-Zirkel der Einfluß auf die Gestaltung der Arbeitssituation?
- Unterscheiden sich die subjektiven Kontrollerwartungen in Hinblick auf VW-Zirkel von den Kontrollerwartungen bei anderen Beteiligungsmöglichkeiten?
- Wird in Folge von Erfahrungen mit VW-Zirkeln eine Neubewertung bisheriger Beteiligungsangebote vorgenommen?
- Führen VW-Zirkel zu veränderten Beteiligungsorientierungen, weg von ergebnisorientierter Mitbestimmung in Gremien zu mehr prozeßorientierter Mitbestimmung am Arbeitsplatz?
- Ist die Gestaltung des VW-Zirkel-Konzepts ausreichend für die Motivation zum Beteiligungshandeln im Industriebetrieb?

Über diese arbeitspsychologischen Fragestellungen hinaus wird der Informationsfluß über VW-Zirkel innerhalb der Belegschaft untersucht. Weiterhin werden Fragen zu allgemeinen Mitbestimmungszielen der Befragten und mögliche Veränderungen dieser Ziele durch Zirkelerfahrungen analysiert.

Aus den Ergebnissen der vorliegenden Untersuchung werden Gestaltungshinweise für Beteiligungskonzepte abgeleitet. Zum Abschluß werden Perspektiven der Arbeitnehmerbeteiligung bei der Volkswagen AG vorgestellt.

Mit der vorliegenden Arbeit erhebe ich keinen Anspruch auf Aussagen über den Untersuchungsbetrieb hinaus. Es soll am Beispiel der Volkswagen AG deutlich gemacht werden, welche Partizipationsmöglichkeiten für die Beschäftigten in diesem Unternehmen gegeben sind und wie diese in bestehende Strukturen industrieller Arbeitsbeziehungen integriert werden können. Im Ausbau von Beteiligungsmöglichkeiten der Beschäftigten an betrieblichen Entscheidungs- und Gestaltungsprozessen sehe ich die zur Zeit wesentlichste Grundlage zur Weiterentwicklung industrieller Arbeitsbeziehungen auf betrieblicher Ebene.

Kapitel 2
Beteiligung von Arbeitnehmern an betrieblichen Entscheidungsprozessen

Beteiligung ist die Einflußnahme der betroffenen Arbeitnehmer und des Betriebsrates auf Technikgestaltung und Arbeitsorganisation, Arbeitsgestaltung und Humanisierung der Arbeit, soziale Einrichtungen und soziale Maßnahmen, Berufsaus-, Fort- und Weiterbildung, Arbeitszeit und Arbeitsweisen.

Auf seiten der Arbeitnehmer besteht nach wie vor ein Defizit an betrieblichen Einflußchancen in vielen dieser Bereiche. Durch den in den letzten Jahren rasch voranschreitenden technisch-organisatorischen Wandel und die daraus entstehenden Probleme für die Arbeitnehmer und Betriebsräte wurde deutlich, daß bestehende, vorwiegend institutionalisierte Mitbestimmungsmöglichkeiten an ihre Grenzen stoßen. Damit aufgeworfen wurde wieder die Frage einer verstärkten Arbeitnehmerbeteiligung und damit auch die Frage nach einer Mitbestimmung am Arbeitsplatz. Nach Himmelmann (1977, S.204) "läßt sich der Begriff Mitbestimmung nicht eindeutig definieren, da die Mitbestimmungsdiskussion von den unterschiedlichsten Grundeinstellungen und Interpretationen geprägt ist". Er verweist darauf, daß sich Mitwirkungs- und Beteiligungsrechte unterscheiden lassen in:

- gleichberechtigte Mitentscheidung,
- Initiativrechte,
- Zustimmungsrechte,
- Vetorechte,
- Beratungsrechte und
- Informationsrechte.

Neben unterschiedlich weitreichenden Formen der Beteiligung, wie etwa vom Informiertwerden bis zur Mitverantwortung und Mitentscheidung, lassen sich verschiedene Ebenen der Beteiligung auseinanderhalten. Der Mitbestimmung auf der betrieblichen Ebene des Arbeitsplatzes, der Abteilung, des einzelnen Standorts oder des Unternehmens folgen prinzipiell überbetriebliche, nationale und internationale Mitbestimmungsebenen.

Wilpert (1989, S. 324) verwendet den Begriff "Mitbestimmung" synonym mit "Partizipation" und definiert ihn in Hinblick auf organisationspsychologsiche Fragestellungen als:

> "die Gesamtheit der Formen und Intensitäten, mit denen Individuen, Gruppen, Kollektive durch selbstbestimmte Wahl möglicher Handlungen ihre Interessen sichern".

Diese Definition läßt sich vertiefen durch die Gegenüberstellung von direkter und indirekter bzw. formeller und informeller Beteiligung an Entscheidungs- und Gestaltungsprozessen. Direkte Beteiligung ist dabei als die unmittelbare und persönliche Form der Interesssenwahrnehmung zu verstehen, während indirekte Beteligung z.B. vermittels gewählter Deligierter stattfinden kann. Formelle Beteiligung ist in entsprechenden Regularien fixiert und führt zu ausgestalteten Strukturen, z.B. auf Basis des Betriebsverfassungsgesetzes oder der hier behandelten VW-Zirkel, während informelle Beteiligung in der Regel aus gegebenen Notwendigkeiten oder Übereinkünften hervorgeht. Es kann somit zwischen juristisch fixierten Formen der Beteiligung mit entsprechenden Normen (Verfassung, Gesetz, Tarifvertrag, Betriebsvereinbarung) und faktisch gegebenen, in der Praxis vorhandenen bzw. zwischen den Beteiligten als notwendig erachteten Formen unterschieden werden.

Wilpert (1989, S. 325) weist als weitere analytische Dimensionen der Mitbestimmung auf die Mitbestimmungsintensität, als Maß in dem Arbeitnehmer oder ihre Vertreter Entscheidungsprozesse beienflussen können, sowie die soziale Reichweite der Mitbestimmung, als Umfang aller Beteiligten bzw. Betroffenen einer Entscheidung, hin.

Die Mitbestimmung am Arbeitsplatz ist als Nahtstelle zwischen Produktions- und Interessenvertretungssystem zu charakterisieren. Mit ihr bieten sich für zukünftige Entwicklungen der dezentralen Betriebsorganisation, für die Aufgaben in Qualifizierung und Weiterbildung sowie für Themen des Umwelt- und Gesundheitsschutzes möglicherweise vielversprechende Perspektiven. Allerdings ist nach wie offen welche Formen und Intensitäten eine entwickelte Mitbestimmung am Arbeitsplaz ausmachen. Es ist offen ob sich eher informelle oder formelle Formen entwickeln werden und die Auswirkungen der Mitbestimmung am Arbeitsplatz auf die Mitbestimmungsstruktur in den Unternehmen läßt sich noch nicht abschätzen.

Das Thema der Mitbestimmung am Arbeitsplatz zählt zu den schwierigsten Themen der innerbetrieblichen und innergewerkschaftlichen Diskussion der letzten Jahrzehnte. Die Forderung nach Mitbestimmung am Arbeitsplatz erfreut sich, wie Meinungsumfragen zeigen (Marplan, 1982), einer besonders hohen Beliebtheit bei den Arbeitnehmern. Es ist jedoch auch klar, daß jede Mitbestimmungsforderung für die einzelnen Beschäftigten und die Arbeitnehmerschaft als Ganzes ein Mehr an

Freiheit und Selbstbestimmung bringen muß. Das Schicksal des einzelnen im Arbeitsleben wird zu einem großen Teil durch seinen Arbeitsplatz bestimmt. Durch die Brille seiner Arbeitssituation nimmt er das betriebliche Geschehen wahr, hier bieten sich am ehesten konkrete Mitsprachemöglichkeiten an. Andererseits ist jeder Arbeitsplatz eingebettet in die Abteilung, den Betrieb, das Unternehmen, in die Branche und die gesamte Wirtschaft. Von all diesen Ebenen wird der Arbeitsplatz beeinflußt, und sie müssen deshalb alle auf die Möglichkeit untersucht werden, Freiräume für den einzelnen, für Gruppen von Beschäftigten oder für ganze Belegschaften zu schaffen. Die Schwierigkeiten deuten sich an, wenn man bedenkt, daß es nicht nur darauf ankommt, in einer hochentwickelten und differenzierten Wirtschaft spezifische Lösungen für einzelne und Gruppen von Beschäftigten zu finden; solche Lösungen sollen mit ihnen selbst entwickelt werden, ohne die betrieblichen Abläufe zu stören und die Interessenvertretung zu schwächen. Es geht um arbeitsplatz- und betriebsnahe Interessenwahrnehmung im Rahmen und auf Grundlage insbesondere von Betriebsverfassung und Tarifpolitik.

"Hinter der Diskussion um die Mitbestimmung am Arbeitsplatz verbirgt sich deshalb weit mehr als nur eine einzige isolierte Ergänzung von Mitbestimmungskonzepten, es geht um Grundsatzfragen gewerkschaftlicher Interessenvertretung schlechthin." (Leminsky, 1985, S.151).

Selbstkritisch stellte Hiller (1987, S. 138) fest, daß der Mitbestimmungsgedanke erheblich an Ausstrahlungskraft verloren hat. Er sieht als wichtigsten Grund für diese Tatsache, daß das Gestaltungsprinzip der Mitbestimmung vor allem dann mobilisierend wirkt, wenn es konkret sichtbar und erfahrbar ist. Dies ist eine Erkenntnis, die vor einem ganz anderen Hintergrund an Einschätzungen aus den 60er und 70er Jahren anknüpft. Bereits 1968 unterbreiteten Matthöfer und Vilmar differenzierte Vorschläge zur Mitbestimmung am Arbeitsplatz, die von einem unauflöslichen Zusammenhang der aktivierenden Mitbestimmung am Arbeitsplatz und der übergeordneten Mitbestimmung des Betriebsrates ausgingen.

"Ohne Mitbestimmung am Arbeitsplatz ist das gesamte Mitbestimmungskonzept ein Koloß auf tönernen Füßen", meinte Vilmar (1968). Die Diskussion, die sich Ende der sechziger Jahre um die Mitbestimmung am Arbeitsplatz entwickelte, war vorwiegend eine Diskussion um Institutionen. Es ging um Arbeitsgruppensprecher und um betriebliche Kommissionen sowie um deren mögliche Rechte und Aufgaben.

Nach Leminsky (1985, S.153):

> "...war die Reaktion auf diese Vorschläge - nicht zuletzt aus den Reihen der IG Metall, aus denen sie gekommen waren - überaus zwiespältig. Die Gewerkschaften befürchteten in neuen und zusätzlichen Institutionen auf der betrieblichen Ebene, neben den Betriebsräten und Vertrauensleuten, eine Aufsplitterung der Interessenvertretung, eine Aushöhlung der Betriebsverfassung, eine Schwächung der Tarifpolitik und damit insgesamt eine Gefahr für die gewerkschaftliche Solidarität. Für viele Jahre wurde es wieder still um die Mitbestimmung am Arbeitsplatz."

Begünstigt wurde diese Situation durch die gewerkschaftspolitische Konzentration auf die Aufsichtsratsebene und die überbetriebliche Mitbestimmung bei gleichzeitiger Ablehnung jeglicher Mitbestimmungsforderungen durch die Unternehmen.

Seit Anfang der siebziger Jahre hat sich durch den Druck massiver Rationalisierungsprozesse in den Betrieben, jedoch auch unter dem Einfluß reformpolitischer Ansätze, eine neue Betrachtungsweise entwickelt, die man mit dem Begriff "Humanisierung der Arbeit" bezeichnet. Dabei ging es weniger um Institutionen als um das Bearbeiten dringender Probleme der Arbeitnehmer, für die nach Schutz- und Gestaltungsmöglichkeiten gesucht wurde. Es wurden interessante Entwicklungen arbeitsplatznaher Beteiligung der Arbeitnehmer und ihrer Interessenvertretung erprobt. Dabei gab es verschiedene Ansätze zur Veränderung der Arbeit unter unmittelbarer Einbeziehung der Betroffenen wie zum Beispiel das "Peiner Modell" (Fricke, 1981) oder das "Tübinger Beteiligungs-Modell" (Girschner-Woldt, 1986). Diese Entwicklung ist jedoch nicht nur in der Bundesrepublik, sondern auch in anderen europäischen Ländern nachzuzeichnen (Fricke & Schuchardt, 1984). Allerdings sind solche Konzepte nicht systematisch mit dem Gedanken einer Mitbestimmung am Arbeitsplatz verknüpft worden.

Die Versuche mit einer erweiterten Beteiligung der Arbeitnehmer an der Gestaltung ihres Arbeitsplatzes, des Arbeitsablaufs und der Arbeitsumgebung zeigten, daß die Arbeitnehmer sowohl die entsprechenden Qualifikationen für Veränderungsvorschläge als auch den Willen und das Interesse zur Mitgestaltung besitzen.Auch die Modellvorhaben des Programms zur Humanisierung der Arbeit, die betriebliche Umstellungen unter Beteiligung der Betroffenen zum Gegenstand hatten, haben gezeigt, daß die Arbeitnehmer an der unmittelbaren Gestaltung ihrer Arbeit interessiert sind. Arbeitnehmer sind in der Lage, konkrete und umsetzbare Alternativen zu entwickeln. Sie identifizieren sich mit Maßnahmen, die sie selbst mitentwickelt haben, stärker als mit solchen, die für sie geschaffen worden sind. Es müssen allerdings Anstöße gegeben werden, Zeit muß zur Verfügung stehen, notfalls muß Expertenrat eingeholt werden, damit das Engagement der Arbeitnehmer gewonnen werden kann. Und schließlich sollte der Aufwand in Erfolgen sichtbar werden. Eine solche Beteiligung der Arbeitnehmer an selbstgewählten Aufgaben, meistens zusammen mit Vertrauensleuten und Betriebsräten, schwächt nicht, wie vielfach befürchtet, die repräsentative Interessenvertretung, sondern vermag sie zu stärken. Ganz im Sinne der von Pöhler (1973) vorgeschlagenen Definition des vieldeutig verwendeten Humanisierungsbegriffs geht es bei diesem Prozeß um die "Wiedergewinnung der Kontrolle über den eigenen Arbeitsprozeß".

Aufgrund der Defensivhaltung großer Teile der deutschen Gewerkschaften und vieler Betriebsräte erfolgte bisher die Einführung von Beteiligungskonzepten in der Regel auf Initiative des Managements und zielte im Rahmen einer Gesamtstrategie zur Organisations- und Personalentwicklung auch auf eine Verbesserung der betriebswirtschaftlichen Situation der Unternehmen ab. Die Verbesserung der Produktqualität, Produktivitätssteigerungen, bessere Auslastung vorhandener Technologiekapazitäten sollten letztlich zur verbesserten Wettbewerbsfähigkeit der Unternehmen beitragen und damit den Mitgliedern der Organisation zugute kommen. Diese Ziele sind auf dem bisherigen Wege der Rationalisierung und Automatisierung unter Beibehaltung der tayloristischen Arbeitsorganisation nicht mehr erreichbar.

Komplexer werdende Arbeitssysteme erfordern immer präzisere Planung und Planungsdaten. Die Differenz zwischen dem Planungswissen der Produktionsplanung und dem Erfahrungswissen der Arbeitnehmer scheint sich zu verringern. Die Bedeutung und damit die Abhängigkeit vom Erfahrungswissen der Arbeitnehmer erhöht sich jedoch. Mehr zentraler Macht im Unternehmen steht zunehmend mehr dezentrale Entscheidungskompetenz gegenüber (s. Klebe & Roth, 1988). Die technologischen Entwicklungen und die damit verbundenen arbeitsorganisatorischen Veränderungen scheinen in vielen Unternehmen eine der wesentlichen Triebkräfte der neuen Arbeitnehmerbeteiligungsmodelle zu sein. Gleichrangig neben betriebswirtschaftlichen Zielen stehen notwendigerweise auch Ziele zur Verbesserung der Arbeitsbedingungen, der Kommunikation und Kooperation und des Arbeitsklimas.

Der Abbau einer zentralen Organisationsstruktur schafft Freiräume und damit Möglichkeiten zu einer Entwicklung, die zunächst einmal offen ist. Sie ist nicht eindeutig prognostizierbar und steuerbar und könnte demnach unter Umständen auch kontraproduktive, antagonistische oder chaotische Auswirkungen mit sich bringen. Es liegt auf der Hand, daß das Management einer solchen Entwicklung vorzubeugen bestrebt ist und die zentrale Kontrolle nur in dem Grade vermindert, wie sie durch eine freiwillige einsichtsvolle Selbstkontrolle der Mitarbeiter ersetzt wird.

Durch Beteiligung von Arbeitnehmern soll eine Motivierung zur Identifikation mit der Tätigkeit und dem Unternehmen, die Stärkung der Eigenverantwortung und der Selbstkontrolle erreicht werden. Auf diese Weise in die "Unternehmenskultur " eingebunden, soll es den Arbeitnehmern ermöglicht werden die angestrebten Unternehmensziele zu verstehen und zu verinnerlichen. (vgl. Wiendieck, 1988a, 1988b; kritisch dazu Herzer, 1988; Holleis, 1987).

Kaßebaum (1989, S. 453) erläutert die Bedeutung der damit für die Gewerkschaften gestellten Aufgabe:

> "Die Arbeitnehmerbeteiligung gerät deshalb zu einer so großen Herausforderung, weil die Unternehmen gegenwärtig durch eine Veränderung ihrer Innovationspraxis, durch gewandelte Arbeitseinsatzkonzepte und betriebliche Qualifizierungsstrategien der Beschäftigten nicht nur weit über das Verständnis von "Sozialtechnik" hinausreichende Partizipationsangebote machen, sondern über diesen Weg scheinbar mühelos - müheloser vielleicht als die Gewerkschaften - auch auf neue Werthaltungen von Arbeitnehmern reagieren, in denen die Sinnhaftigkeit der Arbeit und die individuelle Mitverantwortung einen größeren Spielraum eingenommen haben."

Hier treffen die Versäumnisse der Gewerkschaften mit einem veränderten Arbeitnehmertyp zusammen. Der "neue" Facharbeiter zeichnet sich durch einen hohen Grad an Individualisierung aus. Arbeit ist nicht mehr nur Broterwerb, verlangt wird eine interessante und abwechslungsreiche Arbeit, in der persönliches Engagement und Entfaltung möglich sind. Beteiligungsangebote greifen diese Bedürfnisse auf. Ob diese Angebote allerdings nur vorübergehend sein werden, nur für bestimmte Arbeitnehmergruppen gelten oder zu einer fest verankerten Mitbestimmung am Arbeitsplatz für alle Arbeitnehmer entwickelt werden können, erscheint derzeit noch offen (Kißler, 1980; Breisig, 1984; Fricke & Schuchardt, 1985).

Wohin sich ein Beteiligungskonzept im konkreten Fall entwickelt, hängt von vielen, vorher kaum bestimmbaren Einflußfaktoren ab. Orientierungen des Managements oder das Verhalten der Betriebsräte und Arbeitnehmer selbst können Veränderungen erfahren. Geänderte wirtschaftliche Gegebenheiten, organisatorische und technische Neuorientierungen sind ebenfalls langfristig nicht vorhersehbar. Unter welchen Rahmenbedingungen in einem Unternehmen der Automobilindustrie Beteiligungsprozesse stattfinden und welches die Bedingungen für individuelles und kollektives Beteiligungshandeln sind, soll im folgenden herausgearbeitet werden.

2.1 Veränderte Rahmenbedingungen in der Automobilindustrie als Grundlage neuer Beteiligungskonzepte

Die Situation in der Automobilindustrie ist gekennzeichnet durch verschärften Wettbewerb auf den Weltautomobilmärkten und eine sich diesen neuen Bedingungen anpassende Produktionsstrategie der Unternehmen. Die für die Automobilindustrie typische arbeitsorganisatorische Perfektionierung und Zentralisierung der Kontrolle ließ den individuellen Handlungsspielraum in den 70er Jahren auf verschiedene Weise schrumpfen. Zum einen verringerte sich horizontal die Variabilität der Tätigkeit. Weiterhin nahm vertikal der Entscheidungs- und Verantwortungsspielraum ab und schließlich zeigte sich sozial eine zunehmende Vereinzelung der Arbeitsplätze. Es ist angesichts dieser Situation nicht verwunderlich, daß die Arbeitsmotivation verkümmerte. Die fachliche und soziale Kompetenz der Arbeiter konnte sich nicht weiterentwickeln, und es kam zu teils subtilen Formen der Arbeitsverweigerung. Um diese dann unter Kontrolle zu bringen, kam es zu weiteren dirigistischen Maßnahmen. Die Zentralisierung der Kontrolle, von Staudt (1982) als die "Arroganz des zentralen Wissens" bezeichnet, war mit einer weitgehenden Entmündigung des Produktionsarbeiters verbunden.

Euler (1977, S. 70f.) hat in seiner Studie über die Konfliktpotentiale eines modernen Maschinenbauunternehmens plastisch beschrieben, wie junge Industriearbeiter nach einer Eingewöhnungsphase Ideen und Initiativen entwickelten, sich jedoch bald darauf resignierend dem Unabänderlichen anpaßten, wenn sie erfahren mußten, daß ihre Kreativität fehl am Platze war. Der gelegentlich gehörte Kommentar der Vorgesetzten - "fürs Denken wirst Du hier nicht bezahlt" - ist entwaffnend offen und ist leider auch für die Automobilindustrie in einigen Bereichen noch immer zutreffend. Doch insgesamt hat sich die Szenerie entscheidend geändert und die Automobilindustrie steht in den kommenden Jahren vor weiteren radikalen Umbrüchen, die zu neuen Arbeits- und Organisationsformen und veränderten Qualifikationsanforderungen führen. Jürgens (1990) konstatiert für die achtziger Jahre Produktionsreformen, die mit der Schwierigkeit konfontiert waren, nur ein negatives Leitbild zu haben, das darin bestand, den Taylorismus/Fordismus abzubauen bzw. zurückzudrängen, doch kein positives Leitbild vorweisen zu können.

Bereits auf dem ersten Symposium "Zukunft der Automobilindustrie" der IG Metall Wolfsburg wies Streek (1987, S. 115) darauf hin, daß sich unter den veränderten Rahmenbedingungen der Neunziger Jahre solche traditionellen Massenproduzenten am besten behaupten, denen es gelingt, unter hohem Forschungs- und Entwicklungsaufwand in obere Marktsegmente auszuweichen, in denen eine Verteidigung oder Erhöhung des Produktionsvolumens durch Steigerung des Produktwertes möglich ist. Wettbewerb findet in derartigen Märkten nicht mehr in erster Linie um den Preis statt, sondern um die Entwurfs- und Verarbeitungsqualität sowie die Fähigkeit des Produzenten, die Bedürfnisse des individuellen Abnehmers genau zu treffen. Um dieser Strategie diversifizierter Qualitätsproduktion gerecht zu werden, ist u. a. eine flexible Produktionstechnologie, ein hohes Qualifikationsniveau und eine intelligente Arbeitsorganisation notwendig. Streek (1987) bezeichnet als intelligente Arbeitsorganisation die Fähigkeit eines soziotechnischen Systems, sich möglichst genau an die jeweiligen äußeren Bedingungen anzupassen und sich auch zugleich rasch auf neue Anforderungen umzustellen. Klebe und Roth (1988, S.23) weisen darauf hin:

"Während es die neue Produktionstechnologie erlaubt, unterschiedliche Produktvarianten automatisiert zu fertigen, entstehen höhere Kapitalkosten und steigende Störungs- und Stillstandkosten. Mit der zunehmenden Automatisierung erfolgt eine Verschiebung der Aufgaben hin zu Überwachungs- und Steuerungsaufgaben. Gleichzeitig gewinnen schnelle Störungsbeseitigung, Wartung und Instandhaltung an Bedeutung. Eine effektive Nutzung hochmechanisierter Anlagen hängt damit wesentlich vom Bedienungs- und Instandhaltungspersonal ab."

	standardisierte Produktion Preiswettbewerb	**maßgeschneiderte Produktion Qualitätswettbewerb**
kleines Fertigungsvolumen	spezialisierte Teileproduktion	handwerkliche Produktion
großes Fertigungsvolumen	Massen-produktion	diversifizierte Qualitätsprodukte

Abbildung 1: Produktionsstrategien der neunziger Jahre nach Streek (1987, S.116)

Neue Technologien, Just-in-Time-Produktion, Flexibilisierung der Produktionsabläufe, "Kleinserien-Fertigung", Verkürzung der Rüstzeiten etc. erlauben keine Ausfälle wegen Qualitätsmängeln oder Betriebstörungen bei der Fertigung. Immer komplexer werdende Fertigungssysteme verlangen höchste Zuverlässigkeit und aktives betriebliches Engagement der Arbeitnehmer. Aufgabenintegration führt zu veränderten Anforderungen in den Bereichen Zusammenarbeit, Arbeitssystemkenntnis, Ablaufverständnis und anwendungsbezogenes Fachwissen.

Flexible Fertigungs- und Logistik-Systeme stellen damit neue Anforderungen an Mitarbeiterqualifikationen. Neben sachlich-fachlichen Kompetenzen sind zunehmend fachübergreifende soziale und personale Kompetenzen gefragt. Meyer-Dohm (1987, S.682) erläutert:

> "So kommt es künftig nicht mehr auf die Beherrschung einzelner Handgriffe an, sondern vielmehr auf das Wissen um den Zusammenhang von Prozessen, auf die Kenntnis von Eingriffsmöglichkeiten, auf einen systematisch vordenkenden Arbeitsstil, auf Verantwortungsbereitschaft und -bewußtsein für Gesamtabläufe."

Die Minderung von Reibungsverlusten bei Inbetriebnahme, Umstellung und Betrieb von Anlagen, im Transport von Material und bei der Organisation des Produktionsablaufs läßt sich nur mit den Beschäftigten, nicht gegen sie erreichen. Viele hochtechnisierte Bereiche sind, ohne freiwillige Maßnahmen und Eigeninitiativen der Beschäftigten, wie etwa Wartungstätigkeiten, vorbeugende Instandhaltung, Verbesserung an den Anlagen, Improvisationen bei Störungen und vieles mehr, nicht mehr ökonomisch zu betreiben. Vielfach findet die Regulierung und Koordination der Arbeit ohne die formal dafür zuständigen Vorgesetzten statt. Informelle Gruppen stimmen dabei die sachlichen und dispositiven Funktionen untereinander ab. Auch Emery und Thorsrud (1982, S. 186) betonen:

> "Wenn der Charakter der Arbeit Spielraum für Verbesserungen bietet, dann lassen diese sich am besten erreichen, indem die Verantwortung für Leistungskontrolle und Qualität der persönlichen Arbeit und für die interpersonale Koordination den Leuten übertragen wird, die tatsächlich die Arbeit tun."

Unter den Bedingungen tayloristischer Arbeit war und ist jedoch ein zunehmendes Auseinanderklaffen zwischen formaler Funktionszuweisung und den faktischen Funktionen zur Aufrechterhaltung eines störungsfreien Betriebes festzustellen.

Streek (1987) erkennt eine Reihe von Maßnahmen in der Automobilindustrie, die eine Ausweitung der Tätigkeit und der Verantwortung des einzelnen Beschäftigten im Rahmen eines Prozesses der Dezentralisierung von Entscheidungskompetenzen insbesondere in der Automobilindustrie zeigen und auf ein neues Leitbild eines humanzentrierten Organisationskonzeptes (Brödner, 1985) hinweisen. Er analysiert eine zunehmende Verwischung der Grenzen zwischen direkter und indirekter Arbeit, zwischen Berufen und Abteilungen (insbesondere Produktion einerseits und Wartung, Qualitätskontrolle, Arbeitsvorbereitung andererseits), Zeitwirtschaft zwischen Stab und Linie und allgemein zwischen manueller und nichtmanueller Arbeit. Damit einher geht eine Anreicherung von Arbeitsaufgaben durch Integration benachbarter Tätigkeiten (job enlargement) und Zusammenfassung von ausführenden und dispositiven Funktionen (job enrichment) sowie häufigere Rotation von Aufgaben bei entsprechender Erweiterung von Qualifikationsprofilen (job-rotation), sowohl zur Effizienzsteigerung als auch zur Weiterbildung der Arbeitskräfte.

Die Mobilisierung von "Produktionsintelligenz", insbesondere durch Ausbau des Vorschlagwesens, Integration der Qualitätskontrolle in den Arbeitsvollzug und Delegation von Verantwortung für Arbeitsverteilung und Arbeitsablauf, nimmt bei den Maßnahmen in der Automobilindustrie einen hohen Stellenwert ein. Damit einher geht das Ziel der Erhöhung der Verantwortungsbereitschaft und -fähigkeit des einzelnen Beschäftigten durch Beteiligung an Produktionsentscheidungen und Weiterbildung und die Integration von Arbeit, Weiterbildung und Managementfunktionen in "Qualitätszirkeln" und "Lernstätten". Zunehmend wird eine Verbesserung der "horizontalen" Kommunikation und Kooperation der Beschäftigten durch Bildung von Arbeitsgruppen mit selbstgewählten Sprechern angestrebt. Damit gekoppelt ist teilweise die Übertragung von Entscheidungsrechten und Verantwortung an Arbeitsgruppen in Bereichen wie Aufgabenverteilung und -rotation, Weiterbildung, Arbeitsdiziplin, Regelung von Vertretungen, Fluktuationsersatz, Anlernen neuer Belegschaftsmitglieder, Regelung der individuellen Arbeitszeit, Festsetzung von Produktionszielen, Organisation des Materialnachschubs, Abrechnung, Qualitätskontrolle und Qualitätsverbesserung sowie Entlohnung.

Es ist auch verstärkt mit der Zuweisung von wirtschaftlicher Verantwortung an Arbeitsgruppen bei Entkettung von Produktionsabläufen, einschließlich Zurechnung von Erfolgen und Mißerfolgen durch Prämienregelungen zu rechnen. Schließlich ist generell von einer zukünftigen Verkürzung von Hierarchien und Veränderung der Aufgaben der Vorgesetzten, insbesondere der Meister, von hierarchischer Kontrolle zu fachlicher Beratung auszugehen.

Diese Erkenntnisse entsprechen der Tendenz nach den psychologischen Anforderungen an die Arbeit, wie sie von Emery und Thorsrud (1982, S.185 f.) formuliert wurden:

1. Angemessene Ellenbogenfreiheit. Das Gefühl, sein eigener Herr zu sein und daß einem nicht dauernd - außer in Ausnahmesituationen - ein Chef hinter dem Rücken steht. Jedoch nicht so viel Ellenbogenfreiheit, daß man nicht weiß, was man als nächstes tun kann.
2. Gelegenheit zum Lernen und Weiterlernen bei der Arbeit. Wir sind der Meinung, daß solches Lernen nur möglich ist, wenn Menschen sich Ziele setzen können, die für sie eine vernünftige Herausforderung darstellen, und rechtzeitig ein Feedback der Resultate erhalten, um ihr Verhalten korrigieren zu können.
3. Ein optimales Maß an Abwechslung, d.h. sie können die Arbeit variieren, um Langeweile und Ermüdung zu vermeiden und um den besten Nutzen aus der Einstellung auf einen befriedigenden Arbeitsrhythmus zu ziehen.
4. Bedingungen, unter den auf Hilfe und Respekt von seiten ihrer Arbeitskollegen gerechnet werden kann. Vermeidung von Bedingungen, wo niemand Interesse daran hat, einen Finger zu rühren, um einem anderen zu helfen, wo die Menschen gegeneinander aufgehetzt werden, so daß "der Gewinn des einen der Verlust des anderen ist", wo das Gruppeninteresse die individuellen Fähigkeiten und Schwächen ignoriert.

Trotz der oben aufgezeigten Tendenzen verläuft die Reorganisation der Produktion in der Automobilindustrie nicht nach einem einheitlichen Muster. Teilweise sind an den selben Standorten verschiedene sich widersprechende Technikeinsatz- und Personalkonzepte festzustellen. Es wird in ausgesuchten Abteilungen geradezu mit neuen Arbeitsformen experimentiert, um die optimalen Organisations- und Qualifizierungsformen zu finden. Ausdruck für diese veränderten Organisationskonzepte sind die verschiedenen Partizipationsmodelle in der Automobilindustrie, etwa Employee Involvement Strategien bei Ford, Quality of workinglife Programme bei General Motors sowie die vielfältigen Ansätze der fertigungsnahen Selbstregulierung wie Gruppenarbeit und produktionsbezogene Teamkonzepte.

So wie die Experimente mit Gruppenarbeit nicht auf einzelne Unternehmen beschränkt bleiben, sind auch die Qualitätszirkel-Konzepte (QZ-Konzepte) über die ganze Branche verteilt (Strombach, 1984; Deppe, 1986). Bis auf Porsche haben inzwischen alle bundesdeutschen Automobilhersteller Erfahrungen mit QZ-Konzepten. BMW begann bereits 1973, allerdings unter anderen Vorzeichen (Reichart, 1989) mit dem Lernstattkonzept. Volkswagen und Audi folgten Ende der siebziger Jahre mit eigenen Aktionskreis-Modellen und Ford und Opel führen ebenfalls QZ-Aktivitäten durch. Einzig Daimler-Benz hat erst 1988 Schritte zur Umsetzung eines Qualitätszirkelmodells unternommen.

Für die Bundesrepublik stellten Bungard und Antoni (1987) bei einer Befragung der 100 umsatzstärksten Industrieunternehmen fest, daß im Jahre 1985 bereits 40 dieser Firmen mit QZ arbeiteten, zwölf konkret ihre Einführung planten, vier sich noch nicht entschieden hatten und 41 Firmen keine QZ hatten und auch nicht ihre Einführung planten.

2.2 Gewerkschaftliche Interessenvertretung und Arbeitnehmerbeteiligung in der Automobilindustrie

Während aufgrund verschärfter Bedingungen auf den Absatzmärkten vom Management mit neuen Formen der technisch-organisatorischen Rationalisierung reagiert wird und die Beschäftigten mit Beteiligungsangeboten umworben werden, ergibt sich für Gewerkschaften und Betriebsräte die Notwendigkeit einer Neuorientierung der eigenen Politik (Hildebrandt & Seltz, 1987; Roth & Kohl, 1988; Steinkühler, 1988b; Industriegewerkschaft Metall, 1989).

Für die betriebliche Interessenvertretung ist das organisierte Handeln in vertraglich oder gesetzlich gestecktem, formalisiertem Rahmen charakteristisch. Das Betriebsverfassungsgesetz bildet eine Grundlage, die dem Betriebsrat - je nach Regelungsmaterie - Rechtsansprüche auf Information, Mitwirkung und Mitbestimmung einräumt. Betriebliche Maßnahmen durchlaufen daher in der Regel einen geordneten Prozeß der Verhandlung mit den Institutionen der betrieblichen Interessenvertretung. Dabei unterliegen beide Seiten einem gewissen Einigungszwang.

Vor dem Hintergrund einer institutionalisierten, festgefügten Politik der Interessenvertretung mit traditioneller Orientierung auf ihre Schutz- und Kompensationsfunktion stießen die neuen Managementkonzepte in einen Freiraum gewerkschaftlicher Programmatik. Beteiligungskonzepte der Unternehmen wurden von den Gewerkschaftsapparaten eher kritisch bis ablehnend aufgenommen. Gleichzeitig mußten viele Betriebsräte vor Ort die Attraktivität direkter Beteiligungsformen, wie z.B. Mitarbeitergespräch, Qualitätszirkel und Benutzerbeteiligung, für die Beschäftigten erkennen.

Die Grenzen institutionalisierter Mitbestimmung und ihre nachlassende Attraktivität für die unterschiedlichsten Beschäftigungsgruppen wurden immer deutlicher. Liebgewonnene, festgefügte Rollen in der Arbeit der Betriebsräte, Vertrauensleute und Arbeitnehmer werden in Frage gestellt. Eingeschliffene Prozesse einer Stellvertreterpolitik oder eines arbeitsteiligen Gegenmachtmonopols, wie Diefenbacher, Nutzinger, Kißler, Teichert (1984) es nennen, werden immer fragwürdiger. Zoll (1990) appelliert unter dem Titel "Beteiligung als Element einer neuen politischen Kultur in Alltag und Betrieb" an die Gewerkschaften, die gesellschaftliche Entwicklung hin zu einem neuen kulturellen Modell, einer auf Selbstbestimmung und Beteiligung basierenden kommunikativen Kultur, nachzuvollziehen.

Vorangetrieben durch betriebliche und gesellschaftliche Entwicklungen findet seit einiger Zeit in den Gewerkschaften eine intensive Auseinandersetzung um die Gestaltung von Beteiligungskonzepten wie Qualitätszirkeln oder teilautonomen

Arbeitsgruppen statt, die nicht zuletzt aus der Erkenntnis erwuchs, daß Technikgestaltung, Arbeitsorganisation und Qualifikation der Beschäftigten in einem engen Wechselverhältnis stehen. Jürgens, Dohse und Malsch (1989, S.123) weisen darauf hin, daß sich die Gewerkschaftpolitik in der Bundesrepublik in neue Gestaltungsbereiche weiterentwickelt. Für die im Automobilsektor dominierende IG Metall stellen sie eine starke "Präventionsorientierung" fest.

In der derzeitigen Politik der IG Metall kann ich sowohl eine starke Präventionsorientierung als auch eine zunehmend beteiligungsorientierte Schwerpunktsetzung erkennen. So messen die Entschließungen 6 und 9 des IG-Metall-Gewerkschaftstages 1989 der Mitbestimmung am Arbeitsplatz und einer beteiligungsorientierten Arbeitsgestaltungspolitik einen großen Stellenwert bei.

Traditionelle Forderungsschwerpunkte	Neue Forderungsschwerpunkte
"schutzorientiert" 0 keine Arbeitsintensivierung 0 keine Diskriminierung bei Personalselektion 0 Beschäftigungssicherheit 0 Sicherung des Lohnniveaus	**"beteiligungsorientiert"** 0 Beteiligung an Problemlösungen 0 Beteiligung an Regelung des Arbeitseinsatzes 0 Beteiligung an der Entscheidungsbildung
"kompensationsorientiert" " 0 Lohnerhöhung 0 Lohnzuschläge (z.B. für bes. Belastungen) 0 Sozialleistungen (z.B. Frühverrentung)	**"präventionsorientiert"** 0 Technik- und Arbeitsgestaltung (Ergonomie) 0 Erholzeiten 0 Qualifizierung 0 Arbeitszeitverkürzung

Abbildung 2: Typen betriebsnaher Gewerkschaftspolitik

Steinkühler (1988a, S. 521) spricht sich dafür aus, die institutionellen Mitbestimmungsforderungen mit inhaltlicher Mitbestimmungspraxis zu verbinden:

- durch die erweiterte Mitbestimmung im Betrieb und am Arbeitsplatz
- durch Reklamations- und Initiativrechte auch des einzelnen Arbeitnehmers
- durch die Nutzung des Betriebes als Ort der Aussprache über Arbeitsbedingungen und Arbeitsorganisation

- durch den Schritt von der Mitbestimmung über das "Wie" zum "Was" der Produktion, von der Mitbestimmung im Produktionsprozeß zur Mitbestimmung über Pro duktionsinhalte.

Eine direkte, beteiligungsorientierte und höchst anspruchsvolle Arbeitnehmerpolitik, wie Steinkühler sie formulierte, kann für breite und weniger qualifizierte Arbeitnehmerschichten jedoch nur dann umgesetzt und attraktiv werden, wenn sie von den Interessenvertretungen und Gewerkschaften als Herausforderung begriffen wird. Diese müssen ihre Vertrauensleute weiterbilden und ihre überbetrieblichen Bildungsmaßnahmen neu orientieren. Erweiterte "Mitbestimmung am Arbeitsplatz", ob in Qualitätszirkeln, Beteiligungsgruppen oder in qualifizierter Gruppenarbeit setzt gründliche Vorbereitung der Beschäftigten voraus. Zur Überwindung von Motivations- und Kompetenzmängeln der möglichen "Beteiligungsverlierer" sind verstärkte Anstrengungen notwendig. Die gewerkschaftlichen Vertrauensleute stehen bisher zu sehr in Unterordnung zu den Betriebsräten. Ohne Reaktivierung ihrer Scharnier- und Kommunikationsfunktion zwischen Arbeitsgruppe und Betriebsrat bleiben betriebspolitische Strategien zur Erweiterung der Mitbestimmung auf den Arbeitsplatz chancenlos.

So argumentiert Kißler (1987, S. 707):

> "Für die Wiederbelebung der herrschenden Mitbestimmung durch neue Formen direkter Arbeitnehmerbeteiligung kommt es entscheidend darauf an, ob und wie gewerkschaftliche Ressourcen für diese Aufgabe genutzt werden. Sie entscheiden maßgeblich über den Weg, den die direkte Arbeitnehmerbeteiligung hierzulande nehmen wird: in die Sackgasse von Qualitätszirkeln für betriebliche Partizipationseliten oder aber auf den steinigen Pfad langwieriger und kontinuierlicher Kompetenzaneignung für breite Arbeitnehmerschichten. Erst wenn das Mitbestimmen im Betrieb gelernt werden kann, besteht die begründete Chance, daß Arbeitnehmer nicht nur mitreden dürfen über die Arbeit, sondern in der Arbeit ihre Sprache wiederfinden...".

Den Mensch in den Mittelpunkt stellen, den Beschäftigten auf allen Ebenen einbeziehen, schließt überkommene Befehlsstrukturen aus. Die Arbeitnehmer sind die Experten ihrer eigenen Arbeit. Probleme am Arbeitsplatz und bei der Erledigung der Arbeitsaufgabe können in der Gruppe, in der sie auftreten, am besten gelöst werden. Dies kann jedoch zu Konflikten mit traditionellen Formen der Interessenvertretung führen. Wurden bisher Probleme an Vertrauensleute und Betriebsräte herangetragen und thematisiert, so werden sie zukünftig möglicherweise diesen nicht mehr vorgelegt. Diese Form der direkten Problembearbeitung löst bei Betriebsräten, aber auch bei den betrieblichen Vorgesetzten Ängste aus. Diesen Ängsten gilt es zu begegnen, indem ein neues Selbstverständnis der Vorgesetzten und neue Formen der Interessenvertretung entwickelt werden. Es darf nicht mehr Hauptaufgabe der Betriebsräte sein, Einzelprobleme zu lösen. Betriebsratstätigkeit muß sich bewußt verstärkt kollektiven Problemen zuwenden. Ein Aspekt den Knuth (1983, S. 111) ebenfalls betont:

> "Angesichts komplexer technischer Entwicklungen und flexiblem, nicht mehr an Arbeitsplätze gebundenem Personaleinsatz rennt eine Interessenvertretung, die nur Mark und Pfennig, Stunden und Minuten, Arbeits- und MAK-Werte kennt, der Entwicklung hilflos hinterher. Mehr und mehr ist eine Einbeziehung der Erfahrungen und Kenntnisse möglichst vieler Arbeitnehmer nicht nur wünschenswert für eine lebendige Verbindung zwischen Gewerkschaft, Betriebsrat und Belegschaft. Sie ist unabdingbare Voraussetzung, um überhaupt neue Entwicklungen rechtzeitig vorherzusehen, ihre Auswirkungen abzuschätzen und an Arbeitnehmerinteressen orientierte Vorschläge formulieren zu können."

Betroffenenbeteiligung in diesem Sinne heißt für die Betriebsräte zunächst, die betroffenen Arbeitnehmer als die eigentlichen Experten ihrer Arbeitssituation in Gestaltungsprozesse einzubeziehen, und sie sollte zum Ziel haben, Umsetzungskonzepte gemeinsam mit ihnen und den betrieblichen Planern und Arbeitsgestaltern zu entwickeln. Kaßebaum (1989) weist zu Recht darauf hin, daß die Demokratisierung der Arbeitswelt formal bleibt, wenn nicht auch die horizontalen und vertikalen Arbeitsteilungen Schritt für Schritt aufgehoben werden. "Beteiligung ohne die Erweiterung von Arbeitsinhalten wird letztendlich immer formal bleiben. Prozeßnahe Beteiligung kann ein Instrument zur Durchsetzung der prozeßintegrierten Beteiligung werden. Das Ziel ist demnach nicht die Beteiligung "an sich", sondern die über sie zu realisierende Erweiterung der Arbeitsinhalte" (S. 454).

Die Automobilindustrie als ein Industriebereich, in dem immer wieder Durchbrüche zu neuen Entwicklungen zu verzeichnen sind, kann eine Vorreiterrolle in der Arbeitnehmerbeteiligung übernehmen. Hildebrandt u. Seltz (1989) stellen für die Automobilindustrie eine konsolidierte Betriebspoltik fest, bei der Betriebsräte in einer Mischung aus informeller Vorklärung und offiziellen Verhandlungen eigene Lösungen durchzusetzen vermögen. So kommt es immer wieder zu exemplarischen Lösungen, die Vorbildfunktionen für andere Bereiche und Unternehmen besitzen. Die dem Beteiligungskonzept bei Volkswagen zugrunde liegende Betriebsvereinbarung "VW-Zirkel" gehört inzwischen dazu.

In der Automobilindustrie werden die Interessenvertretungsorgane frühzeitig in Planungs- und Steuerungsprozesse einbezogen. Die institutionellen Einflußmöglichkeiten der Betriebsräte sind eingebettet in relativ stabile kooperative Grundhaltungen, die sich auf die Verhaltensweisen der Betriebsparteien beziehen. Eine ausgeprägte Mitbestimmungskultur ist die Folge. Das Modell der "professionalisierten" Betriebsratsarbeit ist unter diesen Bedingungen großbetrieblicher Verhältnisse entwickelt worden und hat hier unbestreitbare Erfolge aufzuweisen. Die bisherige professionalisierte Arbeit der betrieblichen Interessenvertretung bietet aber kaum

Chancen und Anreize zur Mitarbeit für Beschäftigte ohne gewerkschaftliche Funktion. Durch Änderungen der Organisation und Arbeitsweise der betrieblichen und gewerkschaftlichen Interessenvertretung sind hier gegenüber interessierten Arbeitnehmern neue Beteiligungsangebote zu schaffen, die unterschiedliche Qualifikationen und Orientierungen der einzelnen Arbeitnehmergruppen berücksichtigen. Es ist anzustreben, Arbeitnehmern von gewerkschaftlicher Seite die Möglichkeit zur vorübergehenden, themenspezifischen Mitarbeit unterhalb der Funktionsebene anzubieten.

Betriebliche Fallstudien haben bereits gezeigt, daß eine stärkere Einbeziehung von Angestellten in die betriebliche Interessenvertretungspolitik und die Entwicklung von darauf abgestimmten Gesprächs- und Kooperationsformen dazu beitragen kann, die Akzeptanz und aktive Unterstützung der Betriebsratspolitik auf seiten der Belegschaft wesentlich zu verbreitern und zu festigen. Aufgrund der dadurch zumeist verbesserten Zugangsmöglichkeiten zu wichtigen Informationen und Qualifikationen ist damit zugleich auch die Chance einer Erweiterung der Sachkompetenz der betrieblichen Interessenvertretung verbunden.

Eine Möglichkeit, auch solche - strategisch wichtigen - Beschäftigten(-gruppen), die bisher dafür kaum ansprechbar waren, vermehrt aktiv in die Konzeptionierung der Interessenvertretungspolitik einzubeziehen, ist zum Beispiel die Gründung von Beratungsgruppen für den Betriebsrat (Schwarz, 1989, S.448).

Zoll (1990, S. 56) versteht nicht, weshalb viele Gewerkschafter bei Qualitätszirkeln so zurückhaltend sind:.

1. Qualitätszirkel stellen für ihn ein Kommunikationsforum dar, das Gewerkschaftern gestattet, ihre Meinung zu den sie interessierenden Themen, also vor allem Arbeitsbedingungen im weitesten Sinne, in einen Diskussionsprozeß einzubringen;
2. Gerade in QZ kann die gewerkschaftliche Beteiligungsforderung am nachdrücklichsten vertreten werden und
3. Qualitätszirkel sind mit großer Wahrscheinlichkeit ein Ort, an dem unorganisierte Angestellte erreicht werden können, an dem sie sich am ehesten auf eine Diskussion einlassen. Warum haben viele Gewerkschafter eigentlich so wenig Vertrauen in ihre Argumente; dazu besteht doch kein Grund.

Probleme einer Mitbestimmung am Arbeitsplatz treten nach Himmelmann (1986, S. 224):

> "...für die Gewerkschaften, Betriebsräte und Arbeitnehmer am ehesten auf, wenn diese Mitbestimmung im Rahmen eines beteiligungsorientierten Führungskonzepts allein den Initiativen der Unternehmensleitungen überlassen bleibt. Dann können die Unternehmen die betriebspolitisch und auch gewerkschaftspolitisch wichtigen Kader von aktiven, kooperationswilligen und kreativen Arbeitnehmern sammeln und gestützt auf Koordinatoren und Moderatoren ein eigenständiges System der unternehmensorientierten Beteiligung aufbauen."

Vor dem Hintergrund verschärfter Bedingungen auf den Weltautomobilmärkten kann jedoch keinem Management an harten Konflikten mit der Interessenvertretung gelegen sein und wird kein so riskantes Unterfangen, wie von Himmelmann beschrieben, wagen. Das Management hat ein erhebliches Interesse an "kooperativer Konfliktbewältigung". Aus dieser Notwendigkeit gewinnen Betriebsräte nach wie vor verstärkte Einflußmöglichkeiten, die jedoch entsprechend der kooperativen Politik des Co-Managements je nach Konjunkturbedingungen und Absatzlage stark schwanken können. Das Management sucht die Ausgestaltung industrieller Arbeitsbeziehungen aktiv zur Erzielung von Wettbewerbsvorteilen zu nutzen.

Parallel zu den Intergrationsbemühungen des Managements und kooperativer Einbindung der Interessenvertretung werden radikale Kostensenkungsprogramme und Produktionsverlagerungen durchgeführt. Der ehemalige Gesamtbetriebsratsvorsitzende der Volkswagen AG, Walter Hiller (1990, S. 90), sprach von einer "...umfangreichen und massiven Produktionsoffensive des Managements, die unter dem Einsatz gestiegener standortpolitischer Wahlmöglichkeiten den Druck auf die Interessenvertretung bei Volkswagen enorm gesteigert hat."

Die Situation der Interessenvertretung in der Automobilindustrie ist deshalb widersprüchlich. Auf der einen Seite ist es ihr gelungen, kooperatives Projektmanagement und exemplarische Arbeitsgestaltungsalternativen durchzusetzen; gleichzeitig wird sie durch den direkten Zugriff des Managements auf die arbeitsinhaltlichen Interessen der Beschäftigten in Frage gestellt. Und dieser kooperative, auf die Regelungseinheit Betrieb konzentrierte Aushandlungsprozeß wird permanent durch eine zunehmende Kostenkonkurrenz bedroht, die jederzeit zu Entlassungen und Sozialabbau führen kann.

Für Hiller (1990, S. 90) standen die arbeitsorganisatorischen Rationalisierungsmaßnahmen und ihre produktivitätssteigernden Wirkungen in enger Verbindung mit den bei Volkswagen erreichten Zusagen zur Standort- und Beschäftigungssicherung. Dies war für ihn die Kompromißformel, durch welche die Interessenvertretung bei Volkswagen die Auswirkungen der Konkurrenzverschärfung und die Produktivitätsoffensive des Managements beschäftigungspolitisch abfedern konnte.

Es stellt sich die Frage, ob die sozialintegrativen Konzepte der Gruppenarbeit und Qualitätszirkel nicht durch diese Konzernstrategien und den Produktivitätspakt zwischen Management und Interessenvertretung konterkariert werden. Ob das Management eines Unternehmens will oder nicht, es wird sich diesen Widersprüchen stellen müssen, sollen nicht Investitionen in Beteiligungskonzepte und/oder neue Formen der Arbeitsorganisation sinnlos verfliegen. Jedoch auch die gewerkschaftlichen Interessenvertretungen stehen vor schwer zu lösenden Aufgaben.

Für unseren Zusammenhang wird deshalb zu berücksichtigen sein, ob Beteiligungshandeln einzelner Arbeitnehmer bzw. Arbeitnehmergruppen durch Reorganisation, Kostendruck, Arbeitsplatzunsicherheit etc. beeinflußt wird. Die Frage, ob und wie eine "Mitbestimmung am Arbeitsplatz" in ein Konzept der betrieblichen Mitbestimmung eingefügt werden kann, wird hier zentral berührt.

Schließlich wird sich zeigen, ob unter den für die Automobilindustrie schwierigen Bedingungen der kommenden Jahre Streeks Hoffnung (1987) eingelöst werden kann. Er sieht in den bundesrepublikanischen Verhältnissen eines hohen Qualifikationsniveaus, der Abwesenheit starrer Berufsterritorien, einer Tradition "kooperativer Konfliktlösung" am Arbeitsplatz und einer gewerkschaftlichen Humanisierungspolitik gute Voraussetzungen auf dem Weg zu einer intelligenten, dezentralen Arbeitsorganisation. Er plädiert für ein vertrauensvolles, gemeinsames Experimentieren von Gewerkschaft, Betriebsrat und Management unter aktiver Beteiligung der Betroffenen.

2.3 Bedingungen direkten Beteiligungshandelns

Was sind nun die konkreten Bedingungen direkter Beteiligung? Welche Aspekte tragen dazu bei, daß sich Organisationsmitglieder aktiv an Entscheidungsprozessen und Veränderungen der Organisation beteiligen, sich an betriebliche Institutionen wenden, in der gewerkschaftlichen Interessenvertretung engagieren oder in Qualitätszirkeln mitarbeiten?

Auch wenn es in der vorliegenden Arbeit um betriebliches Beteiligungshandeln geht, soll nicht außer acht gelassen werden, daß Beteiligung am Arbeitsplatz in umfassende soziale Zusammenhänge eingebettet ist, von denen Wirkungen auf den Beschäftigten am Arbeitsplatz ausgehen. Deshalb ist grundsätzlich bei der Analyse direkten Beteiligungshandelns auch der Einfluß des Arbeitsmarktes und regionaler Besonderheiten sowie der betrieblichen Personalpolitik zu berücksichtigen. Ich konnte diese Aspekte an dieser Stelle nur streifen und sie auch nicht umfassend in meine Untersuchungskonzeption einbinden.

Ein großer Einfluß auf innerbetriebliche Beteiligung ist den außerbetrieblichen Lebensverhältnissen zuzuschreiben. Betätigungen in der arbeitsfreien Zeit, also Vereinsaktivitäten, kirchliche, gemeindepolitische, gewerkschaftliche Mitarbeit, beeinflussen innerbetriebliches Beteiligungshandeln wahrscheinlich positiv. Im Zusammenhang mit diesen Fragen sei aber z. B. auf die Rolle von Frauen im Arbeitsprozeß und in einem betrieblichen Beteiligungskonzept hingewiesen.

Schindler (1989) fand eine relativ geringe Beteiligung von Produktionsarbeiterinnen an einem betrieblichen Beteiligungskonzept. Damit im Zusammenhang standen Befürchtungen, den Anforderungen als Teilnehmerin oder Moderatorin nicht gewachsen zu sein. Schindler weist auch auf organisatorische Maßnahmen hin um Frauen als Moderatorinnen zu gewinnen. "...da Frauen die Zuständigkeit für Familie und Haushalt zugeschrieben wird, ist es sinnvoll, diese Seminare (die Moderatoren/innen- Ausbildung, d. Verf.) für Frauen auch ambulant oder mit entsprechender Kinderbetreuung durchzuführen" (S. 71). Damit verbunden sind Aspekte des Rollenverständnisses wie z.B. Karriereorientierung bei Männern und Joborientierung bei Frauen, die sich auf die familiäre Aufgabenteilung auswirken. Daraus resultieren dann Schwierigkeiten betriebliche Chancen wahrzunehmen, wenn nicht entsprechende Angebote unterbreitet werden.

Ich konnte der damit gestellten Frage möglicher "Beteiligungsgewinner" bzw. "Beteiligungsverlierer" leider nicht nachgehen, sehe hier jedoch erheblichen Klärungs- und Untersuchungsbedarf. Mit dem Passus "Freiwilligkeit der Teilnahme" können die angesprochenen Probleme der betrieblichen Rahmenbedingungen oder vorhandener Überforderungsängste einzelner Beschäfigter bzw. von Beschäftigtengruppen nicht einfach beiseite geschoben werden.

2.3.1 Arbeitsmarkt und Beteiligung

Arbeitnehmer unterliegen den Bedingungen des regionalen Arbeitsmarktes, der darüber bestimmt, wie austauschbar die Ware Arbeitskraft ist. Sich im Arbeitsmarkt verkaufen zu müssen, bedeutet eine Unterordnung unter die Nachfrage nach den eigenen verwertbaren Eigenschaften. In Zeiten turbulenter Märkte, hoher Arbeitslosigkeit und schwankender Personalpolitik der Unternehmen variiert die Angst vor dem Arbeitsplatzverlust abhängig vom beruflichen Status, den Qualifikationen, der Tätigkeit und individueller Mobilität.

Die regionalen Arbeits- und Lebensverhältnisse wirken allerdings auch auf die persönlichen Handlungsweisen zurück. So ist etwa die Entscheidung, einen Arbeitsplatz innerhalb der Region zu wechseln, abhängig vom Umfang und der Qualität des regionalen Arbeitsplatzangebots. Stimmen Angebotsprofil und Angebotsumfang nicht mit dem Nachfrageprofil und Nachfrageumfang überein, so bindet das einen Beschäftigten stärker an seine Arbeitsstelle, wohingegen es einen Erwerbslosen eher zu Abwanderungsüberlegungen veranlassen kann.

Die wirtschaftliche Struktur in der Region Wolfsburg, mit Landkreis Helmstedt und Landkreis Gifhorn, wird maßgeblich vom verarbeitenden Gewerbe geprägt. Mehr als 60 % der Beschäftigten arbeiteten 1983 in diesem Bereich. Dabei spielt das Volkswagenwerk in Wolfsburg eine herausragende Rolle, was sich mit über 76 % der Beschäftigten im verarbeitenden Gewerbe Wolfsburgs niederschlägt. Ergänzt wird die Betriebsstruktur durch Klein- und Mittelbetriebe, die zudem nicht selten in direkter oder indirekter Abhängigkeit des Volkswagenwerkes stehen.

Die regionale Wirtschaftsstruktur wird demnach von Volkswagen beherrscht. Beschäftigungsalternativen gibt es bisher kaum und sie werden sich wohl auch erst mittel- bis langfristig in Folge der deutsch-deutschen Vereinigung ergeben.

Aufgrund der Schwäche des regionalen Arbeitsmarktumfeldes und der hohen tariflichen Entlohnung bei Volkswagen gibt es ein erhebliches Einkommensgefälle zu Beschäftigten in anderen Betrieben. Es ist daher nicht verwunderlich, daß "das Werk" eine Sogwirkung auf qualifizierte Handwerker, Facharbeiter und sonstige qualifizierte Berufsgruppen ausübt. Allein im Montagebereich des Volkswagenwerkes sind nach einer Studie des Forschungsinstituts für Arbeiterbildung (Lacher et al., 1987) vom Kfz-Mechaniker, Elektriker, Schlosser, Werkzeugmacher, Dreher über Maler, Lackierer, Tischler bis zu Büroberufen und Sozial- und Erziehungsberufen ca. 40 % qualifizierte Fachkräfte beschäftigt.

Von vielen Beschäftigten mit einer Berufsausbildung weiß ich, daß die Arbeit z.B. im Preßwerk, Rohbau oder den Montagen als Zwischenstation auf dem Weg in die Fachabteilung erhofft wird. Eine Hoffnung, die in den meisten Fällen nicht erfüllt werden kann. Qualifizierte Beteiligung, Arbeit in Arbeitsgruppen, Mitwirkung in Qualitätszirkeln kann für diese Arbeitnehmer eine Kompensationsfunktion übernehmen.

2.3.2 Arbeitssituation und Beteiligung

Grundlage für die subjektive Einschätzung von gegebenen Handlungsspielräumen und Beteiligungsmöglichkeiten ist neben biographisch geformten und individuell gegebenen Handlungsvoraussetzungen die faktisch gegebene Arbeitssituation. Dabei ist in Betracht zu ziehen, daß sich menschliche Motive natürlich von Zeit zu Zeit und von Situation zu Situation verändern können und daß Zufriedenheit am Arbeitsplatz, gute Arbeitsleistungen und Beteiligungsinteresse nur zum Teil von der Art der individuellen Motivation und vom Drang nach Bedürfnisbefriedigung abhängig sind. Vielmehr haben wir es hierbei mit einer Interaktion mehrerer Faktoren zu tun: etwa mit der Art der zu verrichtenden Arbeit, mit den Fähigkeiten und Erfahrungen der Personen am Arbeitsplatz, mit der Persönlichkeit und Art der Kollegen, Vorgesetzten und Mitarbeiter am Arbeitsplatz, mit der Art der Be- und Entlohnung und mit vielen weiteren Faktoren innerhalb eines multivariaten Organisationsgefüges. So kommen Kohn und Schooler (1973, 1978, 1983) aufgrund ihrer Längsschnittanalysen zu den Schlußfolgerungen, daß

- Tätigkeiten, die die berufliche Selbstbestimmung fördern, auch zu entsprechenden internalen Orientierungen führen, während restriktive Arbeitsbedingungen eine stärker konformistische Orientierung begünstigen und
- Personen mit Autonomieorientierung über einen gewissen Zeitraum hinweg vermehrt solche Tätigkeiten erlangen, die faktisch weniger restriktiv sind als ihre frühere Beschäftigung.

Tätigkeitsspielräume in der Arbeitssituation bzw. Zwänge der Arbeit und Arbeitssituation betrachte ich aus diesem Grund als die objektiven Rahmenbedingungen individuellen und kollektiven Handelns. Beteiligung ist damit zwar selbstdeterminierte Aktivität der Person, wird aber gefördert bzw. behindert durch situative Gegebenheiten der Arbeitssituation. Das Konstrukt des Tätigkeitsspielraums (Ulich, 1984) charakterisiert diese situativen Gegebenheiten. Der Tätigkeitsspielraum setzt sich aus den Dimensionen Handlungs-, Gestaltungs- und Entscheidungsspielraum zusammen.

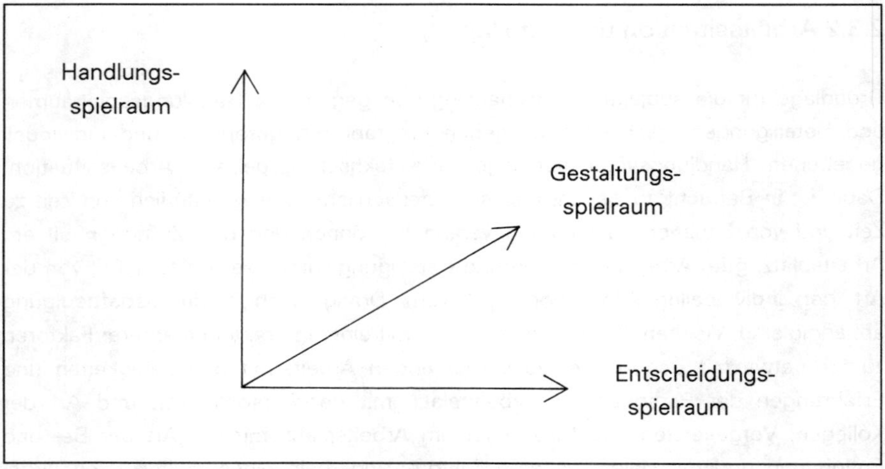

Abbildung 3: Dimensionen des Tätigkeitsspielraums

Dabei charakterisiert der Handlungsspielraum das Ausmaß an aufgabenbezogenen Handlungsalternativen, das bei einer bestimmten Arbeitstätigkeit grundsätzlich möglich ist, zum Beispiel, ob bestimmte Arbeitsschritte fest vorgegeben sind oder ob sie in ihrer Abfolge variiert werden können. Die Größe des Handlungsspielraums bestimmt somit auch "das Ausmaß an möglicher Flexibilität bei der Ausführung einer Teiltätigkeit" (Ulich, 1984, S. 916 - 917). Im Unterschied dazu erfaßt der Gestaltungsspielraum die Variabilität einer Tätigkeit oder eines Tätigkeitsteils. Er gibt an, in welchem Maße Möglichkeiten zur selbständigen Gestaltung gegeben sind. Der Entscheidungsspielraum schließlich bezeichnet, in welchem Ausmaß eine Person oder eine Gruppe im Rahmen ihrer Arbeitsaufgaben Entscheidungen treffen kann beziehungsweise inwieweit sie daran, etwa durch Vorschriften, gehindert ist. Als eine weitere relevante Dimension wird von Alioth (1980) der Interaktionsspielraum angeführt, der das in der Arbeitstätigkeit gegebene Ausmaß an sozialen und kommunikativen Möglichkeiten und Erfordernissen kennzeichnet.

Sowohl ausreichende Entscheidungs- und Gestaltungsspielräume als auch Interaktions- bzw. Kooperationsmöglichkeiten werden von mir als eine Voraussetzung für Beteiligungshandeln bzw. für das Lernen von Beteiligung angesehen.

Bednarek (1984) hat in Kritik an Maslow und McGregor darauf hingewiesen, daß zur Erklärung der Arbeitssituation und Arbeitszufriedenheit eine Analyse von Motiven nicht ausreicht, da motiviertes Handeln immer von Situationsbedingungen mitbeeinflußt wird.

Frese (1978, S. 175) hat darauf aufmerksam gemacht, daß die in vielen Industriebetrieben gemachte Beobachtung der Arbeitsunwilligkeit recht gut mit dem Syndrom der "erlernten Hilflosigkeit" übereinstimmt, das Seligman (1975) in experimentellen Studien gefunden hat. Wenn Personen über einen längeren Zeitraum hinweg die Kontrolle über ihre Umwelt verlieren, so neigen sie zu Resignation, Apathie und Depression.

Aus verschiedenen Studien mit Industriearbeitern am Fließband und in der industriellen Massenproduktion entwickelte Blauner (1964) ein Konzept von "Entfremdung", das als ein Resultat von vier verschiedenen, voneinander abhängigen psychologischen Zuständen aufgefaßt wird:

1. das Gefühl der Machtlosigkeit oder die Unfähigkeit, Einfluß auf die Arbeitssituation zu nehmen
2. das Gefühl, keinen Sinn in der Arbeit zu erkennen
3. das Gefühl der sozialen Isolation, d. h. das Gefühl, zu keiner Organisation, Arbeits- oder Berufsgruppe zu gehören
4. das Gefühl der Selbstentfremdung, d. h. das Gefühl, sich mit der Arbeit nicht identifizieren zu können.

Für die deshalb besonders interessierenden Bedingungen von direkter Beteiligung in der Arbeitssituation unterscheide ich zur weiteren Charakterisierung die betriebliche und arbeitsplatzbezogene Ebene. Diese beiden Ebenen können in weitere Einflußbereiche auf Beteiligungshandeln unterteilt werden, die ich im folgenden unter dem Aspekt Arbeitnehmerbeteiligung und Qualitätszirkel betrachten werde.

	Betriebliche Ebene		**Arbeitsplatz-Ebene**
(1)	Unternehmens- und Partizipationskultur	(5)	Arbeitsorganisation
(2)	Personalpolitik	(6)	Führungsverhalten
(3)	Internes Arbeitsplatzrisiko	(7)	Verantwortung/Kontrolle
(4)	Lohn-, Leistungssysteme	(8)	Informationsfluß und Informationsträger

Abbildung 4: Betriebliche Einflußbereiche auf Beteiligungshandeln

(1) Unternehmens- und Partizipationskultur

Unternehmenskultur ist als Gesamtheit der im Unternehmen, bewußt oder unbewußt, symbolisch oder sprachlich tradierten Wissensvorräte, Hintergrundüberzeugungen, Denkmuster, Interpretationen, Wertvorstellungen und Verhaltensnormen zu verstehen (s. Neuberger & Kompa, 1987; Holleis, 1987). Mit Weinert (1981, S.11) gehe ich davon aus, daß "die Zielsetzung nicht realisierbar ist, den Konflikt zwischen den Bedürnissen des Individuums und den Anforderungen der Organisation aufzuheben. Dieser Konflikt bleibt auch in "demokratischen" Organisationen bestehen, weil er nur ein Aspekt des grundsätzlichen Konflikts zwischen den Bedürfnissen des Individuums und den Begrenzungen in der sozialen Umgebung ist."

Organisationstheorien (Kieser & Kubicek, 1978) sowie angewandte Organisationsforschung (Kern & Schumann, 1984) legen eine Konzeption nahe, die eine Organisation als Netzwerk verschiedener Gruppen begreift, die sich durch Aufgabenstellung, Position, Denkweise und Motivation voneinander abheben und jeweils eigene Ziele verfolgen. An aktuellen Problemen wie Rationalisierung, Steigerung der Wettbewerbsfähigkeit, Arbeitszeitverkürzung oder Humanisierung der Arbeitswelt wird deutlich, daß Mitglieder verschiedener Gruppen des Vorstandes, der mittleren Führungsebene, der Personalabteilung, der Produktion, des Verkaufs, des Betriebsrates oder der Mitarbeiter an der Basis, um nur einige zu nennen, nicht nur unterschiedliche Auffassungen vertreten und vorbringen, sondern auch von einschlägigen Maßnahmen in jeweils anderer Weise betroffen werden.

Eine starke Unternehmenskultur zeichnet sich meines Erachtens nicht durch Vereinheitlichung und den gezielten Aufbau kollektiver Werthaltungen aus, wie sie von den Protagonisten der Unternehmenskulturbewegung empfohlen wird (s. z. B. Peters & Waterman, 1984; Deal & Kennedy, 1982), da der "Betrieb als säkulare Religionsstätte", wie Bleicher (1983, S. 141) überspitzt formuliert, dann zu einer totalitären Institution verkommen könnte. Eine starke Unternehmenskultur lebt mit dem Widerspruch. Vor unterschiedlichen Entscheidungs- und Interessenhintergründen versuchen die Organisationsmitglieder stets aufs neue, sich einen zukunftsorientierten Weg zu erarbeiten. Strümpel (1988, S. 10) weist kritisch darauf hin:

> "Die konsequente Aussonderung eines kritisch-distanzierten Potentials an Mitarbeitern ... könnte einen Bumerangeffekt mit nachteiligen Wirkungen für die Unternehmen auslösen. Denn stärker als in der Vergangenheit werden sich die Unternehmen auch auf dem Absatzmarkt mit veränderten Rahmenbedingungen, z.B. gewandelten Werten der Konsumenten ... konfrontiert sehen. Eine Bewältigung dieser neuen Anforderungen wird möglicherweise durch einen Mitarbeiterstamm erschwert, der sich bedingungslos herrschenden Normen in und außerhalb des Betriebes unterwirft."

Normierungen und einseitige kollektive Werthaltungen können auf dem beschriebenen Weg schnell in wirtschaftliche Sackgassen führen.

Für die Volkswagen AG hebt Koch (1987, S. 213) eine wirksame und anpassungsfähige Partizipationsstruktur hervor, die sowohl von der Interessenvertretung als auch vom Management getragen wird:

> "Es wurde ... eine Interessenvertretungpolitik vorgefunden, die sich gleichermaßen an die Spielregeln des kapitalistischen Systems anpaßte, wie sie ihre Eigenständigkeit bewahren konnte. Partizipation gestaltete sich als Balance zwischen Unternehmensorientierung und sozialem Engagement, Begrenzung des eigenen Handelns und Interessenausgleich mit starken Bezügen zur gewerkschaftlichen Organisationssicherung, Ausgleich sozialer Disparitäten und latenter Wachsamkeit, eigene Einflüsse und Einwirkungschancen extensiv wahrzunehmen und punktuell auszuweiten. Hier bestätigte sich die Annahme, daß industrielle Beziehungen weder eindimensional noch statisch verlaufen, sondern daß sie sich aus der Summe von Einzelfaktoren und einer Vielfalt differenzierter, zum Teil widersprechender, sozialer und politischer Prozesse bilden, daß eine enge Verzahnung zwischen ökonomischer Prosperität und erfolgreicher Interessenvertretung zwar besteht, sie jedoch nicht die Grundbedingung für Stabilität in den industriellen Beziehungen ist."

Die Unternehmenskultur eines Unternehmens wie der Volksagen AG ist geprägt vom Umgang mit dem Widerspruch. Gerade Volkswagen ist auch ein Beispiel dafür, wie ein zukunftsweisendes Modell umfassender Mitbestimmungsmöglichkeiten der Beschäftigten und ihrer Interessenvertretung entwickelt sein kann und die spezifische Partizipationskultur ein wesentlicher Eckpfeiler der Unternehmenskultur wird. Nach Wilpert (1989, S. 327) gibt es Hinweise, daß mit einem höheren Partizipationsniveau warscheinlich aber auch das Konfliktniveau (IDE, 1981; Heller et al, 1986) steigt. Wilpert (ebd, S. 327) führt dazu aus:

> "Da Partizipation ja im wesentlichen die Funktion hat, die Rückbindung von Entscheidungen an die Interessen von Betroffenen zu sichern, sollten größere Konflikte nicht verwundern, denn solche Prozesse sind notwenig mit der Artikulation möglicherweise unterschiedlicher Präferenzen verbunden. Die Frage ist eigentlich nur, welche Bewertung und Funktion man Konflikten zuerkennt: sieht man sie als unökonomische Kostenverursacher oder als Mobilisatoren von Ressourcen zur Lösung anstehender Probleme und Einbindung der Konfliktpartner in einmal gefundene Lösungen?"

(2) Personalpolitik

Partizipationsstruktur bzw. -kultur und Personalpolitik stehen in einem direkten Beziehungsverhältnis. Aufgrund der Intensivierung des internationalen Wettbewerbs und sich verändernder Werthaltungen der Käufer, forciert durch technisch-organisatorische Innovationen, kann es insbesondere für die Unternehmen der Automobilbranche leicht zu Nachfrageveränderungen an ihren Absatzmärkten kommen. Das kann sehr schnell zu schwierigen Anpassungsnotwendigkeiten vor allem im personellen Bereich führen.

Nach der rezessiven Phase 1974/75, als z.B. bei Volkswagen die Belegschaft um rund 35000 Mitarbeiter/innen oder 25 % verringert werden mußte, wurde deutlich, wie notwendig eine vorausschauende Personalplanung ist. Es wurde als Konsequenz eine "Personalpolitik der mittleren Linie" (Briam, 1986) verfolgt. Danach soll "in der Hochkonjunktur auf das Mitnehmen auch der letzten Bedarfsspitze verzichtet werden, um nicht in der Krise durch personelle Überhänge zu dramatischen Handlungen gezwungen zu sein ...". "An die Stelle des nicht mehr zeitgemäßen "hire and fire", des Einstellens und Entlassens, tritt die Politik der sicheren Beschäftigung" (Briam, 1986, S. 158).

Sichere Beschäftigung bei hohem Innovationstempo und intensiven betrieblichen Reorganisations- und Dezentralisierungbemühungen setzt ausreichende Basisqualifikationen der Beschäftigten voraus. Diese Basisqualifikationen im technisch-organisatorischen und sozial-kommunikativen Bereich sind für die Unternehmen der Automobilindustrie die Grundlage für flexible Arbeitsstrukturen. So verlangt Kowling (1988): "...die Mitarbeiter müssen stärker die Notwendigkeit der Eigenleistung erkennen, indem sie durch eine größere Mobilität und ständige Lernbereitschaft die notwendigen betrieblichen Gestaltungs- und Anpassungsprozesse sicherstellen."

Dagegen steht jedoch der Ansatz einer wertorientierten Personalpolitik, der Dimensionen der Produkt- und Gleichgewichtsethik (Rosenstiel, 1986; Klipstein & Strümpel, 1985) mit umfaßt.

Eine tiefgreifende Identifikation mit den Unternehmenszielen und hoher persönlicher Einsatz ist für zunehmend mehr Beschäftigte nur möglich, wenn neben die Veränderung der Arbeitsbedingungen auch die Veränderung der Arbeitsergebnisse tritt. Nur wenn das Produkt auch umweltschonend, sozial- und gesundheitsverträglich ist, werden entsprechende Identifikationsprozesse ermöglicht bzw. im Rahmen einer entsprechenden Personalpolitik spezifische Mitarbeitergruppen gewonnen.

(3) Internes Arbeitsplatzrisiko

Beteiligungskonzepte wie Qualitätszirkel stellen im Zusammenhang mit betrieblicher Personalpolitik einen Teilaspekt betrieblicher Innovations- und Flexibilisierungsbemühungen dar. Aufgrund des gesteigerten innerbetrieblichen Reorganisationstempos in der Automobilindustrie ist, insbesondere in den Kernbereichen Preßwerk, Rohbau, mechanische Fertigung und Montage, das innerbetriebliche Arbeitsplatzrisiko deutlich erhöht worden. Die Reduzierung der Fertigungstiefe durch Schließung einer Gießerei, die Modernisierung eines Preßwerks oder die grundlegende Umgestaltung eines Rohbaus können zu innerbetrieblichen Umsetzungen führen, die zu großen Anpassungsanforderungen an die Beschäftigten führen. Bei Volkswagen kommt es darüber hinaus zur Auflösung der gesamten Qualitätssicherung als eigenständigem Bereich, mit der Folge, daß dieses Personal in die Produktion integriert werden muß. Hier verlaufen Konfliktlinien, die sich konträr zu gewünschten Beteiligungsanstrengungen der Beschäftigten auswirken können.
Endres (1990) weist darauf hin, daß polyvalent qualifizierte Beschäftigte, teilautonome Arbeitsteams und eingespielte Belegschaften für eine flexible Produktion von hoher Bedeutung sind. Nach seiner Meinung müßte ein Management selbst in Krisenzeiten daran interessiert sein, das kollektive Erfahrungswissen fertigungsnaher Beschäftigtengruppen möglichst lange zu erhalten.

(4) Lohn- und Leistungssysteme

Einher mit größeren Umstrukturierungen der Produktionsbereiche geht die Absicherung eines flexiblen Personaleinsatzes durch ein entsprechendes Lohn- und Leistungssystem. Bei Volkswagen hat dies Niederschlag in einer Lohndifferenzierung nach Arbeitssystemen gefunden. Diese Regelung sieht für die einzelnen Mitarbeiter einen ständigen Tätigkeitswechsel innerhalb ihres jeweiligen Arbeitssystems vor und ermöglicht darüber hinaus auch ein Überwechseln in andere Arbeitssysteme. Das hat für das Unternehmen den Vorteil größerer Flexibilität, für die Beschäftigten den Vorteil größerer Einsatzmöglichkeiten und Abwechslung. Nachteilig ist jedoch ein zu häufiges kurzfristiges Wechseln in andere Arbeitssysteme. Dort ist ein festes soziales Gefüge vorhanden, in das sich "Neue" erst integrieren müssen. Dies gelingt aber nicht, wenn Personalumverteilungen zwischen Meisterschaften und Abteilungen täglich neu geregelt werden und manche Beschäftigte mal hier und mal dort eingesetzt werden. Zu häufige Arbeitssystemwechsel mindern bzw. verhindern die aktive "Beteiligung am Arbeitsplatz".

Je nachdem wie stark Lohn- und Leistungssysteme im alltäglichen Arbeitshandeln von Bedeutung sind bzw. Gratifikationsmodelle, z. B. des betrieblichen Vorschlagwesens, einen eigenen Stellenwert im Betrieb haben, können geldwertliche Orientierungen Beteiligungsprozesse kurzfristig fördern. Die Förderung von Beteiligung über Prämienanreize kann jedoch auch negative Folgen haben, wenn damit nur neue Konkurrenzstrukturen geschaffen und einseitige Orientierungen auf "lukrative Beteiligungsthemen" forciert werden.

(5) Arbeitsorganisation

Auf die Arbeitsorganisation ist aus dem Blickwinkel Personalpolitik und Arbeitsplatzrisiko eingegangen worden. Sie hat zentralen Einfluß auf die Arbeitstätigkeit, auf Persönlichkeitsentwicklung und auf Beteiligungsorientierungen und Beteiligungshandeln.

Für Hacker (1986) ist der Arbeitsauftrag als Teilmoment der Arbeitsorganisation bzw. seine Übernahme als Arbeitsaufgabe die zentrale Kategorie einer psychologischen Tätigkeitsbetrachtung. Die Arbeitsaufgabe wird damit zum wichtigsten Ansatzpunkt der Arbeitsgestaltung. Ulich (1989, S.61) weist in diesem Zusammenhang auf das Konzept "vollständiger Tätigkeiten" (Hacker, 1986 u. 1987) hin. Merkmale vollständiger Tätigkeiten sind das selbständige Setzen von Zielen, die in übergeordnete Ziele eingebettet werden können, selbständige Handlungsvorbereitungen im Sinne der Wahrnehmung von Planungsfunktionen, Auswahl der Mittel einschließlich der erforderlichen Interaktionen zur adäquaten Zielerreichung, Ausführungsfunktionen mit Ablauffeedback zur allfälligen Handlungskorrektur, Kontrolle mit Resultatfeedback und der Möglichkeit, Ergebnisse der eigenen Handlungen auf Übereinstimmung mit den gesetzten Zielen zu überprüfen.

Bei unvollständigen Tätigkeiten, also partialisierten Handlungen (Volpert, 1974), fehlen weitestgehend Möglichkeiten für ein eigenständiges Zielsetzen und Entscheiden, für das Entwickeln individueller Arbeitsweisen oder für ausreichend genaue Rückmeldungen.

Ulich (1978) unterscheidet vier für die Persönlichkeitsentwicklung in der Arbeitstätigkeit relevante Aspekte:

1. Der Inhalt der Arbeitstätigkeit, der sich aus der Form der Arbeitsteilung und Arbeitsorganisation ableitet.
2. Die unmittelbar daran gekoppelten Anforderungen, die die Arbeitstätigkeit stellt.

3. Die zur Ausübung der Arbeitstätigkeit erforderlichen Qualifikationen.

4. Die gesellschaftliche Bewertung der Tätigkeit.

Angelehnt an Ulich weisen Baitsch und Frei (1980) auf das Qualifizierungspotential einer Arbeitssituation als Zusammenfassung des Qualifizierungsangebots der Arbeit, des Qualifizierungsinventars des Arbeitenden und der Qualifizierungsbereitschaft des Arbeitenden hin. Abgewandelt ergeben sich, eng verbunden mit der Arbeitsorganisation, Determinanten des Beteiligungspotentials einer Arbeitssituation.

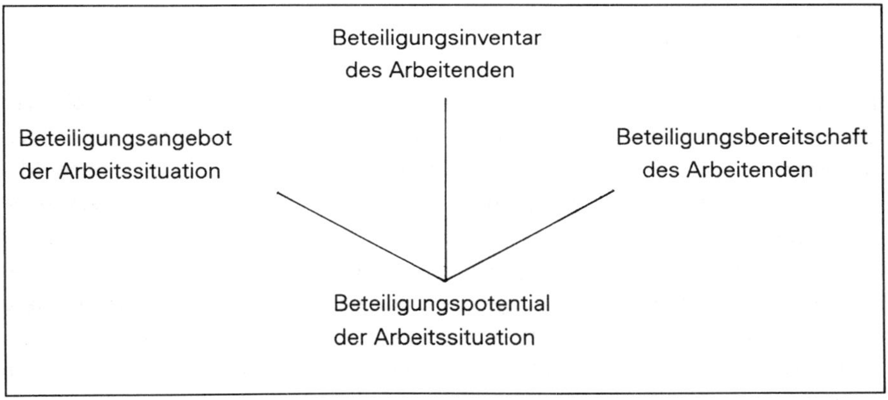

Abbildung 5: Determinanten des Beteiligungspotentials der Arbeitssituation

Eine repetitive Teiltätigkeiten ausführende Person hat demnach geringere Möglichkeiten, Einfluß auf die Gestaltung der Arbeitssituation zu nehmen, als ein in einer teilautonomen Arbeitsgruppe arbeitender Mechaniker. Bezogen auf das Thema entsteht durch Beteiligungsangebote wie Qualitätszirkel ein Veränderungsdruck, der sich nach Berkel (1986, S. 201) auf die drei zentralen Strukturdimensionen der Organisation (Differenzierung, Formalisierung, Hierarchie) auswirkt.

Hochgradige Arbeitsteilung verengt den Erfahrungsbereich des einzelnen. QZ gleichen dieses Defizit durch einen erweiterten Informationsaustausch in etwa wieder aus. Für das einzelne Organisationsmitglied stellt sich dann freilich die Frage, weshalb es nicht möglich sein soll, die eigene Tätigkeit weniger eintönig zu gestalten, und ob nicht gerade durch eine angereicherte Tätigkeit mit mehr Handlungsspielraum viele der Probleme sich nicht mehr oder anders stellen würden, die nun QZ erforderlich machen.

Die Vorgabe einzelner Problemlösungsverfahren, auf die sich die Arbeit in den QZ zu beschränken und zu konzentrieren hat, schränkt demgegenüber die an sich offene Aufgabenstellung wieder ein. Der Gruppe müßte es selbst überlassen bleiben, aufgabentypisch ihren Arbeitsstil zu variieren. Demnach können Aspekte der Arbeitsgestaltung, wie sie für die Projektierung von Arbeitsorganisation und Arbeitstätigkeit genutzt werden, auch auf die Bewertung und Gestaltung eines QZ-Modells angewandt werden. Ich denke dabei z.B. an "Ganzheitlichkeit der gestellten Aufgabe", "Bedeutsamkeit der Aufgabe" und "Autonomie in der Bearbeitungsform".

(6) Führungsverhalten

Mit der vorgenannten Thematik hängt eng das Führungsverhalten der direkten Vorgesetzten zusammen. Während der Vorgesetzte in der traditionellen Unternehmensorganisation seine Arbeitsgruppe leitet und Entscheidungen ohne Mitwirkung der Untergebenen trifft, sind produktivere partizipative Führungssysteme durch eine veränderte Kommunikation und Entscheidungsprozesse in der Arbeitsgruppe gekennzeichnet. Alle Mitglieder der Arbeitsgruppe sollen möglichst weitgehend an relevanten Entscheidungen beteiligt werden. Der Vorgesetzte soll dazu regelmäßig Besprechungen mit allen Mitgliedern seiner Arbeitsgruppe durchführen. Jedes Mitglied kann dabei Probleme vorbringen, Meinungen äußern und mit allen Mitgliedern der Gruppe kommunizieren.

Der Moderations- oder Leitungsstil in den QZ weicht im betrieblichen Alltag jedoch teilweise erheblich von dem in der Organisation üblichen Führungsstil ab. Auch wenn heutzutage in den meisten Großorganisationen der kooperative Führungsstil offizielle Leitidee ist, bleibt er weitgehend auf den persönlichen Umgang der Vorgesetzten mit ihren Mitarbeitern beschränkt. Strukturelle Veränderungen, ohne die der kooperative Führungstil zur Wirkungslosigkeit verurteilt ist, bleiben ausgeklammert. Die Mitglieder in den QZ erfahren einen anderen, kollegialen Führungsstil. Sie werden unweigerlich fragen, was eigentlich dagegen spricht, daß sie auch in ihrer täglichen Arbeit mehr Mitsprache und Entscheidungsmöglichkeiten haben, weshalb Beteiligung im QZ nur auf zwei Stunden alle 2 - 4 Wochen reduziert bleiben soll. Der Zusammenhang zwischen Beteiligungserfahrungen und Anspruchsniveau ist auf verscheidenen Beteiligungsebenen bereits häufiger belegt (Gardell, 1978; IDE, 1988; Wilpert & Raley, 1983).

Das praktizierte Führungsverhalten der direkten Vorgesetzten kann z.B. Beteiligung innerhalb der vorgegebenen Strukturen fördern, zu gewerkschaftlichen Beteiligungsformen führen oder zu Resignation und innerer Kündigung.

QZ induzieren auf der Strukturebene einen grundlegenden Konflikt, da ihr Aufbau und Arbeitsstil sich merklich von den üblichen Strukturen abhebt bzw. sie Aufgaben übernehmen oder sich zu eigen machen, für die andere Stellen zuständig sind. Die Folge dieses Konflikts sind nicht nur Verunsicherungen bestimmter Positionsträger (z.B. Meister, aber auch Mitarbeiter) und Gruppen (z. B. Betriebsrat, Vorschlagswesen). Berkel geht sogar davon aus, daß QZ sich und die tradierte Struktur gegenseitig destabilisieren (1986, S. 197).

(7) Verantwortung und Kontrolle

Der mit Arbeitsorganisation und Führung eng verbundene Bereich Verantwortung und Kontrolle ist in drei Dimensionen zu unterteilen: zum einen die Dimension der Eigenkontrolle als Verantwortung für Abläufe, Mitteleinsatz, Materialien, Medien, Zeitplanung; weiterhin die Dimension der sozialen Verantwortung als Verpflichtung gegenüber der Macht über andere Personen, wie sie z.B. Vorarbeitern oder Personen mit besonderen Aufgaben gegeben ist. Schließlich ist noch die Dimension der Fremdkontrolle oder Überwachung zu nennen, also die Kontrolle durch Personen, Maschinen, Zeitnahmen, Organisationsformen.

Werden in unserem Zusammenhang aufgrund von Zusatzaufgaben wie "Vertreter des Vorgesetzten", "Sicherheitsbeauftragter" oder "Vertrauensmann/frau" soziale Funktionen ausgefüllt, ist von erhöhten Beteiligungserfahrungen auszugehen. Auch in der direkten Arbeitssituation gibt es erhebliche Unterschiede der Beteiligung an Entscheidungsprozessen, wie sie durch die Bandbreite vom "Sprecher einer Arbeitsgruppe bei Gruppenarbeit" bis zu der hochrepetitiven Tätigkeit eines Teileeinlegers gekennzeichnet ist. Stellvertreterfunktionen und damit vermehrte Verantwortung können für die sehr einseitig eingesetzten Personen eine kompensatorische Funktion erfüllen.

(8) Informationsfluß und Informationsträger

In bezug auf Beteiligungsprozesse sind der Informationsfluß und die entsprechenden Informationsträger nicht zu vernachlässigen. Dies ist ein wesentlicher Aspekt der Arbeitssituation. Abgeschnitten zu sein von Informationen und unbeteiligt zu sein an betrieblichen Entscheidungsprozessen sind eigenständige Aspekte betrieblicher Restriktionen. Umfang und Grad der Informiertheit sowie Glaubwürdigkeit der Informationsträger tragen wesentlich zur zumindest ideellen Teilhabe an den

Entscheidungsprozessen bei, sind jedoch auch Grundlage für eigenes Handeln, insbesondere im Feld betrieblicher Beteiligungsprozesse. Die Unschlüssigkeit, aus der heraus sich das einzelne Organisationsmitglied fragt, ob es an einem QZ teilnehmen soll oder nicht, kann zunächst durch umfassendebetriebliche Informationen über Zweck, Arbeit und Stellung von QZ verringert werden. Das Organisationsmitglied kann sich einen Überblick verschaffen und in etwa vorstellen, was im QZ auf ihn/sie zukommen mag.

Das Organisationsmitglied braucht auch Kriterien, die ihm zu beurteilen erlauben, was sich letztlich mit dieser Neuerung positiv oder negativ ändert. Die betriebliche Information über QZ erreicht nämlich Organisationsmitglieder, die schon in ganz bestimmte Gruppierungen eingebunden sind. Beim Meister, Vorarbeiter, Sicherheitsexperten, Personalmann oder einfachen Mitarbeiter/in werden jeweils andere Vorstellungen und Erwartungen wach, was QZ für ihn/sie persönlich, seine Position, seine jetzige und künftige Arbeit mit sich bringen werden.

2.3.3 Individuelle Orientierung und Beteiligung

Die Wahrnehmung der eigenen Arbeitssituation ist Produkt der gegebenen faktischen, organisatorischen und sozialen Beschränkungen bzw. gegebener Handlungspielräume und der individuell ausgeprägten Deutungsmuster und Orientierungen. Grundvoraussetzung für die Wahrnehmung der eigenen Arbeitssituation sind die Handlungsvoraussetzungen der Person. Bildungsniveau, Berufsausbildung, betriebliche Funktionen, Weiterbildungsaktivitäten haben Einfluß auf die Sicht der je eigenen und kollektiven Arbeitssituation.

Diese individuellen Unterschiede werden jedoch bei Maslow (1954) nur auf der Basis einer "Personals-Konstante"- Annahme zugelassen, so daß alle Individuen innerhalb einer Organisation dieselben Erwartungen zu hegen haben, dieselben Bedürfnisse und dieselben Wertesysteme zeigen müssen und dies in gleicher Stärke, Intention und Menge. Die Individualtheoretiker gehen davon aus, daß alle Individuen danach streben, die Bedürfnishierarchie im Maslowschen Sinne nach oben zu klettern - daß sie quasi einen universellen Wunsch nach Selbstaktualisierung am Arbeitsplatz zeigen müssen - und daß nur die Organisationsstruktur der Erfüllung dieser Wünsche entgegensteht. Dem kann ich so nicht folgen.

Wesentlich für die Orientierung im Arbeitsumfeld und in der Wahrnehmung von Beteiligungsangeboten ist die Glaubwürdigkeit von Informationen. Eine erhebliche Rolle spielt dabei die soziale Bezugsgruppe. Greif (1983) geht davon aus, "daß die

Gruppe quasi als Filter für die Intensivierung und Aktualisierung bestimmter Informationen wirkt". Von Bedeutung dürften in diesem Zusammenhang vor allem die informellen Führer, die Meinungsmacher, Respektpersonen oder anerkannt qualifizierten Personen sein. So weist Greif (1983, S. 204) darauf hin:

> "Die Forschungsarbeiten zur Veränderung von Einstellungen zeigen, daß Informationen eher akzeptiert werden, wenn sie aus einer positiv bewerteten, als glaubwürdig eingeschätzten Quelle stammen. Die Quelle der Informationen kann dabei eine Person, Organisation oder ein Massenmedium sein."

Gerade bei der Initiierung von Beteiligungsprozessen durch Qualitätszirkel ist auf die Aspekte der Information und Glaubwürdigkeit hohen Wert zu legen. Nicht ohne Grund verweisen alle einschlägigen Ratgeber auf die Beteiligung des Betriebsrates als Vertrauensinstitution der Arbeitnehmer. Ebenso wird in allen Ratgebern und QZ-Konzepten der Aspekt der Freiwilligkeit hervorgehoben. Die Freiwilligkeit der Teilnahme belegt, daß den QZ keine inhaltliche, sondern eine rein formale Aufgabe gestellt ist, sie sollen nämlich das "geistige und praktische Potential der Mitarbeiter wesentlich stärker als bisher im Sinne des Unternehmens nutzen". (Küchler, 1981, S. 17).

Diese Zielsetzung kann als selbstverständlich innerhalb eines organismischen Denk- (und Organisations)- modells betrachtet werden, in dem alle, gleich wo sie stehen, ihr Bestes zum Wohle des Ganzen beizutragen bestrebt sind und in dem sie als Teil einer umfassenden Einheit ihre Befriedigung finden. Diese Zielsetzung muß aber angesichts der geschichtlich gewachsenen Realität in deutschen Unternehmen ernsthafte Komplikationen aufwerfen. Sie setzt nämlich eine gleichsinnige Ausrichtung der Interessen voraus, die nicht einmal bei den Führungskräften selbst vorzufinden ist.

Berkel (1986, S. 191) erläutert diesen Zusammenhang:

> "Auf Freiwilligkeit der Teilnahme wird von den Theoretikern der QZ-Bewegung deshalb so viel Wert gelegt, weil nur sie eine motivierte und engagierte Mitarbeit verspreche. Diese Annahme geht eigentlich von einem simplen S-O-R-Modell der menschlichen Arbeitsmotivation aus: die Arbeit in QZ erweitere den Handlungsspielraum (S=Stimulus), der ein intrinsisches Motiv im Mitarbeiter aktiviere (O=Organismus), das sich umgehend in einer bemerkenswerten Aktivität äußere (R=Response). Unterschlagen oder unbeachtet bleiben all jene kognitiven Prozesse im Organisationsmitglied, die gerade in neueren Motivationsmodellen (Rosenstiel, 1975; Heckhausen, 1980) besondere Beachtung finden. Das Organisationsmitglied sucht den neuen Anreiz (QZ) im Lichte konkurrierender Bedeutungen, Interpretationen, Beurteilungen und Mutmaßungen einzuschätzen und die Folgen einer möglichen Teilnahme für seine persönliche Lage vorherzusehen."

Bei aller Hoffnung, was Beteiligungsmöglichkeiten der Arbeitnehmer angeht, sollte nicht unberücksichtigt bleiben, daß Beteiligung nicht per se als ganzheitlicher Prozeß anzusehen ist. Auch Beteiligung unterliegt tayloristischen Prinzipien. Nach dem Motto "Ich sage Dir, wo und wie und wieweit Du Dich beteiligen darfst", können Hoffnungen der Arbeitnehmer auf grundlegende und grundsätzliche Mitbestimmungsmöglichkeiten zunichte gemacht werden. Hier kommt es ganz wesentlich darauf an, ob ein Beteiligungskonzept "von oben herab" wirkt oder ob die Widersprüchlichkeit des Begriffs Beteiligung überwunden und zu Mitbestimmung entwickelt wird. Beteiligungskonzepte, die immer wieder über Werbe- und Motivationskampagnen aktiviert werden müssen, scheitern nicht an den unwilligen Arbeitnehmern, sondern vor allem an der oberflächlichen Einbindung der Arbeitnehmer in einseitige Zielsetzungen des Managements oder an der ungenügenden Unterstützung und Förderung durch die mittlere Führungsebene.

Die Wahrnehmung eines Beteiligungsangebots hängt auch von seiner Bewertung vor dem Hintergrund der eigenen Rollenvorstellungen ab. Job-Einstellungen, Karriereorientierung, eine aktive gewerkschaftliche Orientierung oder einseitige ideologische, politische Ausrichtungen bestimmen die Definition der eigenen Rolle(n) im Betrieb und damit auch die Haltung zu Beteiligungsmöglichkeiten bzw. Angeboten wie Qualitätszirkeln.

Für die Auswahl, den Entwurf und die Entscheidung über einzelne Handlungsmöglichkeiten haben im Beteiligungsprozeß verschiedene Hintergründe Bedeutung. Neben den bereits diskutierten Aspekten sozialer Erwünschtheit spielt natürlich die Attraktivität eines Beteiligungsangebots eine wesentliche Rolle. In der Literatur zum Beteiligungskonzept Qualitätszirkel werden vorhandene Beteiligungsverfahren und eingespielte Regelkreise des Interessenabgleichs vernachlässigt oder nicht behandelt. Zwar wird auf die Ängste der Vorgesetzten und Betriebsräte hingewiesen, aber nicht hinreichend geklärt, wie das Verhältnis der unterschiedlichen Beteiligungsangebote zueinander ist. Im Industriebetrieb bestehen diverse Möglichkeiten, Mißstände zu bearbeiten, Verbesserungen zu erzielen und eigene Interessen zu artikulieren. Zu nennen sind dabei Initiativen der Arbeitnehmer, in denen Formen des Arbeitsablaufs, der Organisation, der Pausenregelungen modifiziert werden, indem auf Arbeitsplatz und Arbeitsumfeld gestaltend Einfluß ausgeübt wird. Daneben bestehen Absprachen mit den Vorgesetzten; Mängel werden durch betroffene Arbeitnehmer an die Vorgesetzten herangetragen oder durch einen Vertreter der Gruppe wie z. B. gewerkschaftliche Vertrauensleute. Weiterhin gibt es die Möglichkeit, sich an höhere Vorgesetzte, den Betriebsrat, den Sicherheitsbeauftragten, die Fachkraft für Arbeitssicherheit, die diversen Fachabteilungen oder an das betriebliche Vorschlagswesen zu wenden. An welche dieser Personen oder Institutionen sich eine Person oder Gruppe wendet, hängt von der Abwägung einiger Teilaspekte ab.

Abhängig vom Problemausmaß und damit auch individueller oder kollektiver Betroffenheit, von der persönlichen Zielsetzung, die eher problembezogen, ideell oder materiell ausgerichtet sein kann, abhängig von der Kenntnis der Wege, Abläufe und Ansprechpartner, von sachlich, fachlich, informellen Zuständigkeiten kommt es zur Auswahl einer der genannten Beteiligungsmöglichkeiten. Unter Abwägung der eigenen Anstrengungen, die das Problemausmaß möglicherweise relativieren, und der Abschätzung der eigenen Kontrolle über den Lösungsprozeß und das Ergebnis erfolgt quasi eine Effektivitätsbewertung und damit zusammenhängend eine Erfassung der Belohnung. Belohnung kann die Beseitigung eines Problemzustandes sein, eine Anerkennung durch Kollegen, Vorgesetzte und Betriebsrat oder eine Prämierung.

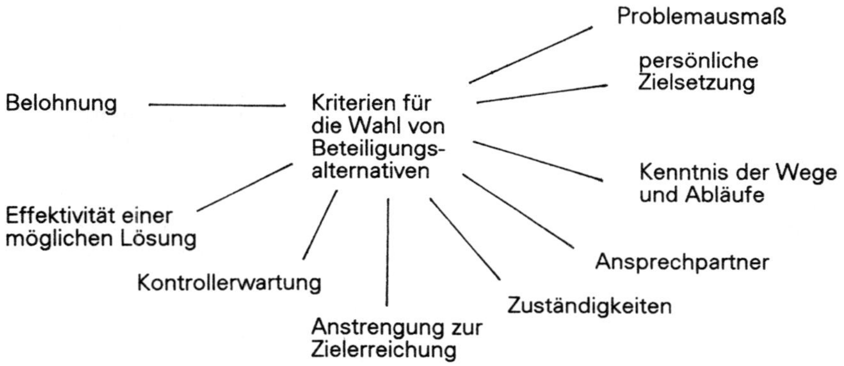

Abbildung 6: Kriterien für die Wahl von Beteiligungsalternativen

Wie in der Infas-Studie "Gewerkschaften vor den Herausforderungen der 90er Jahre" erhoben, werden von Facharbeitern und an- bzw. ungelernten Arbeitern zu 55 % bzw. 54 % kollektive Handlungsstrategien bei innerbetrieblichen Konflikten bevorzugt. "Kollektive Handlungsstrategien" meint eine Hinwendung zur betrieblichen Interessenvertretung im Konfliktfall. Jeweils 30 % der Facharbeiter und an- bzw. ungelernten Arbeiter bevorzugen individuelle Strategien und 13 % bzw. 12 % gaben gemischte Strategien an.

Ich gehe von einem differenzierteren Bild der Konfliktregelung im Großbetrieb aus, da in der angegebenen Untersuchung keine Unterschiede zwischen dem Ausmaß des Konflikts und der Reichweite der jeweiligen Strategie gemacht werden konnten.

Ohne Berücksichtigung der oben genannten Institutionen, die wie z. B. das betriebliche Vorschlagswesen in enger Abstimmung mit der Interessenvertretung arbeiten, ergibt sich bereits ein vielschichtiges Bild des Interessenabgleichs, das dadurch gekennzeichnet ist, daß verschiedene Formen der individualisierten und kollektiven Konfliktregelung bestehen. Die Reichweite der individuellen und kollektiven Strategien ohne die Vertretungsmacht der Betriebsräte reicht jedoch maximal bis auf die Ebene der Abteilung.

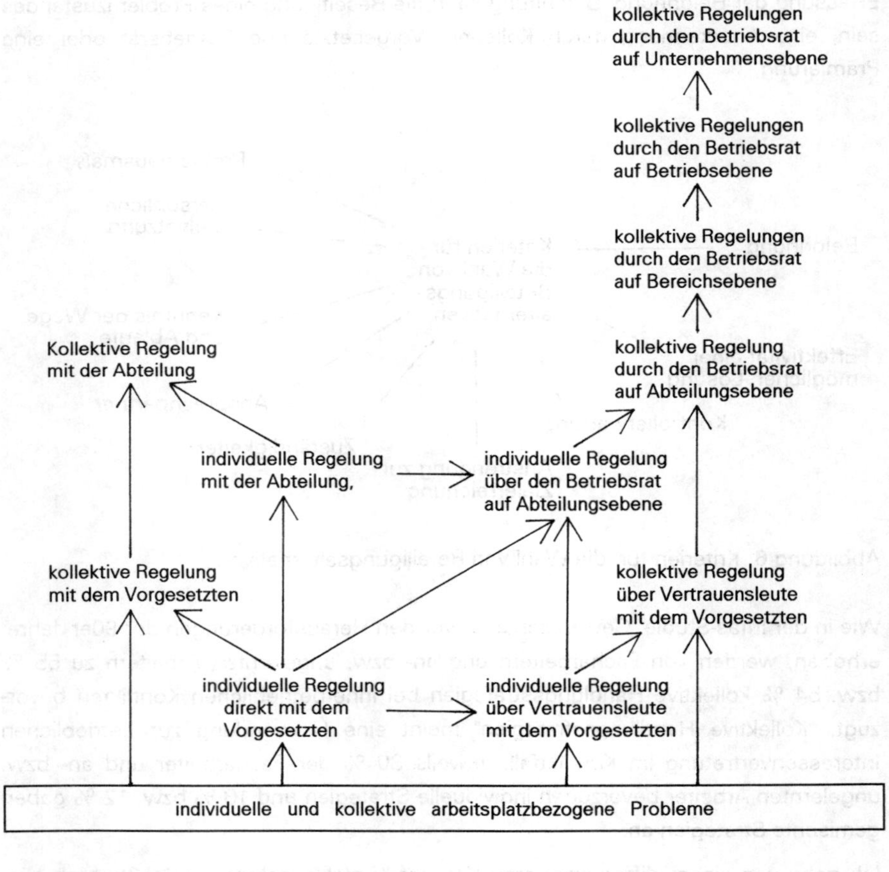

Abbildung 7: Wege des Interessenabgleichs

Die einzelnen Beteiligungswege verbinden sich zu Sub-Regelkreisen des Interessenabgleichs, der Entscheidungsfindung und der Gestaltung der Arbeitssituation. Für die bundesdeutschen Verhältnisse ist zu konstatieren, daß diese Sub-Regelkreise bzw. Sub-Systeme dem Prinzip des "bottom up" unterliegen, aber nur unzureichend entsprechende "top down" Such- und Entwicklungswege beschritten werden. Entscheidungen des Managements werden nach unten weitergegeben, ohne auf breiter Basis diskutiert worden zu sein. Anders als im japanischen Ringi-System (Mattheus, 1986, S.138f) wird zuwenig Vorarbeit bei der Entscheidungsfindung geleistet.

2.3.4 Beteiligungserfahrungen am Arbeitsplatz

Mit der Thematisierung von Beteiligungserfahrungen im betrieblichen Kontext schließt sich der Kreis von situativen Bedingungen und individuellen Orientierungen. Beteiligungserfahrungen dürften einerseits höchst individuell und stark abhängig von je spezifischen situativen Gegebenheiten sein. Auf der anderen Seite lassen sich typische Erfahrungen mit erfolgreicher oder nicht erfolgreicher direkter Beteiligung auch zu einem Bild der Partizipationskultur in einem Unternehmen zusammenfügen. Bisherige Beteiligungserfahrungen dürften über die Attraktivität neuer Beteiligungsangebote entscheiden. Das kann zum einen Desinteresse aufgrund von Resignation und/oder negativen Erfahrungen bei persönlichem Engagement sein. Es kann auch Euphorie sein, weil sich endlich etwas bewegt, Beteiligungwünsche sich endlich Bahn brechen können. Möglich ist auch eine relativ abgeklärte Betrachtung eines Beteiligungsangebots, weil insgesamt die Partizipationsmöglichkeiten am Arbeitsplatz und im Unternehmen ausreichend vorhanden sind und entsprechend genutzt werden.

Nach Lippmann (Berkel, 1986, S.196) sind "Qualitätszirkel eher ein Armutszeugnis für die Hierarchie. Es gibt sie nur in autoritär geführten Betrieben. Sie sind ein Feigenblatt, das die starre und sture Führungsstruktur verbergen soll." Diese pointierte Position kann ich so nicht teilen. Qualitätszirkel sind je nach Konzept für jede Organisation ein mehr oder weniger stark ausgeprägtes Wagnis, werden doch liebgewonnene Abläufe in Frage gestellt. Es soll aber nicht verschwiegen werden, daß Erfahrungen, auf die Berkel (1986, S.190) verweist, zeigen, daß sich die Begeisterung der Mitarbeiter und der Zulauf zu den QZ in vielen Betrieben in Grenzen hält. Seine Beobachtungen und unsystematische Befragungen erbringen folgende Gründe:

"- die Problemstellungen werden letztlich doch vom Betrieb vorgegeben
- die Realisierung von Verbesserungsvorschlägen sei bloß mit mehr Arbeit verbunden

- man gelte bei den Kollegen als "Streber", "Radfahrer" oder stoße auf gänzliches Unverständnis
- die Haltung der eigenen Vorgesetzten, besonders der Meister sei widersprüchlich, teilweise ablehnend
- was letztlich von den Ideen realisiert werde, würde ausschließlich "oben" entschieden
- der ganz andere Arbeitsstil in den QZ sei ungewohnt, man müsse viel dazulernen
- es sei zu bezweifeln, ob man in den QZ wirklich offen über anstehende Probleme reden könne
- QZ seien überflüssig, denn man mache den Meister ohnehin auf anstehende Probleme aufmerksam
- es sei trotz ausreichender Information unklar, was die Betriebsleitung wirklich mit solchen Gruppen bezwecke."

Aus meiner Seminarpraxis weiß ich, daß jede Gruppe sozial-emotionale Fragen klären muß, bevor sie sachlich effizient arbeiten kann. Die Realität sieht anders aus. Die meisten QZ sollen ja umgehend sachlich oder ökonomisch verwertbare Ergebnisse bringen. Um die Effizienz zu beschleunigen, werden in der Regel der Problemlösung dienende Verfahren vorgegeben, die fast ausschließlich kognitive Prozesse beanspruchen. Für die Aufarbeitung persönlicher Wünsche oder Vorstellungen der Gruppenmitglieder sind die Moderatoren meist nicht kompetent genug, und außerdem fehlt in der Regel die Zeit. So kommt es leicht zu einer Zirkelrealität, in der in zwei bis drei Sitzungen ein Thema "durchgezogen" wird. Das Organisationsmitglied muß rasch erkennen, daß es eigentlich zu einer zusätzlichen Arbeit herangezogen wird, ohne daß ihm eigene Gestaltungsspielräume verbleiben. Das Ende eines solchen Ansatzes zeichnet sich dann relativ schnell ab.

Für mich besteht die Frage, ob Beteiligung im Qualitätszirkel, eingebettet in eine starke gewerkschaftliche Absicherung und mit ausreichender Unterstützung durch das Management, andere Formen annehmen können als oben beschrieben. Ob der Rahmen, der mit der Betriebsvereinbarung "VW-Zirkel" abgesteckt wurde, sich deutlich abhebt von vielen mit berechtigter Skepsis betrachteten QZ-Konzepten und ob dieses Beteiligungskonzept sich einen eigenen Platz im Feld vorhandener formeller und informeller Beteiligungsmöglichkeiten erwirbt, soll in der Folge untersucht werden.

Zuvor jedoch sollen die allgemeinen Erörterungen über Arbeitnehmerbeteiligung zu einer psychologischen Modellvorstellung vom Beteiligungsprozeß zusammengeführt werden.

Kapitel 3
Psychologische Modellvorstellung vom Beteiligungsprozeß

Arbeitnehmerbeteiligung als Einwirkung des Organisationsmitglieds auf Entscheidungsprozesse in der Organisation, wurde in den vorausgegangenen Kapiteln in ihren facettenreichen Beziehungen dargestellt.
Ausgehend von den komplizierten Fragen direkter Arbeitnehmerpartizipation auf gewerkschaftliche und betriebliche Interessenvertretungsstrukturen, die das Selbstverständnis einer dieser Organisationsformen betreffen, habe ich die veränderten Produktionsnotwendigkeiten in der Automobilindustrie dargestellt. Dabei wurde die betriebspolitische Brisanz und Widersprüchlichkeit zu hochtrabender Beteiligungsversprechungen deutlich. Um zum Kern der Selbstbestimmungsspielräume versprechenden, aber womöglich in der Logik hergebrachter betrieblicher Herrschaftsverhältnisse verhafteter Beteiligungsangebote zu gelangen, wäre forschungsmethodisch ein direkter Zugang notwendig. Das Verhalten und zielgerichtete Handeln in Beteiligungssituationen, das Austragen von Konflikten, betriebspolitische Raison oder selbstgewählte Zurückhaltung z.B., ließen sich nur in teilnehmender Beobachtung, durch aufwendige qualitative Analysen und bei höchstem Vertrauen der Beteiligten erheben.

Meine Zielsetzung ist die Erarbeitung eines arbeitspsychologischen Analyse- und Bewertungsrahmens und eines daraus abgeleiteten Untersuchungsinstruments zur Befragung von Arbeitnehmern. Dabei interessiert mich vor allem die subjektive Bewertung unterschiedlicher Beteiligungsangebote und die Veränderung von Beteiligungsorientierungen nach der Einführung eines Beteiligungsangebots wie der VW-Zirkel.
Durch einen arbeitspsychologischen Zugang zur Arbeitnehmerbeteiligung sollen Beteiligungsprozesse und das Zustandekommen individuellen Beteiligungshandelns einer Erklärung zugänglicher werden. Beteiligung als bewußte und zielgerichtete Handlung wird dabei als Teilaspekt des Arbeitshandelns aufgefaßt.
Vor diesem Hintergrund kann mir die Theorie der Handlungsregulation, als entwickelste Modellvorstellung vom Arbeitshandeln, zur weiteren Analyse und Konkretisierung der Begriffe "Beteiligung" und "Beteiligungshandeln" dienen.

Da Beteiligungsfragen immer auch Fragen der formellen und informellen Machtstrukturen beinhalten, ist es naheliegend, psychologische Konstrukte der Kontrolle zur Vertiefung des Beteiligungsbegriffs zu nutzen. Kontrolle ist dabei einerseits als zielgerichtete Einflußnahme auf andere Personen, Gruppen und Abläufe zu verstehen, andererseits als psychisches Erleben der Beeinflußbarkeit von Situationen. Zur

Beurteilung eines Beteiligungskonzepts aus arbeitnehmerorientierter Perspektive ist vor allem der Aspekt des erweiterten subjektiven Kontrollerlebens durch Beteiligung von Bedeutung. Denn was nützt ein formales Beteiligungsangebot, wenn es nicht zu erweiterter Kontrolle über die eigene Arbeitssituation führt. Ein Arbeitnehmer der zu konkreten Veränderungsvorschlägen aufgefordert wird und erleben muß, daß nur ganz spezielle Teile seiner Vorschläge umgesetzt werden, wird zunehmend kritischer über Beteiligungsaufforderungen reflektieren.

Mit den skizzierten Punkten eng verbunden sind Fragen der Motivation zur Beteiligung. Denn weshalb sollen Arbeitnehmer sich beteiligen, wofür sollen sie Anstrengungen und womöglich Unannehmlichkeiten auf sich nehmen, wenn ihnen keine klaren Anreize geboten werden. In der Ausweitung der theoretischen Überlegungen wird es daher notwendig, motivationspsychologische Annahmen auf die Beteiligung an betrieblichen Entscheidungs- und Gestaltungsprozessen anzuwenden. Daraus können Faktoren zur Gestaltung motivierender Beteiligungsbedingungen abgeleitet werden.

Im folgenden werde ich mich auf ausgewählte psychologische Aspekte der Theorie der Handlungsregulation, der psychologischen Kontrolltheorie und der Motivationspsychologie konzentrieren. Damit lassen sich die Grundlagen zur Erarbeitung einer allgemeinen Modellvorstellung vom Beteiligungsprozeß erschließen und ein empirisch nachprüfbarer Bezug herstellen.

3.1 Die Theorie der Handlungsregulation

Meine Aufgabenstellung macht es notwendig, die Struktur menschlichen Arbeitshandelns modellhaft zu beschreiben. Davon abgeleitet läßt sich der Begriff der Beteiligung und des Beteiligungshandelns aus arbeitspsychologischer Sicht schärfer fassen.

Mit der Handlungsregulationstheorie (Hacker, 1973 u. 1986; Volpert, 1974 u. 1980; Oesterreich, 1981) liegt ein Versuch vor, behavioristische Auffassungen menschlichen Verhaltens zu überwinden. Die empirische Anwendung in der Arbeitspsychologie ist inzwischen weit entwickelt.

3.1.1 Modellannahmen der Handlungsregulationstheorie

Die Arbeit ist Ausgangspunkt der Modellbildung der tätigkeitspsychologischen Ansätze, "als bewußte, zielgerichtete Tätigkeit, die sich auf die Verwirklichung eines Resultats richtet, das vor der Handlung in der Vorstellung des Arbeitenden gegeben ist und durch den Willen entsprechend ihrem bewußten Ziel reguliert wird" (Rubinstein, 1971, S. 707).
Nach Volpert (1974, S. 15) ist Handeln die spezifisch menschliche Form der Tätigkeit. Die Handlung ist die "kleinste psychologische Einheit der willensmäßig gesteuerten Tätigkeit" (Hacker, 1978, S. 62). In der Modellvorstellung wird vom rational handelnden Individuum ausgegangen. Die Handlungsregulationstheorie basiert zusammengefaßt auf vier Grundannahmen:

1. **Menschliches Handeln ist bewußt und zielgerichtet.**
   In seiner Tätigkeit setzt sich der Mensch mit seiner Umwelt auseinander und verändert sie nach seinen Zielen.
2. **Menschliches Handeln ist gegenständlich.**
   Durch seine Tätigkeit verändert der Mensch die objektiven Bedingungen seiner Umwelt, die ihrerseits auf den Menschen zurückwirken. Die "nach außen" gerichtete, konkrete Aktivität, die Ausführung von Handlungen steht im Mittelpunkt der Handlungsregulationstheorie. Damit ist es möglich, die Ausführung von Aktivitäten und das Planen von Aktivitäten in einem einheitlichen Konzept zu behandeln.
3. **Menschliches Handeln ist in gesellschaftliche Zusammenhänge eingebunden.**
   Die objektiven Bedingungen, innerhalb deren menschliches Handeln stattfindet, sind Produkt der gesellschaftshistorischen Entwicklung. Jeder Mensch eignet sich Teile des gesammelten gesellschaftlichen Wissens an und trägt zur Weiterentwicklung der menschlichen Gesellschaft bei. Jeder Mensch unterliegt gesellschaftlichen Rahmenbedingungen.
4. **Menschliches Handeln ist als Entwicklungsprozeß zu verstehen und zu untersuchen.**
   Die einzelnen Teile einer Handlung offenbaren ihre Bedeutung erst, wenn sie im Gesamtzusammenhang des handelnden Menschen und seinem Handlungsgefüge analysiert werden. Erst die innere, nicht sichtbare Verknüpfung der von außen wahrnehmbaren Abfolge von Handlungsausführungen gibt menschlicher Aktivität einen erkennbaren Sinn. Dieser innere Prozeß wird als "psychische Regulation" bezeichnet und unterliegt einer laufenden Veränderung.

3.1.2 Die hierarchisch-sequentielle Organisation der Handlung

Die Ziele menschlicher Tätigkeit werden im Rahmen der Handlungsregulationstheorie aus Oberzielen (persönlichen Lebenziel, gesellschaftliche Orientierungen usw.) abgeleitet und in Unterziele geteilt. Mit der Hierarchie der Ziele ist ein inneres Gerüst des Handelns vorhanden. Die untersten Einheiten eines hierarchischen Handlungsbaumes werden der Reihe nach (sequentiell) abgearbeitet. Nach jeder Teilhandlung erfolgt eine Rückmeldung des Ergebnisses an die nächsthöhere Ebene. Dort wird das Ergebnis am jeweiligen Teilziel geprüft.

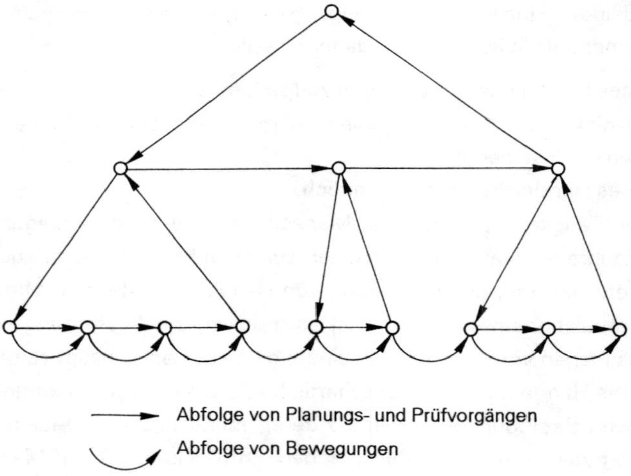

Abbildung 8: Das Modell der hierarchisch-sequentiellen Handlungsorganisation

Dieses Grundschema geht auf Miller, Galanter, Pribram (1960) zurück, die es als TOTE- (Test-Operate-Test-Exit) Einheit bezeichnen. Volpert (1974, S. 41) bezeichnet dieses Schema als zyklische Einheit. Hacker (1978, S. 106) legte einen erweiterten Entwurf vor, den er VVR- (Veränderungs-Vergleichs-Rückkopplungs-) Einheit nennt.

Bezugnehmend auf Tomaszcewski (1964) und Hacker (1978) unterscheidet Volpert (1980) drei Phasen der Regulation:

- die zielbezogene Situationsanalyse (Ausrichten, Orientieren)
- das Generieren, denkerische Erproben und Auswählen eines Handlungsplans (Entwerfen, Entscheiden)
- die sensumotorische Aktivität und die Kontrolle am inneren Modell (Operieren).

Grundlage für die Handlungsausführung sind operative Abbilder. Diese umfassen die Gesamtheit des konkreten Wissens einer Person über die Arbeitstätigkeit, ihre Voraussetzungen, Konsequenzen, Folgen von Störungen, Erwartungen des Verhaltens anderer Personen usw. Hacker stellt die Repräsentationen der operativen Abbilder in der Hierarchie der Regulation auf drei Ebenen dar. Auf der intellektuellen Regulationsebene als Strategie (Plan, Heurismus, verallgemeinertes Verfahren), auf der perzeptiv-begrifflichen Ebene als allgemeines Handlungsschemata und auf der sensumotorischen Ebene als Bewegungsentwürfe.

Oestereich (1981) hat das Drei-Ebenen-Modell Hackers weiterentwickelt und unterscheidet fünf Ebenen:

- Schaffung neuer Handlungsbereiche
- Koordination mehrerer Handlungsbereiche
- Teilzielplanung
- Handlungsplanung
- Sensumotorische Regulation.

Damit wird der Kritik am Hackerschen Modell begegnet, in der bezweifelt wird, ob die perzeptiv-begriffliche Regulationsebene eigenständig gedacht werden kann oder ob es sich nicht um eine auf allen Ebenen vorkommende Orientierungsfunktion handelt (Oestereich, 1981, S.144). Bei anspruchsvollen Tätigkeiten differenziert das Drei-Ebenen-Modell zu wenig, weshalb eine Erweiterung z. B. von Semmer und Frese (1979) gefordert wurde.

Höhere Regulationsebenen zeichnen sich dadurch aus, daß umfassende Denk- und Planungsprozesse erfolgen, daß Wege zur Zielerreichung erst noch gefunden werden müssen. Unterschiedliche Arbeitsaufgaben und deren Ausführungsbedingungen stellen demzufolge unterschiedliche Handlungsanforderungen an den Arbeitenden.

3.1.3 Handlungsregulation und Beteiligung

Die Theorie der Handlungsregulation geht davon aus, daß die Regulation der Arbeitstätigkeit und die Entwicklung operativer Abbilder des Arbeitsprozesses als ganzheitlicher Prozeß auf allen Regulationsebenen zur Entwicklung der Persönlichkeit beiträgt und eine vorausschauende effiziente Arbeit gewährleistet.

Hacker (1986, S. 512) unterscheidet folgende Hauptbedingungen für die Persönlichkeitsentwicklung im Arbeitsprozeß:

(1) Ausreichende Aktivität

(2) Möglichkeiten zur Anwendung und Erhaltung erworbener Leistungsvoraussetzungen

(3) Möglichkeiten lernbedingter Erweiterung der Leistungsvoraussetzungen

(4) Ermöglichen selbstständiger Zielstellungen, Entscheidungen und Verfahrens wahlen

(5) Schöpferische Veränderungsmöglichkeiten von Verfahren

(6) Möglichkeiten zu befriedigender sozialer Kooperation

(7) Anerkennung gesellschaftlich wertvoller Leistungen

Die daraus abzuleitenden Bedingungen persönlichkeitsförderlicher Arbeitsgestaltung sind geprägt durch entsprechende Handlungs-, Entscheidungs-, Gestaltungs- und Kooperationsspielräume.

Von diesen arbeitsgestalterischen Zielvorstellungen eines ganzheitlichen Arbeitsprozesses ist jedoch die Realität des Produktionsarbeiters noch weit entfernt. Noch immer dominiert die tayloristische Arbeitsteilung.

Tayloristische Arbeitsteilung bedeutet "Entlastung" des Arbeiters von intellektuellen Anforderungen (Trennung von Kopf- und Handarbeit). Die Arbeit wird in elementare, motorische Teilschritte zergliedert und auf verschiedene Arbeiter aufgeteilt. Die Teilschritte müssen nach dem vom Arbeitsplaner bzw. Arbeitsgestalter vorgegebenen Schema ausgeführt werden. Der Arbeiter ist durch ihm übergeordnete Planungen in der Regulation seiner Arbeitstätigkeit auf niedere Ebenen der individuellen Handlungsregulation beschränkt. Dieser Weg hat sich in Verbindung mit flexiblen Fertigungsanforderungen zunehmend als kontraproduktiv erwiesen.

Auf der Grundlage der Handlungsregulationstheorie und in Auseinandersetzung mit den Prinzipien der Arbeitsteilung nach F. W. Taylor führt Volpert (1974, 1980) den Begriff der partialisierten Handlung ein.

1. Partialisierte Handlungen sind isoliert. Der Gesamtzusammenhang der Arbeit bzw. seine das Individuum umfassenden Bestandteile werden nicht mit erfaßt und mitbestimmt.

2. Partialisierte Handlungen sind restringiert. Der individuelle Handlungszusammenhang ist im Sinne einer Unterentwicklung umfassender und komplexer Planungsvorgänge gestört. An die Stelle der Beherrschung der Gegebenheiten und des Überblicks tritt die Perspektivlosigkeit und das Beherrschtwerden, z.,B. von einer technischen Anlage.

Durch Arbeitsgestaltungsmaßnahmen wie Job-Enrichment, Job-Enlargement und Job-Rotation wurde versucht, menschenunwürdige Arbeitsteilungen zu mildern. Auf dem Weg zu einer ganzheitlicheren Teilhabe des Arbeiters am Produktionsprozeß werden zunehmend Aufgaben an ihn oder in seine Arbeitsgruppe zurückverlegt.

Durch Qualitätszirkel als Form zur Bearbeitung arbeitsplatzbezogener Probleme kann nach Bungard (1986) die tayloristisch verordnete "Verdummung" des Arbeiters partiell wieder aufgehoben werden. Er beschreibt (1986, S. 137):

> "Gemeinsame Diskussionen in QZ-Runden über mögliche Ursachen eines Problems tragen ja gerade dazu bei, die niedrigste Ebene der individuellen Handlungsregulation zu verlassen. Man steigt in "höhere" Ebenen innerhalb des hierarchisch-sequentiellen Modells auf und als gemeinsames Bezugssystem für solche Analysen wird ein "kollektives" adäquates OAS elaboriert."

Hier liegt meines Erachtens neben einem Mißverständnis der Handlungsregulationstheorie eine Überbewertung herkömmlicher QZ-Konzepte vor. Sollen Qualitätszirkel als Beteiligungsmodell zur Überwindung tayloristischer Arbeitsteilung beitragen, so dürfen sie nicht abgespalten vom Planungs-, Entscheidungs- und Produktionsprozeß als "Inseln der intellektuellen Regulation" durchgeführt werden, in denen ein partialisierter, ausführungsbezogener Problemlöseprozeß unter Ausblendung organisatorischer Gesamtzusammenhänge betrieben wird.

Sollen QZ zur Enttaylorisierung des Arbeitsprozesses beitragen und damit die Partialisierung von Arbeits- und Beteiligungshandeln reduzieren, müssen aufgrund der handlungstheoretischen Überlegungen folgende Anforderungen erfüllt sein:

(1) Ausweitung des Handlungsspielraums in der Arbeitstätigkeit durch Teilnahme an Planungs- und Arbeitsgestaltungsprozessen.

Arbeitnehmerbeteiligung durch QZ hat die Teilhabe an Planung und Realisierung erweiterter Arbeitsinhalte sicherzustellen. Wesentlicher Aspekt der Arbeitstätigkeit ist der gegebene Handlungsspielraum; das Ausmaß, in dem der Arbeitende an seinem Arbeitsplatz selbständig handeln, eigenständige Planungen und Entscheidungen über Ziele und Mittel vornehmen kann. Der Handlungsspielraum wird vor allem durch die Arbeitsaufgabe festgelegt.Die Handlungsregulationstheorie geht von "Regulationserfordernissen" einer Arbeitsaufgabe aus. Je nach Handlungsspielraum sind entsprechende regulatorische Lern- und Entwicklungschancen gegeben.

QZ-Konzepte mit dem Ziel der Reduzierung tayloristischer Arbeitsformen (Martin et all 1980), also mit dem Ziel persönlichkeitsförderlicher Arbeitsgestaltung (Ulich et al 1973; Ulich 1978), könnten dazu beitragen, die individuellen und kollektiven Gestaltungsspielräume im Sinne einer partizipativen Arbeitsgestaltung auszuweiten.

(2) Möglichkeit zur Entwicklung von Entscheidungs- und Gestaltungskompetenz durch Beteiligungsrechte

Gleichrangige Rechte zur Mitentscheidung über die Umsetzung von Vorschlägen für die Arbeitnehmer sind sicherzustellen. Es nützt wenig, wenn Arbeitnehmer im QZ "ihr Wissen zu Markte tragen" und andere für sie über die Umsetzung von Vorschlägen entscheiden, ohne daß eine entsprechende Rückkoppelung vorhanden ist - ein Makel insbesondere des betrieblichen Vorschlagswesens. Gestaltungs- und Entscheidungskompetenzen werden erst in der Auseinandersetzung von Beschäftigten und betrieblichen Entscheidungsträgern entwickelt. Die betrieblichen Fachverantwortlichen und Führungskräfte sollten verpflichtet sein, sich den Vorschlägen z. B. einer Zirkelgruppe zu stellen und sie sollten grundsätzlich bei der Umsetzung behilflich sein. Das heißt auf der anderen Seite, daß sich die Zirkelgruppe fundierter Kritik an ihren Vorschlägen ebenfalls stellen muß.

(3) Zeitautonomie als Grundlage von Beteiligung

Es sind ausreichende Zeitbudgets zur Arbeitnehmerbeteiligung festzulegen. Genauso wie für persönlichkeitsförderliche Arbeitsgestaltung Zeitautonomie der Beschäftigten einen nicht hoch genug einzuschätzenden Aspekt darstellt, ist Zeitautonomie für Arbeitnehmerbeteiligung eine zentrale Grundlage. In der betrieblichen Praxis werden häufig genug relativ große Handlungsspielräume durch zu enge zeitliche Vorgaben wieder zunichte gemacht. In der QZ-Praxis gibt es immer wieder Freistellungsschwierigkeiten der QZ-Teilnehmer, weil kein Zeitbudget für Arbeitnehmerbeteiligung in der Personalbemesssung berücksichtigt wurde, oder es gibt Akzeptanzprobleme, da die Arbeit (z.B. im Zeitlohn- und Angestelltenbereich) einfach liegen bleibt und später abgearbeitet werden muß. Beteiligung ist deshalb einzuplanen

- durch ein Fertigungslayout mit ausreichenden zeitlichen Spielräumen
- durch eine entsprechende Personalbemessung
- durch Bereitstellung notwendiger Räumlichkeiten in Arbeitsplatznähe.

(4) Qualifizierung zur Beteiligung

Sollen Qualitätszirkel im Sinne der Handlungsregulationstheorie zur Erhöhung des Anteils selbständiger und schöpferischer Tätigkeiten beitragen, müßten die oben genannten Punkte erfüllt werden. Damit verbunden ist jedoch der Auf- und Ausbau einer entsprechenden Beteiligungskompetenz der Arbeitnehmer. Hier sind sowohl die betrieblichen Bildungsverantwortlichen als auch gewerkschaftliche Bildungseinrichtungen gefordert. Es reicht nicht aus Beteiligungsangebote, z. B. bei der Benutzerbeteiligung im Software-Bereich zu unterbreiten, ohne hinreichendes Fachwissen der Betroffenen zugrunde zu legen. Beteiligung ohne Qualifizierung verkommt schnell zur Akzeptanz- und Manipulationsstrategie, in der die betrieblichen Experten den Betroffenen in den Mund legen, was sie gern hören möchten.

Für die Verwirklichung einer persönlichkeitsförderlichen Arbeitsgestaltung (Ulich, 1978; Baitsch 1985) mit der Optimierung des Tätigkeitsspielraums, d. h. des individuellen und kollektiven Handlungs-, Gestaltungs- und Entscheidungsspielraums, ist eine partizipative Strategie am erfolgversprechendsten. Im Rahmen dieser partizipativen Strategie könnten Beteiligungskonzepte wie Qualitätszirkel eine zukunftsweisende Rolle spielen.

3.1.4 Modell des Beteiligungshandelns

Ein Teilaspekt der Arbeitshandlung ist die Einbindung in gesellschaftliche Zusammenhänge. Dazu gehört zum Beispiel die vertragliche Verpflichtung zur Erfüllung einer bestimmten Arbeitsaufgabe. Es ist für Arbeitsaufgaben charakteristisch, daß das geforderte Arbeitsergebnis auf verschiedene Art, d.h. mit unterschiedlichen Handlungsstrategien, erreicht werden kann. Hacker (1986) bezeichnet die Möglichkeit zum unterschiedlichen auftragsbezogenen Handeln als "Freiheitsgrade". Bei den arbeitsvertraglich vereinbarten Arbeitstätigkeiten in der industriellen Produktion liegen Freiheitsgrade in der Regel für

- Mengenvorgaben pro Zeiteinheit
- die Abfolgefestlegung und
- die Verfahrenswahl vor.

Gegen vertraglich vereinbarte Aufgabenerfüllung und die damit verbundenen Arbeitshandlungen abgegrenzt werden muß die Möglichkeit zur gesetzlich verankerten Mitbestimmung und die Möglichkeit der Beteiligung an betrieblichen Veränderungsprozessen, z. B. in Qualitätszirkeln.

Unter Beteiligungshandeln der Arbeitnehmer verstehe ich zielgerichtete Teilhabe an betrieblichen Zielbildungs-, Entscheidungs- und Gestaltungsprozessen. Damit fließen an diesem Punkt notwendigerweise Aspekte sozialer, fachlicher, methodischer und betriebspolitischer Kompetenz zusammen. Beteiligungshandeln läßt sich weder vertraglich festlegen noch mit zeitlichen, mengenmäßigen oder qualitativen Vorgaben versehen. Beteiligungshandeln ist frei gewähltes Handeln und muß entsprechend gefördert werden. Es ist deshalb widersprüchlich, weil es einerseits notwendiges, selbstbestimmtes, innovatives Eingreifen in betriebliche Abläufe ist, andererseits unerwünschtes Einmischen in das betriebliche Kompetenz- und Machtgefüge mit sich bringt. Beteiligungshandeln ist immer soziales Handeln.

Für meine empirische Herangehensweise will ich sowohl die allgemeinen Rahmenbedingungen für Beteiligungshandeln und Beteiligungserfahrungen erheben, vor deren Hintergrund ein neues Beteiligungsangebot bewertet wird, als auch typische Sichtweisen der Organisationsmitglieder erfassen. Aus der Beschreibung der gegebenen Bedingungen und Einflüsse auf direkte Arbeitnehmerbeteiligung in den vorangegangenen Kapiteln gelange ich zu einer Grobstruktur vom individuellen Beteiligungshandeln.

Dabei gehe ich nicht von idealtypischen Abläufen aus, die zu sehr mit dem Beigeschmack versimplifizierender Bedingungssetzung verbunden sind, sondern von alternativen, widersprüchlichen, konfliktbesetzten Abläufen, wie sie gerade für

Beteiligungsprozesse gelten.

Nach Katz und Kahn (1978) besteht die Struktur eines sozialen Systems aus den zyklischen Aktivitäten der Mitglieder des Systems. Ständig untereinander rückgekoppelte, sich wiederholende Interaktionsprozesse machen das System aus. Um diese Prozesse zu beschreiben und zu analysieren, ziehen Katz und Kahn die Rollentheorie heran. Die zyklischen Aktivitäten der Organisationsmitglieder interpretieren sie als ein komplexes System von Rollen.

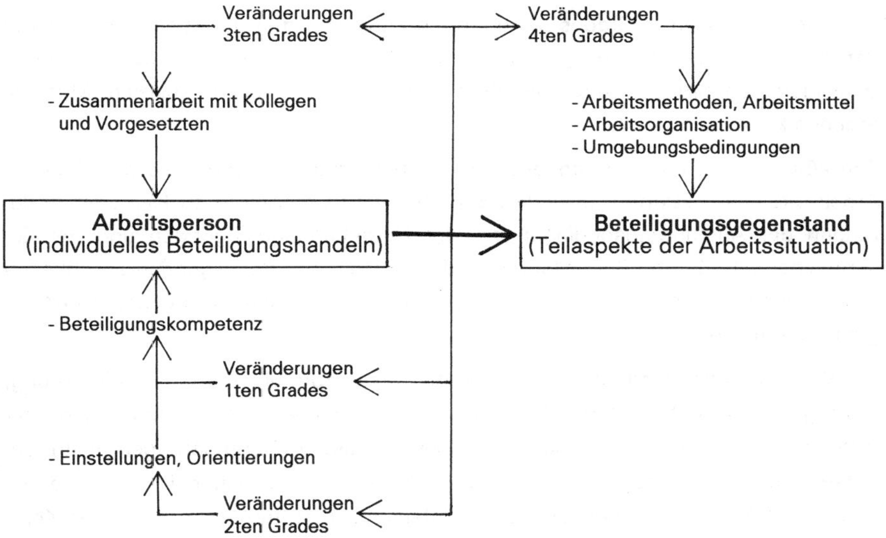

Abbildung 9: Allgemeines Modell individuellen Beteiligungshandelns

Aus dem allgemeinen Modell individuellen Beteiligungshandelns ergeben sich bei Einführung eines neuen Beteiligungsangebots oder der Weiterentwicklung alter Beteiligungsmöglichkeiten Veränderungen verschiedenen Grades.

Mit **Veränderungen ersten Grades** bezeichne ich Veränderungen im Beteiligungshandeln der Person oder in der Beteiligungskompetenz, die sich z. B. in versierterem Umgang mit Institutionen und Personen, in kompetenterem Sozialverhalten in Gruppen und zielgerichteterer Arbeitsweise zur Veränderung von Arbeitsbedingungen zeigen können. Im Sinne der Hackerschen Handlungstheorie (Hacker, 1978) kann von einer Ausdifferenzierung von Aktionsprogrammen gesprochen werden. Nach Katz und Kahn (1978) handelt es sich um ein verfeinertes Rollenrepertoire.

Aus der Nutzung eines Beteiligungsangebots können sich **Veränderungen zweiten Grades** in der Orientierung der Arbeitsperson ergeben, die zu einer Neubewertung bewährter Beteiligungmöglichkeiten führen, zur Wahrnehmung weiterer, bisher nicht beachteter Beteiligungsmöglichkeiten und zum Entwurf neuer Beteiligungswege und Beteiligungskonzepte. Damit einhergehen können veränderte Kontrollüberzeugungen bzw. Kontrollerwartungen. Übersetzt in die Sprache der Handlungsregulationstheorie wäre der Aufbau neuer, situationsangemessener Aktionsprogramme zu verzeichnen bzw. die Entwicklung eines neuen Rollenverständnisses im Sinne der Rollentheorie.

Veränderungen **dritten Grades** betreffen die Entwicklung in der Zusammenarbeit in der Arbeitsgruppe, im Kollegenkreis und mit den Vorgesetzten, die sich durch Beteiligungserfahrungen und das Kennenlernen eines neuen "sozialen Modells" ergeben können.

Schließlich können sich **Veränderungen vierten Grades** ergeben, die die objektive Arbeitssituation betreffen. In ersten Schritten wird Beteiligung zu kleineren Änderungen der Ausführungsbedingungen, der Umgebungsbedingungen und der Zusammenarbeit führen. Bei entsprechender Anlage der Beteiligungsmöglichkeiten sollten Veränderungen der Arbeitsaufträge, des Arbeitsablaufs und der Arbeitsorganisation folgen.

Die Veränderungen sind an dieser Stelle progressiv formuliert. Je nach Einführung, Beteiligungskonzept, betrieblichen Rahmenbedingungen und Erfahrungen der Arbeitnehmer können ebensogut negative, regressive Veränderungen eintreten. Diese Entwicklungsmöglichkeiten sind nicht kollektiv vereinheitlicht zu sehen, sondern es können gruppenspezifische Unterschiede auftreten. Im Sinne von Kern, Schumann (1984) kann es auch zu Beteiligungsgewinnern und -verlierern kommen. Wie bereits angedeutet verläuft Beteiligungshandeln nicht linear, sondern führt als individueller und kollektiver Lernprozeß zu einer Veränderung von Personen, Gruppen und Strukturen. Dabei sind die Beteiligten nicht nur auf die jeweilige Abteilung beschränkt, sondern es kann sich durchaus auch um Personen aus "entfernten" Fachabteilungen handeln.

Mit der Zeit verändert sich, in der Wechselwirkung neuer Beteiligungsmöglichkeiten und den Besonderheiten bestimmter betrieblicher Organisationseinheiten, die bereits vorhandene Beteiligungskultur. Es bilden sich mit der Zeit in den Organisationseinheiten Beteiligungskulturen heraus, die die Gesamtorganisation zu einem Konglomerat unterschiedlicher, manchmal widersprüchlicher Subkulturen werden lassen.

In der bisherigen Diskussion der Arbeitnehmerbeteiligung wurden implizit bereits motivationstheoretische Überlegungen sowie Aspekte kontrolltheoretischer Gedanken einbezogen. Ich will diese Ansätze vertiefen, um zu einem differenzierten Modell des Beteiligungshandelns zu gelangen.

3.2 Kontrolltheoretische Überlegungen

Der Begriff der Kontrolle, als Gegenstück zu Autonomie bzw. Tätigkeitsspielraum, bekommt in der Frage des Einsatzes neuer Technologien verstärkt Bedeutung - einerseits als Kontrolle des Managements über den Produktionsprozeß, andererseits als die Möglichkeit des Individuums, über möglichst viele Aspekte seines Lebens und seiner Arbeit zu entscheiden bzw. mitzuentscheiden. In der Handlungsregulationstheorie führt ein differenziertes operatives Abbild der Arbeitsaufgabe und ihrer Randbedingungen zu versierterem und sicherem Handeln. Die gestellt Aufgabe wird kontrolliert ausgeführt. Der psychologische Kontrollbegriff wird, abweichend vom allgemeinen Sprachgebrauch, als Möglichkeit verstanden, selbst die eigene Lebens- bzw. Arbeitssituation zu kontrollieren.

Im psychologischen Kontrollbegriff, als dem unmittelbaren Streben nach Beeinflussung und Gestaltung der Umwelt durch eigenes Handeln wird individuell gefaßt, was kollektiv und gesellschaftlich mit den vielfältigsten Formen der Mitsprache, Beteiligung und Mitbestimmung zur Norm erhoben ist. Im Rahmen der Mitbestimmungsgesetzgebung, des Betriebsverfassungsgesetzes und betrieblicher Vereinbarungen werden den Arbeitnehmern und ihren Vertretern umfangreiche Möglichkeiten der Information, Kontrolle und Mitbestimmung zugestanden. Damit wird das Recht anerkannt, die eigene Arbeitssituation mit zu kontrollieren und an ihrer Ausgestaltung beteiligt zu sein. Diese vorhandenen Rechte und Beteiligungsmöglichkeiten werden in Betrieb und Gesellschaft individuell jedoch höchst unterschiedlich wahrgenommen.

Der Begriff der Kontrolle und die Unterscheidung von Personen nach ihren Kontrollüberzeugungen wurde besonders durch Rotters (1955, 1966) Konzept des "Locus of Control" geprägt. Rotter beschreibt im Rahmen seiner Arbeiten Kontrollüberzeugungen als allgemeinere, relativ situationsunspezifische Erwartungshaltungen, deren Inhalt einer eher innengeleiteten (internalen) Orientierung oder einer eher außengeleiteten (externalen) Orientierung des Individuums entspricht. Daneben hat sich die Unterscheidung schicksalhafter (fatalistischer) Orientierungen als notwendige Abgrenzung zu externalen Orientierungen herausgebildet. Personen, die nach Rotter als "internal" eingestuft werden, neigen dazu, Ereignisse als Folge ihres eigenen

Verhaltens zu interpretieren, unabhängig von situativen Gegebenheiten. Personen, die als "external" eingestuft werden, neigen nach Rotter dazu, Ereignisse auf Fremdeinflüsse zurückzuführen, fühlen sich also eher als Objekt ihrer Umgebung. Hoff (1989a, 1989b) und Hohner (1987) kritisieren die fehlende Berücksichtigung situativer Einfüsse auf Kontrollüberzeugungen und Kontrollwahrnehmungen im Konzept Rotters. Hohner (1987) unterbreitet ein an meine handlungstheoretischen Überlegungen anknüpfendes Modell des beruflichen Handelns aus kontrolltheoretischer Sicht. Handeln und Verhalten werden von Hohner (1987, S.52) als Ausdruck von Einflüssen der Umwelt und von Einflüssen der Personen aufgefaßt:

> "Dabei setzt die faktische Restriktivität der Umwelt den Handlungsrahmen, sie markiert mit den sie konstituierenden Restriktionen den Handlungsspielraum, den Raum, in dem Spiel (in dem in der Technik üblichen Sinne des Wortes) für das Handeln bleibt. Weitere wesentliche Komponenten der Handlungsauslösung und Handlungsregulation aus kontrolltheoretischer Sicht sind jedoch auch die Restriktivitätswahrnehmung und das Kontrollbewußtsein."

Kontrollüberzeugungen bzw. Kontrollerwartungen sind handlungstheoretisch als Generalisierungen von situationsspezifischen Handlungs-Ergebnis-Erwartungen zu verstehen. Sie beinhalten damit situativ und zeitlich relativ stabile Überzeugungen einer Person darüber, in welchem Maß Ereignisse durch eigenes Handeln beeinflußbar sind.

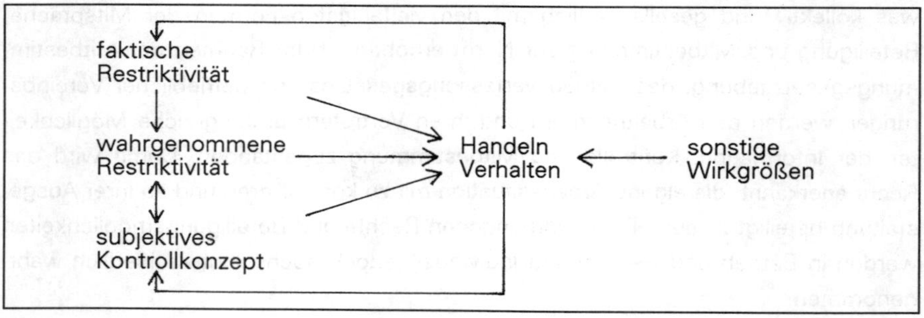

Abbildung 10: Handeln und Verhalten aus kontrolltheoretischer Sicht nach Hohner

In Abgrenzung gegen die klassischen Grundüberlegungen der "Locus of control"-Forschung legen Hohner (1987) und Hoff (1989b) ihrem Kontrollkonzept eine interaktionistische Sichtweise zugrunde. "Personen begreifen sich selbst also nicht nur als Subjekt, nur als Objekt oder teils (in einem Bereich) als Subjekt und teils (im anderen Bereich) als Objekt; sie betrachten sich vielmehr immer gleichzeitig sowie im selben Kontext als Subjekt und Objekt ihrer Umwelt." (Hoff 1989 b, S. 188).

Vor diesem Hintergrund unterscheidet Hoff (1989b) subjektive Paradigmen des Kontrollbewußtseins, die eher fatalistisch, external-deterministisch, internal-deterministisch oder interaktionistisch ausgerichtet sind. Für mich von Interesse ist dabei in langfristig berufsbiographischer Perspektive, die Realitätsangemessenheit des individuell und situativ ausgeprägten Kontrollbewußtseins angesichts der Restriktivität, beziehungsweise der objektiven Handlungsspielräume, in der Arbeit. Hohner (1987) gewinnt aus der differenzierten qualitativen Analyse von vier Fallstudien Grundsätze für die psychologische und berufliche Praxis. Er betont aus der Perspektive seiner Untersuchungen zum subjektiven Kontrollbewußtsein die Bedeutung des Betroffenenprinzips bei beruflichen und betrieblichen Entscheidungen. Nach Hohner (ebd. S.180) "könnten gerade persönlichkeitsförderlich intendierte Veränderungen ihrem Ziel zuwiderlaufen, wenn sie ohne direkte und weitgehende Beteiligung der Betroffenen nur von Experten geplant und realisiert würden."

Das Konzept der industriellen Psychopathologie (Frese et al, 1978; Martin et al, 1980) analysiert Tätigkeiten mit geringen Kontrollmöglichkeiten auf der Basis der Auswirkungen partialisierter Handlungen und im Lichte der "Theorie der gelernten Hilflosigkeit" (Seligman, 1975). Das Gefühl, unkontrollierbaren Situationen ausgesetzt zu sein, zeigt sich unter anderem in einem erhöhten Streßgefühl oder in Form depressiver Verstimmungen. Nach Semmer (1990) ermöglicht Kontrolle das Vermeiden, Beenden oder Reduzieren von potentiellen Stressoren. "Daraus ergibt sich ein direkter, negativer Zusammenhang zwischen Handlungsspielraum und Stressoren und, vermittelt darüber, zwischen Handlungsspielraum und Streß" (S.190). In der einschlägigen Literatur herrscht Einvernehmen darüber, daß die Möglichkeit, Einfluß auf möglichst viele Aspekte seiner Arbeit zu nehmen, zu den zentralen Kriterien einer persönlichkeitsförderlichen Arbeitsgestaltung zählt (Frese, 1978; Gardell, 1978; Hacker,1986; Karasek,1979; Semmer, 1984; Udris, 1981).

Positive Effekte von Kontrolle finden sich in einigen Studien. Bezogen auf die Arbeit, berichtet beispielsweise Hacker (1986) von direkten Zusammenhängen zwischen Freiheitsgraden (Kontrollmöglichkeiten, Handlungsspielräumen) und psychischem Befinden. Frankenhaeuser (1986) konnte experimentell die positiven Auswirkungen hoher Kontrolle auf die Kortisolausschüttung zeigen.

Bedeutsam für eine tendenziell "gesündere" Arbeitssituation ist das Erleben partieller Kontrolle. Diese partielle Kontrolle kann sich im Rahmen der Arbeitshandlung, aber auch vermittelt über Beteiligungsmöglichkeiten, zum Beispiel auf den Arbeitsablauf, die Arbeitsbedingungen, die Arbeitsumgebung und die Zusammenarbeit beziehen.

Im Rahmen meiner Betrachtung soll zum Abschluß auf die große Bedeutung von Qualifizierungsmaßnahmen bei autonomieerweiternden Maßnahmen hingewiesen werden. Sowohl im Rahmen von Beteiligungskonzepten als auch insbesondere bei der Erweiterung von Handlungs- und Entscheidungsspielräumen in der Arbeitstätigkeit kann Unsicherheit, Überforderung und damit verbundener Kontrollverlust entstehen, durch den die positiven Gestaltungsansätze wieder zunichte gemacht werden. Nur Qualifizierung und ein hohes Maß an Partizipation bei Arbeitsgestaltungsmaßnahmen können negative und womöglich kostspielige Effekte unzureichenden Kontrollerlebens vermeiden helfen.

3.3 Annahmen der Motivationspsychologie

Sowohl aus der Handlungsregulationstheorie als auch aus kontrolltheoretischen Überlegungen läßt sich nicht ableiten, welche Handlung ausgewählt bzw. welches Beteiligungsangebot angenommen wird, wie hoch Anstrengungen erlebt bzw. welche Unannehmlichkeiten akzeptiert werden und mit welcher Ausdauer an einem Ziel festgehalten wird.

Der damit skizzierte Begriff der Motivation ist nach Heckhausen (1989, S. 10) "in der Psychologie die Sammelbezeichnung für vielerlei Prozesse und Effekte, deren gemeinsamer Kern darin besteht, daß ein Lebewesen sein Verhalten um der erwarteten Folgen willen auswählt und hinsichtlich Richtung und Energieaufwand steuert".

Konnte im Rahmen kontrolltheoretischer Überlegungen von einem Grundbedürfnis nach Beteiligung ausgegangen werden, so gibt es auch vereinzelte Ansätze zur Erklärung von Beteiligungsmotivation die an solche Überlegungen anschließen. Nach Wilpert (1989) stammt ein erster Ansatz zur Erklärung der Partizipationsmotivation von White (1959). White postuliert "... ein universelles Bedürfnis nach Kompetenz, dessen motivationale Komponente er in der wirksamen Interaktion eines Individuums mit seiner Umwelt sieht ..." (Wilpert, 1989, S.325). Ähnlich auch Deci (1975), der annimmt, "... daß sich intrinsische Motivation aus einem angeborenen, stets gegenwärtigem Bedürfnis nach kompetenter und selbstbestimmter Auseinandersetzung mit der Umwelt speist. Dieses Bedürfnis veranlaßt Menschen dazu Umweltanforderungen aufzusuchen und zu meistern, die ihren Fähigkeiten entsprechen ..." (Wilpert, 1989, S.325).

Bei meinen motivationspsychologischen Überlegungen möchte ich besonders die Bedeutung von Abwägungs- und Auswahlprozessen hervorheben sowie Aufwand-Nutzen-Abschätzungen berücksichtigen.

Beteiligung ist meines Erachtens nicht ein Wert an sich, wie es nach Maslows (1954) Hierarchie von Motivgruppen beim Motiv der Selbstverwirklichung den Anschein haben könnte. Ein Beteiligungsangebot wird in seinem Stellenwert taxiert, gegen andere Möglichkeiten abgewogen und bewertet.

In den sogenannten "Wert-Erwartungs-Theorien" der Leistungsmotivation (z. B. Vroom,1964) wird in diesem Sinne davon ausgegangen, daß das Individuum beim Handeln den "instrumentellen Wert" möglicher Alternativen kalkuliert und die von ihm subjektiv wahrgenommene Erfolgserwartung berücksichtigt.

Heckhausen (1989) hat ein Motivationsmodell vorgelegt, das die Grundannahmen der Wert-Erwartungs-Theorien erweitert. Das erweiterte Motivationsmodell ist für zielgerichtetes Handeln gedacht, wie es für die Arbeitstätigkeit typisch ist. Heckhausens Motivationsmodell ist ein rationalistisches Modell, das verschiedene theoretische Ansätze aufnimmt und fortführt: die Wert-Erwartungs-Theorien, Instrumentalitätstheorie, Leistungsmotivationstheorie und Kausalattributionstheorie. Analog zu Rotter (1955) und Vroom (1964) wird zwischen Handlungsergebnissen und Handlungsfolgen unterschieden. Dabei ergibt sich auf der Ebene der Erwartungen die Unterscheidung zwischen Handlungs-Ergebnis-Erwartungen und Ergebnis-Folge-Erwartungen.

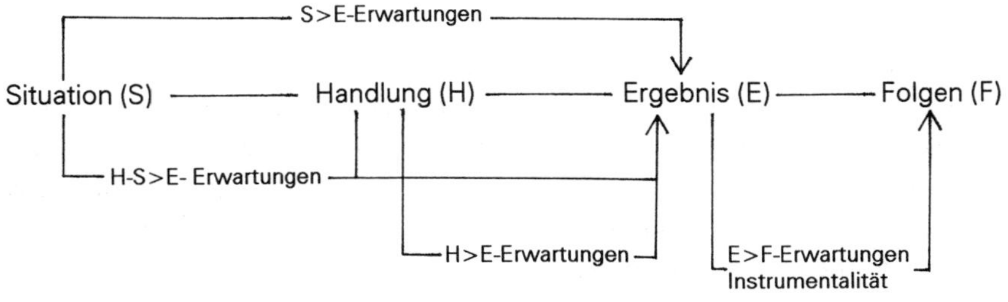

Abbildung 11: Vier Arten von Erwartungen im erweiterten kognitiven Motivationsmodell nach Heckhausen

Handlungs-Ergebnis-Erwartungen (H>E) bezeichnen den subjektiven Wahrscheinlichkeitsgrad, mit dem Situationen durch eigene Handlungen in erwarteter Weise geändert werden können. Handlungs-Ergebnis-Erwartungen kennzeichnen damit z. B. die subjektive Abschätzung, ob durch Beteiligungshandeln die Arbeitssituation verändert werden kann.

Ergebnis-Folge-Erwartungen (E>F) charakterisieren das Ausmaß, mit dem ein Ergebnis instrumental für das Eintreten einer bestimmten Folge mit besonderem Anreizwert ist. Im Unterschied zu Handlungs-Ergebnis-Erwartungen können Ergebnis-Folge-Erwartungen nicht direkt durch eigenes Handeln beeinflußt werden. Ergebnis-Folge-Erwartungen sind z. B. Erwartungen über die Konsequenzen eines Verbesserungsvorschlags.

Durch die Berücksichtigung des situativen Bezugs aller Erwartungs-Wert-Modelle tritt eine Situations-Ergebnis-Erwartung (S>E) hinzu, die sich auf subjektive Annahmen darüber bezieht, ob ohne eigenes Handeln, also durch externe Gegebenheiten, bestimmte Ergebnisse in einer Situation eintreten.

Die Handlungs-bei-Situation-Ergebnis-Erwartung (H-S>E) ist eine subjektive Wahrscheinlichkeit, mit der Ergebnisse aufgrund der eigenen Handlung durch situative Bedingungen erhöht oder verringert werden können. Damit ist z. B. gemeint, welche subjektive Umsetzungswahrscheinlichkeit (Ergebnis) unterschiedliche Beteiligungsmöglichkeiten (Situationen) wie Arbeit im QZ, Gespräch mit Vorgesetztem, Betriebsrat oder dem Spezialisten einer Fachabteilung haben. Als Handlungs-bei-Situation-Ergebnis-Erwartungen bezeichne ich die Attraktivität eines Beteiligungsangebots. Im vorliegenden Zusammenhang will ich darunter den subjektiv wahrgenommenen Einfluß auf einen Lösungsvorschlag im Rahmen unterschiedlicher Beteiligungsangebote verstehen.

Bei Oesterreich (1981) findet sich auf der Regulationebene der Handlungsplanung ein direkter Bezug zum Erwartungs-Wert-Modell. Nach Oesterreich werden in einem "Handlungsfeld" "Zielkonsequenzen" und "Wirkwahrscheinlichkeiten" zu "Wegwahrscheinlichkeiten" kombiniert, aus denen der "maximale Handlungsweg" gewählt wird und in einen "Handlungsweg" mündet. Eine Überlappung mit Begriffen der Wert-Erwartungs-Theorien ist feststellbar.

Heckhausen und Rheinberg (1980, S.19) stellen in einer aussagelogischen Sequenz von Fragen und Antworten, die Entscheidungen zum Handeln zugrunde liegen, die entscheidenden Motivationsparameter des erweiterten Motivationsmodells dar. Übertragen auf die Entscheidung, ob sich ein Arbeitnehmer in betriebliche Entscheidungsprozesse einbringt, wäre eine entsprechende Fragefolge:

- Ist meine Arbeitssituation veränderbar?
- Kann ich selbst Veränderungen herbeiführen?
- Ist mir die Veränderung meiner Arbeitssituation wichtig genug, um aktiv zu werden?
- Sind mit meiner Aktivität auch die von mir gewünschten Folgen verbunden?

Ist die Antwort auf alle Fragen ja, so ist von einer starken Handlungsmotivation auszugehen. Ein entsprechendes aussagenlogisches Modell ließe sich beliebig erweitern und verfeinern.

Greif (1983, S.244) hebt positiv hervor, welchen anregenden Beitrag das erweiterte Motivationsmodell für arbeitsgestalterische Überlegungen liefert:

> "Die Bedeutung der Erhöhung der Kontingenzen zwischen Leistungshandeln, Leistungsergebnissen und Leistungsfolgen unter Berücksichtigung der Zielsetzungen der Beschäftigten kann als bekannte Trivialität vorausgesetzt werden, läßt sich aber aus Annahmen der Handlungstheorie nicht ohne weiteres ableiten und auch nicht in ihrem Stellenwert eingrenzen. Weniger trivial ist vielleicht die auf attributionstheoretischer Grundlage basierende Überlegung, daß Freiheitsgrade des Beschäftigten bei der Wahl des Schwierigkeitsniveaus der eigenen Arbeitsaufgaben eine wichtige Voraussetzung für die Entwicklung eines differenzierten Leistungsmotivs sind. Nur unter derartigen Voraussetzungen kann die subjektiv wahrgenommene Eigenverantwortlichkeit des Beschäftigten erhöht und das Selbstwertgefühl nach Erfolgen gestärkt werden."

Die Bedeutung motivationspsychologischer Überlegungen, insbesondere des kognitiven Motivationsmodells nach Heckhausen für die Diskussion direkter Arbeitnehmerbeteiligung, liegt vor allem darin, die Aufmerksamkeit auf die entsprechende Ausgestaltung von Beteiligungsangeboten und deren subjektive Wahrnehmung und Bewertung unter motivationellen Gesichtspunkten zu lenken. Zu leicht kann bei der Begeisterung der Beteiligungsmacher für ihr Konzept in Vergessenheit geraten, daß es in den Betrieben ein Geflecht verschiedenster direkter, indirekter, offizieller und informeller Mitsprache-, Beteiligungs- und Entscheidungsformen gibt, gegen die ein neues Angebot abgewogen wird und gegen die es sich durchsetzen muß.
QZ setzen sich durch, wenn die motivationspsychologisch so bedeutsamen Handlungs-Ergebnis-Erwartungen im Vergleich zu anderen Beteiligungsmöglichkeiten deutlich erhöht sind. Aufgrund positiver Arbeitsmöglichkeiten im QZ, der Kompetenz der Moderatoren und der erlebten gemeinsamen Kreativität und Kompetenz kann dies gelingen. Mindestens genauso bedeutsam für die Motivation zur Beteiligung im QZ ist eine hohe Instrumentalität, also der erwartungsgemäße Zusammenhang zwischen Handlungsergebnis und Handlungsfolgen. Führt ein QZ-Ergebnis aufgrund einer modifizierten Umsetzung nicht zu den von den QZ-Teilnehmern intendierten Folgen, wird die Idee des QZ-Ansatzes verfehlt.

3.4 Modell des Beteiligungsprozesses

Als Schlußfolgerung aus meinen bisherigen Überlegungen ergibt sich ein, in unserem Zusammenhang als Ordnungs- und Suchheurismus dienendes, Modell der Beteiligung, das handlungs- und kontrolltheoretische Überlegungen in einen Rahmen der motivationspsychologischen Wert-Erwartungs-Theorien integriert.

Ausgegangen wird von der hier nicht untersuchten Vermutung, daß sich die sektorale und regionale wirtschaftliche Entwicklung, also sich verändernde externe und interne Arbeitsmärkte, auf das Beteiligungshandeln der Organisationsmitglieder niederschlägt. Daran an schließt sich die erste Grundlage für betriebliches Beteiligungshandeln, der unternehmensspezifische Rahmen, der sich besonders in der Partizipationskultur und dem Führungsverhalten niederschlägt. Aufgrund der gegebenen Arbeitssituation mit entsprechend ausgeprägten Ausführungsbedingungen, z.B. vorhandenen Spielräumen für Beteiligungshandeln, werden Verhaltensweisen des Organisationsmitgliedes vorgeprägt. Auf die vielschichtigen Aspekte der Arbeitssituation bin ich bereits eingegangen.
Durch die individuelle Wahrnehmung der Arbeitssituation und die Verarbeitung entsprechender Informationsangebote der sozialen Umgebung, orientiert sich das Organisationsmitglied und bewertet Beteiligungsalternativen. Insbesondere vor dem Hintergrund der eigenen Handlungsvoraussetzungen und damit zusammenhängender subjektiver Kontrollerwartungen kommt es zu Handlungsentscheidungen über konkretes Beteiligungshandeln.

Damit einher gehen für das Organisationsmitglied Lernprozesse über den Aufbau und die Funktionsweise der eigenen Organisation und über die Durchsetzungsmöglichkeiten von Verbesserungen im direkten Arbeitsumfeld. Diese Umsetzungserfahrungen prägen vor dem Hintergrund des eigenen Lern- und Lebenswegs das Kontrollerleben in der Arbeitsumgebung. Grundsätzlich ist durch umfassende Beteiligungsmöglichkeiten die Basis für mehr Wissen und Verständnis für Mitbestimmungsnotwendigkeiten auf allen Ebenen des Industriebetriebs gegeben (s. z.B. Wilpert & Rayley, 1983).

Werden darüber hinaus Handlungs-Ergebnis-Erwartungen im Sinne der Annahmen der Wert-Erwartungs-Theorie erfüllt und kommt es zu positiven Folgen eines Ergebnisses, also z.B. der Umsetzung eines Vorschlags im angestrebten Sinn, finden positive Lernprozesse statt, die zu Beteiligungsaktivierung führen können. Lernen die Organisationsmitglieder die "Klaviatur" direkter Beteiligungsmöglichkeiten kennen und erfolgreich anwenden, entwickeln sie eigene Ideen und Strategien zur Weiterentwicklung ihrer Beteiligungsmöglichkeiten.

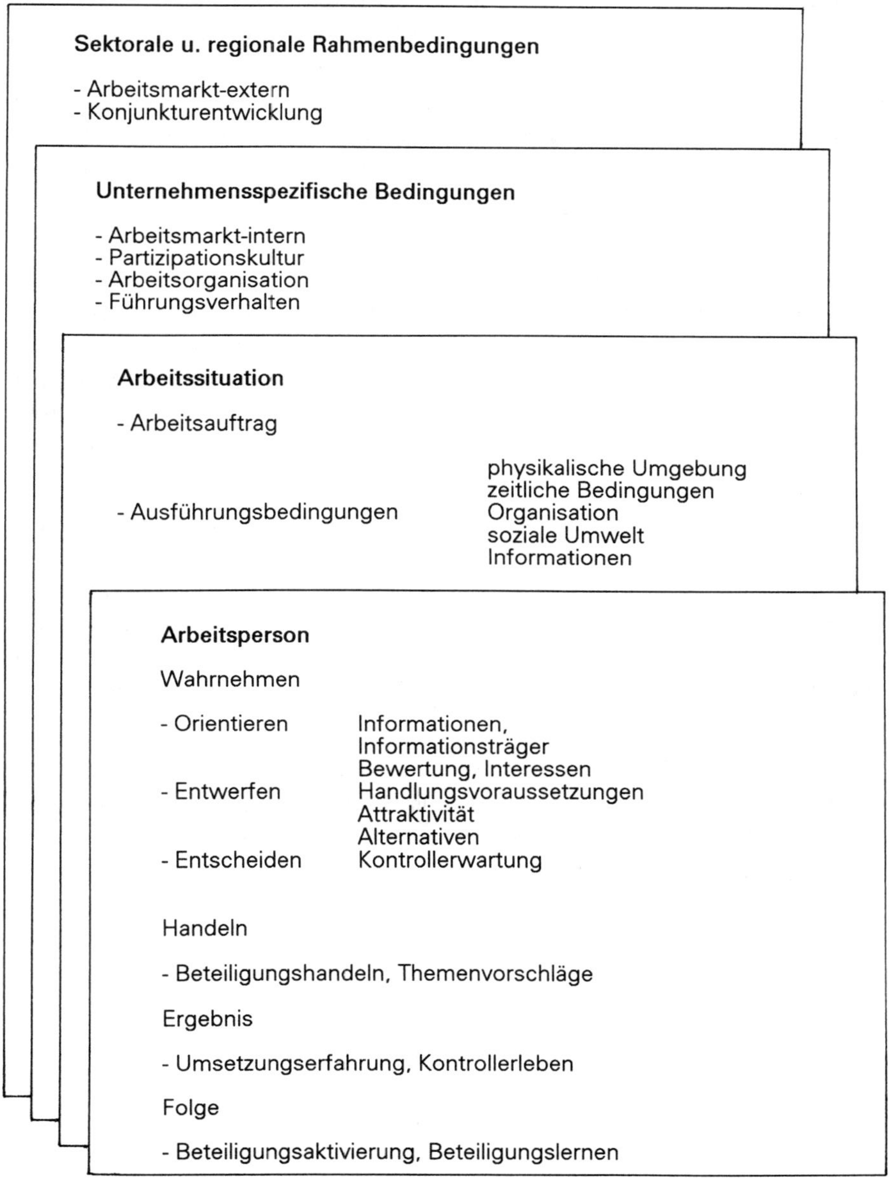

Abbildung 12: Modell des Beteiligungsprozesses

Im positivsten Fall machen die Beteiligten beispielsweise ein QZ-Konzept zu "ihrem" Projekt und entwickeln es in ihrem Sinne weiter. Von dieser Entwicklungsdynamik können sowohl Organisationsmitglied als auch Organisation profitieren. Hier bestehen allerdings auch die größten Ängste in der Organisation. Positive Beteiligungserfahrungen, gestärktes Selbstbewußtsein und entwickeltere Partiziüationskompetenz können zu stärkeren Beteiligungswünschen führen. Mulder (1977) hat diese Dynamik des Mitbestimmungslernens in seiner "Theorie der Macht-Abstands-Reduktion" dargestellt.

Aktives Beteiligungshandeln, im Sinne einer Mitbestimmung am Arbeitsplatz, bedeutet im Rahmen des Modells Auswahl, Ausgestaltung und Neuentwurf von Beteiligungsmöglichkeiten. Qualitätszirkel als eine organisatorische Alternative haben Bestand, wenn sie die Erwartungen von Arbeitnehmern erfüllen bzw. wenn hier tatsächlich ein Freiraum geschaffen wird, der durch Attribute wie Freiwilligkeit, Selbständigkeit, rechtliche Absicherung und Umsetzungsrelevanz umschrieben wird.

Im Blickpunkt meiner auf das Modell aufbauenden empirischen Untersuchung steht damit zum einen die Frage, ob bei vergleichbaren Ausführungsbedingungen durch VW-Zirkel eine Neubewertung der persönlichen Beteiligungsmöglichkeiten am Arbeitsplatz nachweisbar ist. Zum anderen soll ermittelt werden, ob VW-Zirkel für die Beschäftigten eine Alternative zu anderen Beteiligungsmöglichkeiten sind und welche Attraktivität VW-Zirkel auszeichnen. Damit verbunden soll geklärt werden, ob VW-Zirkel von den Beschäftigten als ein Schritt zu mehr Mitbestimmung am Arbeitsplatz erlebt werden.

Bevor ich jedoch auf die Konzeption der dem Modell zugrundeliegenden Untersuchung und der hier thematisierten Fragen im Rahmen der Ergebnisse meiner Untersuchung näher eingehe, soll das Konzept der Arbeitnehmerbeteiligung im Untersuchungsbetrieb näher dargestellt werden.

Kapitel 4
Arbeitnehmerbeteiligung in Qualitätszirkeln bei der Volkswagen AG

Arbeitnehmerbeteiligung in Qualitätszirkeln in einem Unternehmen wie der Volkswagen AG, mit einem beispielgebenden Modell industrieller Beziehungen, kann nicht als einseitige Managementstrategie betrachtet werden. Eine starke betriebliche und gewerkschaftliche Interessenvertretung bei Volkswagen, getragen von einer breiten Zustimmung der Belegschaft, konnte Spitzenlöhne durchsetzen und bundesweit wirkende Signale für die Weiterentwicklung der Tarifpolitik geben. Ebenso konnte eine bundesweit vorbildliche Regelung für die Arbeitnehmerbeteiligung in VW-Zirkeln vereinbart werden. Diese Betriebsvereinbarung basiert auf den Erfahrungen mit Kleingruppenerfahrungen, die bei Volkswagen seit 1979 gemacht wurden. Die Organisation und Umsetzung der Zirkel-Aktivitäten muß den Besonderheiten bei Volkswagen gerecht werden.

Nach einem kurzen Überblick über Experimente mit Beteiligungsmodellen in der Volkswagen AG wird im folgenden auf die Betriebsvereinbarung VW-Zirkel und ihre Umsetzung eingegangen.

4.1 Experimente mit Informationswerkstatt, Werkstatt- und Aktionskreisen

Bereits 1979 erfolgte die Einrichtung von Informationswerkstätten und sich daran anschließenden Aktionskreisen im Werk Wolfsburg der Volkswagen AG, später in den Werken Emden, Kassel, Braunschweig und Hannover. In Wolfsburg kann als konkreter Anlaß für die Einführung von QZ eine Investition von 350 Mio. DM in die Umstrukturierung des Preßwerkes gesehen werden. Damit waren Umstellungen in Inspektion und Produktion zur Zusammenführung beider, Personalabbau, neue Techniken und neue Arbeitsstrukturen verbunden. Die Initiative entstand damals im Vorstandsbereich Qualitätssicherung und wurde von diesem Bereich federführend vorangetrieben. Der Chef des Preßwerkes unterstützte die Initiative massiv, so daß in der Anfangsphase von der Promotorenfunktion des Leiters Preßwerk und des Leiters Qualitätssicherung ausgegangen werden kann. Diese stellten das Konzept auch Ende 1981 dem Betriebsrat vor. Der nahm es zur Kenntnis, war informiert, hat sich zu diesem Zeitpunkt aber nicht damit befaßt. "So wie man eben über viele Projekte informiert wird und zwangsläufig die auch nur zur Kenntnis nehmen kann, weil man die Manpower oder zum Teil auch nicht die kritische Sensibilität hatte, damals schon zu erkennen, was da alles drin steckte." (Volkert 1986, Gesprächsnotiz).

Das QZ-Konzept bestand aus zwei Teilen, der Informationswerkstatt und den Werkstattkreisen bzw. Aktionskreisen. Die Informationswerkstatt war vor allem für Unterabteilungsleiter, Meister und Vizemeister konzipiert. Diese Führungsschicht ist es, nach Ansicht der damaligen Promotoren des Konzepts, welche die "Motivation der Werker, deren Einstellung zur Qualität, deren Identifikation mit dem Produkt und mit der Firma entscheidend beeinflussen kann. Sie sind es ferner, denen die Verantwortung für Stückzahl und Qualität übertragen ist. Es gilt also, diese Mitarbeiter für die neuen Schwerpunkte ihrer Tätigkeit zu gewinnen und vorzubereiten" (Kühlborn, 1985, S. 196).

Die Informationswerkstatt diente der Sondierung von Themeninhalten, dem Kennenlernen der Probleme anderer Abteilungen und der Werbung für das gesamte QZ-Konzept. Nach Kühlborn (S. 198) "nahmen vom Werksleiter bis zum Werker Vertreter aller Hierarchiestufen" an den Gesprächen teil. Die Vorbereitung erfolgte strikt nach Meta-Plan-Dramaturgie: "... sämtliche Gespräche wurden vorstrukturiert. Jeder Moderator erhielt für jedes Gespräch ein Drehbuch, eine Regieanweisung also, in der die Informationseingaben, die vorbereiteten Fragen oder Thesen, die Moderationstexte sowie Hinweise auf den Zeitplan und die notwendigen Handreichungen enthalten waren." (S. 198). Es wurden in vier Jahren insgesamt 950 Runden mit jeweils ca. 14 Teilnehmern durchgeführt.

War die Informationswerkstatt stark vom Gedanken der Ausschußminderung und Qualitätssicherung durchdrungen (der Initiator Hondke war Leiter der Qualitätssicherung) und straff vorstrukturiert, so war dies bei den Werkstatt- bzw. Aktionskreisen noch stärker der Fall. Kühlborn fordert "neben dem gezielten Einsatz von Technologien die Einbeziehung der gesamten Belegschaft in den Qualitätssicherungsprozeß ..." (S. 200).

Die Ziele der Werkstattkreise waren bereits relativ einseitig ausgerichtet, wie z.B.

- das Kostenbewußtsein zu fördern und die Kosten zu senken
- die Effektivität und Produktivität zu steigern
- die Produktqualität zu verbessern
- die Erfahrungen und das Wissen der Arbeitnehmer verstärkt zu nutzen,

und entsprechend der Informationswerkstatt dramaturgisch vorstrukturiert. In der organisatorischen Abwicklung erfuhren die QZ neben gängigen Vorgaben

- 8 bis 12 Teilnehmer

- alle Teilnehmer sind vom Thema berührt

Einschränkungen wie folgende:

- das sachbezogene Thema wird entweder vorgegeben oder später von den Mitarbeitern selbst formuliert

- die Themen müssen eng begrenzt werden, damit eine Lösung möglich ist usw. (S. 202).

Eine begrenzte Anzahl der Sitzungen (in der Regel 2 - 5 Sitzungen) wurde so organisiert, daß zunächst einmal den Teilnehmern erläutert wurde, warum sie zusammengekommen waren, was von ihnen erwartet würde und wie Organisation und Ablauf der Werkstattkreise aussähen. Daran schloß sich die Herausarbeitung der Probleme bezüglich des gestellten Themas an. Die Moderatoren, die den Werkstattkreis leiteten, hatten darauf zu achten, daß die Teilnehmer besonders die Lösungen erarbeiteten, die sie selbst umsetzen könnten, also die "kleinen feinen" Ideen, die sich leicht, schnell und ohne hohe Kosten umsetzen ließen.

Wie vorsichtig und unsicher die Pioniere der QZ-Bewegung bei Volkswagen sich auf das Neuland der Arbeitnehmerbeteiligung wagten, zeigen die Abgrenzungsbemühungen gegen das Lernstattkonzept. Man glaubte, "sichtbare" positive Ergebnisse stellten sich leichter ein, wenn man einen mehr pragmatischen Weg gehe, indem ein straffer Ablauf vorgegeben werde und Werkstattkreise zu konkreten, vorhandenen Problemen zwecks Lösung und Umsetzung gebildet würden. Notwendige Informationen wurden durch vorher durchgeführte ABC- oder Pareto-Analysen zielgerichtet in den Werkstattkreis eingebracht.

Lernstattkonzepten wurden dagegen "Problem-Bewältigungsdiskussionen" am Anfang, mit "freiem, oftmals weniger zielstrebig problemorientiertem Ablauf" und "Problemen, welche den Teilnehmern nach einem Zusammenwachsen als Gruppe einfallen", zugeschrieben. Die Lernstattgruppenmitglieder "müssen sich mehr um die Beschaffung von notwendigen Informationen bemühen" und sind eher "zweifellos auftretenden und zu bewältigenden gruppendynamischen Prozessen", die die Zufriedenheit und Motivation beeinflussen, ausgeliefert. (Kühlborn, 1985).

Der Betriebsrat mußte feststellen, daß "in den VW-Werkstattkreisen die Themen vom Management vorgegeben wurden. Die ausgewählten Teilnehmer - die Teilnahme ist freiwillig - hatten bislang noch keine Möglichkeit, eigene Themen vorzuschlagen." (Pusch, Volkert, Uhl, 1983).

Die "überfürsorgliche Haltung" gegenüber den Beschäftigten als Teilnehmern in den

Werkstattkreisen und die Unterschätzung sozialer Beziehungen und offener Kommunikation bei der Lösung von betrieblichen Problemen kann den Promotoren dieser damals noch relativ neuen Idee nicht vorgeworfen werden. Sie sind mit guter Absicht und viel Engagement, jedoch auch mit altem Habitus und eingefahrenen Sichtweisen an ihre neue Aufgabe gegangen.

Das Konzept der Werkstattkreise konnte sich bei Volkswagen trotz mehrerer hundert Werkstatt- bzw. Aktionskreise nicht voll durchsetzen. Die Zielrichtung war zu einseitig, das Konzept rigide, und die Arbeitnehmer wurden etwas zurückhaltender. Die Interessenvertretung hat diese Aktivitäten anfangs nur beiläufig zur Kenntnis genommen und ihnen wenig Bedeutung beigemessen. In der Ausweitungsphase (ca.1982/83) mußte die Interessenvertretung jedoch erkennen, daß das Konzept trotz aller Mängel einen gewissen Freiraum für die Arbeitnehmer mit sich brachte. Entsprechend aufmerksam verfolgte man diese Aktivitäten in der Folge. (s. Pusch, Volkert, Uhl, 1983 u. Volkert, Uhl, Widuckel, 1987). Vielfältige Bemühungen in anderen deutschen Unternehmen, die QZ-Idee in die betriebliche Praxis zu integrieren, haben allerdings auch zu dieser Aufmerksamkeit beigetragen.

4.2 Der Abschluß einer Betriebsvereinbarung VW-Zirkel

Aus der Sicht des Betriebsrates gingen die Werkstattkreise mit ihrer Zielsetzung auf ein ganz zentrales Bedürfnis der Beschäftigten ein. So äußern Volkert et al. (1987):

> "Dieses Bedürfnis besteht zum einen darin, die eigenen Probleme - in welcher vermittelten Form auch immer - aussprechen zu können und dabei zum anderen als Person auch ernstgenommen zu werden. Hierbei wurde ein völlig anderes Herangehen an die Arbeit praktiziert, wobei hierarchische Unterschiede durch einen persönlichen Umgang miteinander scheinbar zurücktraten."

Den Betriebsräten wurde klar, daß dieses Beteiligungsangebot die gewerkschaftliche Interessenvertretung tangierte. Dazu nochmals Volkert et al. (1987):

> "Probleme, die oftmals mehrfach von Kolleginnen und Kollegen an den Betriebsrat herangetragen und trotz langwieriger Gespräche nicht gelöst wurden, sind durch die Realisierung der Ergebnisse der Qualitätszirkel unverzüglich beseitigt worden. Diese Erfahrung führte zu Vorwürfen gegen den Betriebsrat und die gewerkschaftlichen Vertrauensleute. Damit drohte der Stellenwert kollektiver gewerkschaftlicher Interessenvertretung in den Augen der beteiligten Kolleginnen und Kollegen herabgesetzt zu werden."

Damit wurde deutlich, daß Qualitätszirkel zur Umgehung der Interessenvertretung genutzt werden können und in der Zirkelarbeit von der Unternehmensseite Zugeständnisse gemacht wurden, die von den Betriebsräten und Vertrauensleuten nicht erreicht werden konnten. Die Gefahr eines mitbestimmungsfreien Raumes in der Themenauswahl, der Umsetzung der Ergebnisse, der Auswahl der Moderatoren und der Information des Betriebsrates bestand.

Vor diesem Hintergrund kamen die Betriebsräte bei Volkswagen zu der Überzeugung, daß nur offensive Auseinandersetzung mit dem Beteiligungsangebot des Unternehmens negative Folgen für Arbeitnehmer und Interessenvertretung verhindern konnte. Es konnte aus der Sicht des Betriebsrates nicht um die Verhinderung, sondern mußte um die Ausgestaltung der Qualitätszirkel gehen. 1983 wurde auf der Ebene des Gesamtbetriebsrates ein Forderungspapier für ein grundlegend anderes Qualitätszirkelkonzept erarbeitet, das den Abschluß einer Betriebsvereinbarung zum Ziel hatte. Ziel war es, die Qualitätszirkel zu einem Element der arbeitsplatzbezogenen Erweiterung der Mitbestimmung zu entwickeln und in die Mitbestimmungsrechte des Betriebsrates zu integrieren.

In den Jahren 1984 bis 1986 verhandelten Unternehmens- und Betriebsratsvertreter über den Abschluß einer Betriebsvereinbarung, die im August 1986 abgeschlossen wurde.

Aus den Zielen der Betriebsvereinbarung wird die thematische Öffnung des QZ-Konzepts zu einem Instrument arbeitsplatzbezogener Mitsprache deutlich:

- Verbesserung der Qualität der eigenen Arbeit
- Aufrechterhaltung und Verbesserung der Wettbewerbsfähigkeit des Unternehmens
- Entwickeln und Verbessern der Teamfähigkeit und der Zusammenarbeit
- Erhöhung der Arbeitszufriedenheit und der Motivation, z. B. durch Mitgestaltung des eigenen Arbeitsbereiches
- Erweiterung und Nutzung der Kenntnisse und Fähigkeiten der Werksangehörigen
- Überwindung von negativen Folgen der Arbeitsteilung und Mitwirkung der Arbeitnehmer bei der Gestaltung der Arbeitsumgebung
- Verbesserung der Arbeitsbedingungen
- Verbesserung des Arbeitsschutzes

Dem Betriebsrat werden aufgrund der Betriebsvereinbarung umfassende Mitbestimmungrechte eingeräumt. So sind mit ihm alle grundsätzlichen Fragen im Zusammenhang mit den Qualitätszirkeln einvernehmlich zu regeln. Dazu gehören insbesondere:

- Arbeitsmethoden der Zirkel
- Ausbildung der Trainer, Moderatoren und Koordinatoren
- Auswahl der Moderatoren und Koordinatoren
- die Strategie der stufenweisen Einführung der Zirkel

Darüber hinaus ist der Betriebsrat bei Volkswagen in allen VW-Zirkel-Gremien vertreten und hat weitreichende Informationsrechte. Er ist sowohl über die Themen und Teilnehmer als auch über die Durchführung jedes Zirkels zu informieren. Die Form der Durchführung ist mit dem Betriebsrat abzustimmen. Außerdem ist der Betriebsrat auch an der konkreten Durchführung der Zirkel zu beteiligen. So hat er, wie jeder Werksangehörige, die Möglichkeit Zirkelthemen vorzuschlagen. Er oder ein Vertreter kann jederzeit an den Zusammenkünften teilnehmen. Bei der Arbeit der Zirkel sind die gesetzlichen, tarifvertraglichen und betrieblichen Regelungen sowie die entsprechenden Zuständigkeiten des Betriebsrates einzuhalten.

Die VW-Zirkel sollen flächendeckend im gesamten Unternehmen mit Unterstützung einer zentralen Beratergruppe (VW-Zirkel-Beraterteam) eingeführt werden. Im Gegensatz zur Experimentierphase der ersten Jahre ist nun das Bildungswesen für die Umsetzung des Programmes zuständig. Die ursprüngliche Idee, das Beraterteam ohne feste Zuordnung arbeiten zu lassen, ließ sich nicht realisieren. Im Zentrum der Einführung steht auf der Entscheidungsebene der Unternehmenssteuerkreis mit ensprechenden Gremien in den Werken, den Werksteuerkreisen.

Die fünf Personen eines speziell für die VW-Zirkel eingerichteten Beraterteams sind dem Unternehmenssteuerkreis beigeordnet, leisten fachliche Vorarbeiten und sollen die Umsetzung zentraler Beschlüsse gewährleisten. Das Beraterteam berät die einzelnen Werke, Bereiche und Abteilungen bei der Realisierung der Einführung der VW-Zirkel.

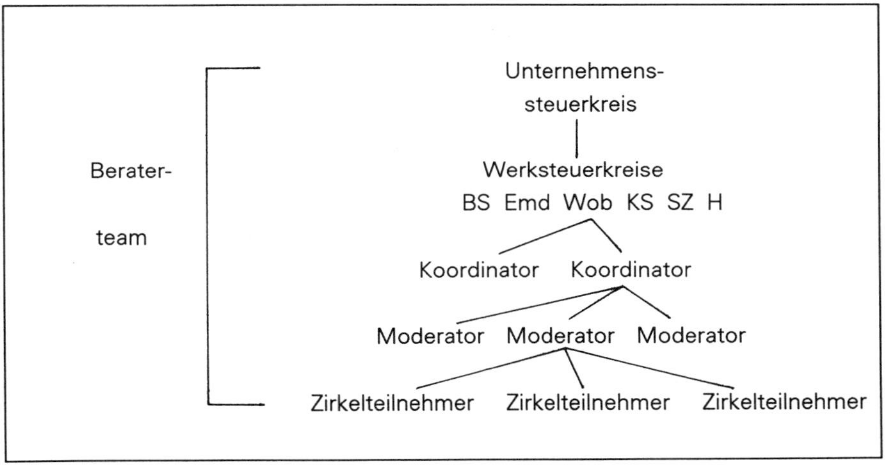

Abbildung 13: Strukturorganisation des VW-Zirkel-Modells

In den Werken sorgen speziell ausgebildete Koordinatoren für die Umsetzung der Steuerkreisbeschlüsse, die Organisation der Aktivitäten und die Betreuung der in ihrem Bereich tätigen Moderatoren.

Vom Anspruch her gehen die VW-Zirkel weit über die klassischen Qualitätszirkel hinaus. Sie sollen "die Chance bieten, neben der Produktqualität auch

- Arbeitsbedingungen
- Arbeitsabläufe bzw. Arbeitsorganisation und die
- Zusammenarbeit zu verbessern sowie den
- Handlungsspielraum des einzelnen zu erhöhen".

(VW-Zirkel-Beraterteam, 1989).

Insgesamt handelt es sich um einen langfristig angelegten Organisationsentwicklungsansatz, durch den die Beschäftigten aktiviert und verstärkt in Entscheidungsprozesse eingebunden werden sollen. Damit können VW-Zirkel sehr starke Bezüge zu neuen Formen der Arbeitsorganisation bzw. Formen der Gruppenarbeit erhalten und quasi als Vorbereitung darauf angesehen werden. Herzer (1988) sieht QZ-Konzepte als integrierten Bestandteil der Gruppenarbeit. Nicht verwischt werden soll in dieser Darstellung der grundlegende Unterschied zwischen Zirkelaktivitäten und Gruppenarbeit. Gruppenarbeit ist eine andere Form der alltäglichen Organisation der Arbeit, während Zirkel nur als eine vorübergehende Freistellung von der normalen Arbeit zu betrachten sind. Für die klassischen QZ stellt Herzer (1988, S. 5) fest, daß "die Nutzung und Bewertung der Ergebnisse der QZ-Arbeit als betriebliche Verbesserungsvorschläge im alten System betrieblicher Hierarchie und Herrschaft verbleibt. Der Arbeitgeber bedankt sich für die konstruktive Mitarbeit und schickt die Beschäftigten zurück in die alte Anweisungs und Ausführungsstruktur." Es ist nach Herzer daher notwendig, die gesamte Unternehmenskultur hin zu mehr Eigenverantwortlichkeit und dezentraler Selbststeuerung der Beschäftigten umzustrukturieren.

Eine Ausdehnung der Entscheidungs- und Handlungsspielräume der Beschäftigten erfordert jedoch nach Herzer (S. 6):

"- einen Abbau von Kontrollen, verbunden mit der Stärkung einer auf Qualifikation basierenden Verantwortlichkeit der Beschäftigten
- eine Umstrukturierung traditionell zentralistischer Produktions- und Verwal tungsstrukturen in Richtung dezentraler, gruppenbezogener Entscheidungsprozesse."

QZ könnten sich in der Zukunft als ein Element der "nachtayloristischen Organisationsmodelle" erweisen, mit denen heutzutage in der Praxis experimentiert wird. Zu dieser Versuchsphase gehört auch, daß recht unterschiedliche QZ-Versionen etabliert wurden, die jedoch mit Hilfe des dreidimensionalen Tätigkeitsspielraumkonzepts klassifiziert werden können.

Werkstattkreise bzw. Aktionskreise zeigen dabei infolge weitgehender thematischer, personeller und struktureller Vorgaben lediglich eine horizontale Erweiterung des Handlungsspielraums bei nur minimaler Ausdehnung des vertikalen Entscheidungs- und Kooperationsspielraums. Werkstatt- bzw. Aktionskreise erlauben aufgrund ihrer aufgabenbezogenen Vorstrukturierung wenig eigenständige Beteiligungsmöglichkeiten. Die Wirkung auf den Mitarbeiter liegt am ehesten im Bereich fachlich-instrumenteller Problemlösung.

Qualitätszirkel, bei denen die Fragestellung überwiegend von der Gruppe ausgewählt und möglichst bis zur Lösungsrealisation bearbeitet wird, bedeuten eine Erweiterung des Handlungs- und Entscheidungsspielraums bei geringer Ausdehnung des Kooperationsspielraums. Qualitätszirkel erlauben größere Freiheitsgrade individueller Beteiligung an der Definition der Problemstellung und ihrer Lösung in der Gruppe.

Lernstattkonzepte sollen sich infolge ihrer Offenheit, der weitgehenden Abwesenheit von Erfolgsdruck und der Betonung der Persönlichkeitsentfaltung sowie der interpersonellen Verständigung durch eine Erweiterung aller drei Dimensionen auszeichnen. In der betrieblichen Praxis kann dieser Ansatz bei BMW oder Hoechst jedoch kaum von klassischen Qualitätszirkeln unterschieden werden. Von der Idee her ermöglichen Lernstattkonzepte eine sehr intensive Beteiligung an sozialen Lernprozessen und bezwecken vor allem den Erwerb sozialer Kompetenzen als Grundlage individueller Beteiligung.

VW-Zirkel können vom Anspruch her als ein sehr offenes und thematisch weitreichendes Konzept charakterisiert werden, das sich auch in der betrieblichen Praxis deutlich von herkömmlichen QZ-Modellen unterscheidet. Das VW-Zirkel-Konzept akzeptiert Beteiligung als betriebspolitischen Prozeß und versucht, die Entwicklung politischer Qualifikationen zur Gestaltung des technologischen Wandeln zu fördern. Beteiligung wird als Beitrag zur Organisationsentwicklung verstanden.

Gruppenarbeit als völlig andere Form der Organisation der Arbeit bietet bei entsprechender Ausgestaltung des Konzepts die größten Möglichkeiten zur Entfaltung der Handlungs- und Entscheidungsspielräume. Gruppenarbeit ermöglicht perspektivisch Beteiligung in umfassenster Form als Selbstorganisation des Arbeitsprozesses in der Gruppe. Damit umfaßt Beteiligung bei Gruppenarbeit Fragen der Zeitsouveränität, der Qualifizierung, der Kooperation, Arbeitsgestaltung und Arbeitsausführung.

Mit zunehmendem Handlungs- und Entscheidungsspielraum und entsprechend höheren Anforderungen bezüglich der Kooperation der Teilnehmer verändern sich auch die Schwerpunkte der Konzepte. Sind Nullfehlerprogramme und Qualitätsregelkreise stark produktorientiert, so stehen bei Aktionskreisen und den klassischen QZ auch Vorgehensweisen und Verfahren zur Debatte. Lernstatt und VW-Zirkel dagegen haben Ziele, die bis weit in arbeitsorganisatorische und Zusammenarbeitsfragen hineingehen. Zur Veranschaulichung könnte eine Einordnung der verschiedenen Beteiligungskonzepte mittels der Dimensionen Handlungsspielraum und Entscheidungsspielraum vorgenommen werden. Dabei ergibt sich eine ansteigende Folge: von Aktionskreisen über Qualitätszirkel, Lernstatt und VW-Zirkel, hin zur Gruppenarbeit. Diese Einordnung orientiert sich allerdings nur am Anspruch der Konzepte, nicht an der jeweiligen betrieblichen Umsetzung.

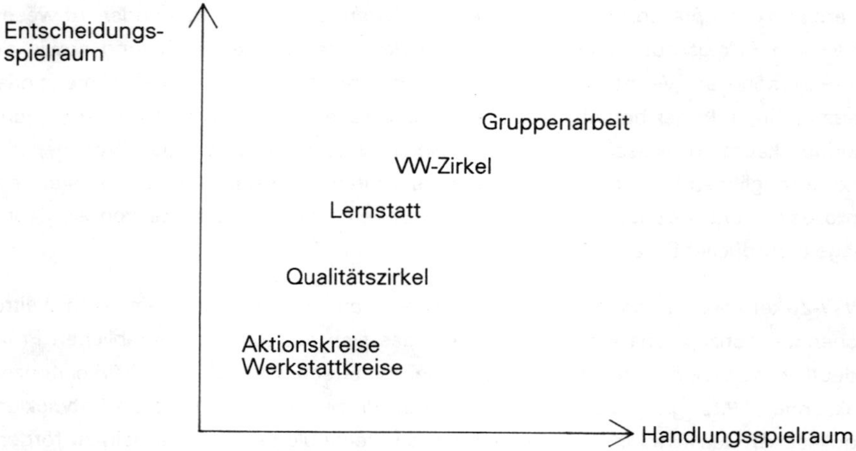

Abbildung 14: Handlungs- und Entscheidungsspielräume unterschiedlicher Beteiligungskonzepte vom konzeptionellen Anspruch her

Meyer-Dohm (1987) verweist auf den Zusammenhang von Kleingruppenaktivitäten wie VW-Zirkel und Gruppenarbeit als Maßnahmen vor dem Hintergrund des internationalen Wettbewerbs:

> "Wir werden in diesem Wettbewerb nur bestehen, wenn wir in der Produkt- und Fertigungstechnologie vorne bleiben und über die Qualifikationen verfügen, mit diesen neuen Technologien umzugehen.
>
> Ins Blickfeld betrieblicher Planungen und Projektvorhaben rücken daher verstärkt arbeitsorganisatorische Konzepte, die sich von den bisher dominierenden "technozentristischen" Konzepten abheben. Sie zielen mit der Einführung von Team- bzw. Gruppenarbeit auf eine umfassende und ganzheitliche Entfaltung und Nutzung von Humanressourcen. Dabei zeichnen sich Gestaltungsspielräume ab, die zum einen ganzheitliche, kooperative und qualifikationsförderliche Arbeitsformen zulassen und zum anderen zum Abbau von Arbeitsbelastungen beitragen können, wie sie im Bereich traditioneller Arbeitsstrukturen auftreten.
>
> Mit anderen Worten: Wenn wir als Unternehmen auch in Zukunft wettbewerbsfähig sein wollen, dann müssen wir mehr denn je unsere sozialen Handlungskompetenzen entwickeln und fördern. Diese sozialen Handlungskompetenzen fallen einem Unternehmen nicht von selbst zu. Ihr Erwerb setzt die Organisationsstruktur eines "lernenden" Unternehmens voraus, das in der Lage ist, immer wieder eingefahrene, verkrustete Strukturen zu verlassen und sich neue - auf Flexibilität, Kommunikation und Partizipation angelegte - Strukturen zu schaffen.
>
> VW-Zirkel dienen dabei als Ansatz, um "auf härtere Wettbewerbsbedingungen, auf technologische Veränderungsprozesse, aber auch auf die steigenden Erwartungen und wachsenden Ansprüche und Bedürfnisse von Arbeitnehmerinnen und Arbeitnehmern nach mehr Selbstbestimmung und Selbstentfaltung zu reagieren."

4.3 Umsetzung der Betriebsvereinbarung

Charakteristisch für die seit Herbst 1987 laufende Einführung der VW-Zirkel in den Werken der Volkswagen AG ist die aufwendige Informationskampagne in den Einführungsbereichen. Dies begründen Marciniak und Klitzke (1988) vom VW-Zirkel-Beraterteam:

> "Wenn wir mit der Zirkel-Idee einen wesentlichen Beitrag zur aktiven Beteiligung von Betroffenen an betrieblichen Entscheidungs- und Gestaltungsprozessen leisten, wenn wir also allen Mitarbeiterinnen und Mitarbeitern Chancen zur Eigeninitiative eröffnen wollen, dann müssen diese Ziele bereits bei der Implementierung selbst schon ihren Niederschlag finden. Bevor also die ersten Zirkel starten konnten, galt es, alle Betroffenen des Startbereichs zunächst mit einer Informationskampagne umfassend zu informieren, zu motivieren und zu aktivieren."

Zu diesem Zweck wird neben einer Plakatserie ein Foliensatz zum Einsatz in Informationsveranstaltungen entworfen. Nachdem im jeweiligen Werksteuerkreis ein Bereich (Halle, abgegrenzter Fertigungsbereich usw.) als Einstiegsinsel ausgewählt wurde, erfolgt eine gründliche Vorbereitung der betroffenen Abteilungsleiter (direkte und indirekte Bereiche) und der betroffenen Betriebsräte auf einem Workshop. Dieses Vorbereitungs- bzw. Betreuungsteam übernimmt die Koordination aller zur Einführung von VW-Zirkeln notwendigen Aktivitäten. Zur Verbreitung der VW-Zirkel-Idee werden Unterabteilungsleiter als sogenannte Multiplikatoren in einem dreitägigen Seminar ausgebildet. Die Auswahl dieser Multiplikatoren erfolgt einvernehmlich mit dem Betriebsrat. Anschließend werden sämtliche Unterabteilungsleiter, Meister, Vizemeister und Vertrauensleute in Zwölfergruppen von diesen Multiplikatoren in einem achtstündigen Workshop mit dem VW-Zirkel-Konzept vertraut gemacht. In Anwendung der Zirkelmethode setzen sich die Teilnehmer mit der VW-Zirkel Betriebsvereinbarung auseinander, stecken sich persönliche Ziele für die Einführung der Zirkel und im Umgang mit zu erwartenden Schwierigkeiten und erarbeiten sich Informationsmaterial über das Zirkel-Konzept. Schließlich werden alle Beschäftigten des Einführungsbereichs (ca. 1000 - 2000 Beschäftigte) in Kleingruppen von ca. 20 Personen von ihrem direkten Vorgesetzten (Meister, Vizemeister) und ihrem zuständigen Vertrauensmann/frau über die Betriebsvereinbarung "VW-Zirkel", die Organisation, die Ziele, Arbeitsform und mögliche Themen der VW-Zirkel informiert.

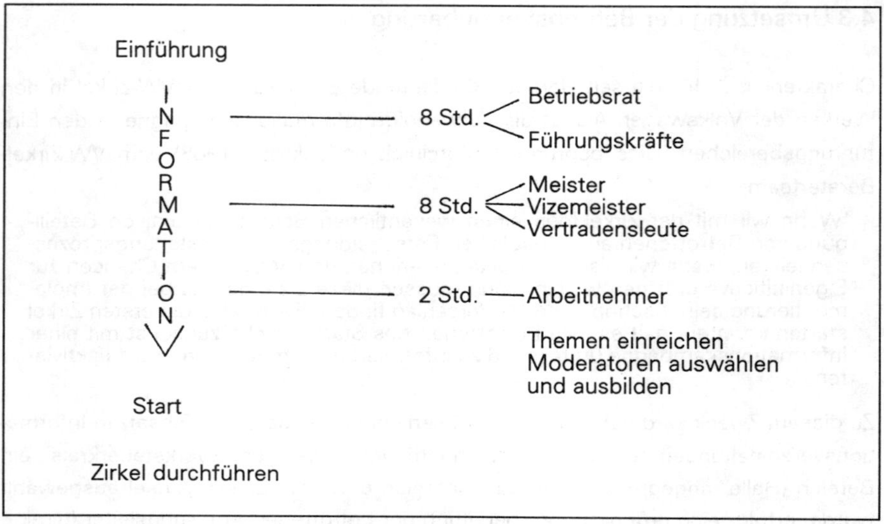

Abbildung 15: Informationsablauf bei Einführung von VW-Zirkeln in einem Bereich

Im Rahmen der Informationsveranstaltung können sich Interessenten für die Moderatorenausbildung melden. Koordinator, Betriebsrat und Abteilungsleiter wählen die zukünftigen Moderatoren/innen nach einem spezifischen, von schulischen bzw. beruflichen Abschlüssen unabhängigen, Anforderungsprofil aus.

Ebenfalls auf der Informationsveranstaltung oder später können erste Themenvorschläge für Zirkel eingereicht werden. Die ausgebildeten Moderatoren suchen später die themeneinreichende Person auf, um die Einsetzung eines Zirkels zu organisieren.

Über die Informationsveranstaltungen und den Einsatz von Informationsplakaten in den Einführungsbereichen hinaus wird für VW-Zirkel geworben durch

"-Beiträge auf Betriebsversammlungen von Mitgliedern des Vorstandes und des Betriebsrates
- Artikel in internen Publikationen, z. B. in der Mitarbeiterzeitschrift "Autogramm", im "Internen Dienst" für Führungskräfte und im "Meisterbrief"
- durch Informations-Wandtafeln in den Startbereichen" (Marciniak & Klitzke 1988).

Geplant ist, in allen Produktionsbereichen, in denen VW-Zirkel eingeführt werden (die flächendeckende Einführung in der gesamten AG ist vorgesehen), nach diesem Konzept vorzugehen.

Eine zentrale Rolle in jedem QZ-Konzept nimmt der Moderator/die Moderatorin ein. Das Konzept VW-Zirkel beinhaltet, daß grundsätzlich jede Mitarbeiterin/jeder Mitarbeiter als Moderator/in tätig werden kann. Dafür werden Personen gesucht, die gerne mit anderen zusammenarbeiten, die Meinung anderer tolerieren, sich nicht so leicht unterkriegen lassen, Kritik vertragen können, von den Kolleginnen und Kollegen akzeptiert werden, Arbeit sehen und anpacken und gerne neue Wege gehen (vgl. VW-Zirkel-Beraterteam, 1988).

Aufgabe des Moderators ist es nach Frank und Schotte (1989):

"- dafür zu sorgen, daß die Gruppe systematisch arbeitet, ohne jedoch Ziele festzusetzen und diese der Gruppe vorzugeben (Neutralität). Er hilft der Gruppe als Ganzes Probleme zu definieren, Ziele zu setzen, Informationen zu sammeln.
- Neben diesen sachbezogenen Aufgaben soll er auch die Zusammenarbeit der Gruppe fördern, d.h. für eine offene, partnerschaftliche Atmosphäre sorgen, "Schweiger" einbinden, "Vielredner" bremsen etc.
- Eine weitere wichtige Aufgabe hat er auch nach außen: Kontakte, Informationsfluß zu Vorgesetzten und anderen Stellen herstellen und pflegen, Organisation von Räumen, Material, Präsentationstermine etc."

Die Ausbildung der Beschäftigten zu VW-Zirkel-Moderatoren erfolgt in mehreren Stufen. Auf einem fünftägigen Seminar wird der Grundstein für die zukünftige Moderatorentätigkeit gelegt. Im Vordergrund der Ausbildung stehen interaktive Techniken und praxisorientierte Übungen, die durch die als Moderatoren agierenden Trainer angeleitet werden. Kennenlernen der Visualisierungsmöglichkeiten über die Kartenmethode, Erproben typischer Zirkelsituationen im Rollenspiel, Selbstreflexion und Feedbackprozesse bilden einen Schwerpunkt. Im Sinne des Gesamtkonzepts wird auf die Vermittlung diverser Problemlösetechniken verzichtet.

Strassmann (1986, S. 103) weist darauf hin, daß es sich bei den in der Praxis zu bearbeitenden Problemen, die im allgemeinen aus den Bereichen Technik, Organisation, produktbezogene Fragen, personelle Überlegungen, Arbeitsabläufe, Arbeitssicherheit und Zusammenarbeit mit Nachbarbereichen stammen, meistens um offene Probleme handelt, d. h. ein Ausgangszustand ist als unbefriedigend erkannt worden, aber die Lösung bzw. der Weg zur Lösung ist weitestgehend unbekannt. In der betrieblichen Praxis werden vielfach Lösungen nach dem Prinzip "Versuch und Irrtum" und weniger durch systematische Analysen gefunden. Wesentliche Orientierung für die Arbeit in VW-Zirkeln bildet eine achtstufige Bearbeitungslogik, die Freiheiten für spezifische Vorgehensweisen zuläßt, aber eine wesentliche Orientierungshilfe darstellt.

1. Stufe	Problem definieren und aufgreifen
2. Stufe	Daten sammeln
3. Stufe	Daten analysieren
4. Stufe	Problemausmaß und -ursache festlegen
5. Stufe	Lösungsmöglichkeiten erarbeiten
6. Stufe	Lösungen bewerten und entscheiden
7. Stufe	Präsentation
8. Stufe	Durchführung

Abbildung 16: Der Problemlöseprozeß im VW-Zirkel

Nach der Ausbildung zum Moderator und neben der Tätigkeit als Moderator finden regelmäßige Moderatorenrunden zum gemeinsamen Erfahrungsaustausch statt. Die Ziele der Moderatorenrunden bauen auf dem Grundseminar auf und behandeln nach den VW-Zirkel-Koordinatoren Frank und Schotte (1989):

- Reflexion über praktische VW-Zirkel-Arbeit
- Aufarbeitung und Vertiefung von inhaltlichen und methodischen Problemen
- Tips und Hilfestellung bei organisatorischen Problemen
- Erhaltung und Verstärkung der Motivation, sich für VW-Zirkel zu engagieren.

Derzeit werden spezielle Bildungsbausteine erprobt, die den unterschiedlichen persönlichen Ansprüchen in der Entwicklung der Moderatoren gerecht werden sollen. Während ein Moderator Hinweise zu bestimmten Datensammlungstechniken benötigt, braucht eine Moderatorin vielleicht Informationen zu Präsentationsmethoden und ein weiterer Moderator sucht Hilfestellung im Umgang mit Konflikten in der Zirkelgruppe.

Ein mehrtägiges Moderatorenaufbauseminar ist zur Zeit in Planung, während im Frühjahr 1991 ein interessantes Pilotseminar stattfinden soll. In diesem Pilotseminar sollen Moderatoren zu Co-Trainern für die Moderatorenausbildung ausgebildet werden. Ein Konzept, an das sich bisher, nach meinem Wissen, noch kein Unternehmen herangewagt hat.

Bis zum 31.12.1989 waren in den Werken Wolfsburg, Braunschweig, Kassel und Salzgitter VW-Zirkel eingeführt. Damit haben derzeit, drei Jahre nach dem offiziellen Start, schon ca. 18.000 Beschäftigte die Möglichkeit, das Konzept zu nutzen. Im Werk Wolfsburg, in dem mit der Einführung der VW-Zirkel im April 1988 begonnen wurde, können zwei Jahre später bereits ca. 9.000 Beschäftigte zirkeln.

In der Werkszeitung "Autogramm" vom 03.07.1990 wurde eine Auflistung von Zirkelthemen vorgenommen, die hier nur ausschnittweise und keineswegs repräsentativ die ganze Palette möglicher Themen aufzeigen soll:

- Ausschußreduzierung, Stahlkurbeldach Innenblech
- Hydraulik-Öl-Undichtigkeiten an einer Pressenstraße
- Abfallentsorgung an einer Pressenstraße optimieren
- Anlieferung von Ventilfedertellern optimieren
- Verletzungsgefahr bei der Frontiergittermontage
- Arbeitsplatzgestaltung in einem Arbeitsbereich
- Probleme beim Einbau des Stereokabels am Polo
- Verkehrsfluß auf der Rampe
- Entsorgung von Farbresten
- Ölverluste an Spritzgußmaschinen.

Kapitel 5
Bildungsmaßnahmen der gewerkschaftlichen Interessenvertretung über VW-Zirkel

Der Abschluß der Betriebsvereinbarung VW-Zirkel ist ein Fortschritt gegenüber der Einführung von Qualitätszirkeln bei der Volkswagen AG im Jahre 1978, die damals ohne jede rechtliche Festlegung erfolgte. Der erreichten Absicherung des Mitbestimmungsrahmens sowie der Öffnung des Themenkatalogs mußte in der betrieblichen Praxis die Gestaltung der Arbeit in den VW-Zirkeln folgen. Dem Betriebsrat kam es vor allem darauf an, im Sinne der Betriebsvereinbarung allen Beschäftigten die Chancen und das Entwicklungspotential, das die VW-Zirkel bieten, zu verdeutlichen. Entsprechend den Erfahrungen in anderen Unternehmen konnte auch bei Volkswagen nicht nur mit Vorbehalten bei der mittleren Führungsebene, sondern auch mit Befürchtungen bei einzelnen Betriebsräten und bei den Vertrauensleuten gerechnet werden. Die Zukunft der gewerkschaftlichen Interessenvertretung liegt jedoch nicht im Verhindern von Beteiligungsangeboten der Unternehmensseite, damit wäre der Marsch in die Isolation vorprogrammiert, sondern im Ausgestalten solcher Angebote für breite Arbeitnehmerschichten. Entsprechenden Veränderungen ihrer eigenen Arbeit müssen sich Betriebsräte und Vertrauensleute stellen. Die betriebliche Situation zeigt den Betriebsräten immer unmißverständlicher, daß eine Politik, die wie bisher vor allem darauf ausgerichtet ist, unter bestmöglicher Ausschöpfung der rechtlichen Bestimmungen die negativen Auswirkungen unternehmerischer Entscheidungen für die Beschäftigten zu verhindern oder auszugleichen und bestehende rechtliche Bestimmungen im Betrieb umzusetzen bzw. ihre Einhaltung zu kontrollieren, allein nicht mehr ausreicht. Die Grenzen bzw. Unzulänglichkeiten zeigen sich insbesondere dort, wo handlungsrelevante Informationen erst durch Spezialisten vor Ort zugänglich werden.

Für eine innovationsbereite Interessenvertretung bleibt zu berücksichtigen, was Horst Kern (1988) auf dem Zukunftsforum der IG Metall formulierte:

> "Die modernen Arbeitnehmer wollen beteiligt sein. Was sie am Betrieb (und wohl auch an der Politik) am stärksten bemängeln, ist das Vorhandensein einer Beteiligungslücke: die Schwerfälligkeit der Entscheidungsabläufe, die Undurchsichtigkeit der Kriterien und der Ziel-Mittel-Abwägungen, die fehlende Mitwirkung bei der Festlegung strategischer Ziele, der vorschnelle Ausschluß erwägbarer Alternativen, die mangelnde Offenheit für unkonventionelle Vorschläge....".

Nach seiner Meinung sollten sich:

> "...Betriebsrat und Gewerkschaften darauf konzentrieren, die Realisierung der Arbeitnehmerinteressen anzuregen und abzustützen, ohne dabei aber das Interessenhandeln der Arbeitnehmer und Arbeitsgruppen zu ersetzen. Dies

beinhaltet übrigens auch, daß als glaubwürdiger Anwalt der Beteiligungsinteressen der modernen Arbeitnehmer nur Gewerkschaften in Betracht kommen, die selbst durch ihre Binnenstrukturen und Organisationspraktiken für Diskussionsoffenheit, Gedankenreichtum, Experimentierfreudigkeit stehen, die "Diskurs-Organisationen" sind keine Gebilde des "demokratischen Zentralismus."

Ähnlich äußert sich W. Bleicher (1990), der von einem neuen Arbeitnehmertypus ausgeht:

"...der aufgrund seiner beruflichen Kompetenz und seiner politischen Ansprüche nicht mehr umstandslos bereit ist, sich vorformulierten Zielen und einer organisatorischen Diziplin zu unterwerfen...Diese Beschäftigtengruppen sind sehr sensibel gegenüber demokratischen Entscheidungs- und Willensbildungsprozessen. Sie fordern Transparenz und möglichst eigene Beteiligung an Entscheidungen. Sie klagen Eigenverantwortung ein und wollen ganz zu Recht als mündige Menschen behandelt werden."

Bildungsarbeit, die sich diese Gedanken zur Leitlinie nimmt, muß sich gerade beim Thema "Qualitätszirkel als Arbeitnehmerbeteiligung" von herkömmlicher, stark programmatisch orientierter gewerkschaftlicher Bildungsarbeit entfernen und neben dem "Was" viel stärker das "Wie" thematisieren.
Im Rahmen der mit der Interessenvertretung der Volkswagen AG abgestimmten Bildungsarbeit der IG Metall-Verwaltungstelle Wolfsburg konnte ein breit angelegtes Bildungskonzept zu dieser Thematik umgesetzt werden (Schultz, 1988).
Nach der Beschreibung des konzeptionellen Ansatzes der Bildungsmaßnahmen erfolgt die Darstellung der Entwicklung verschiedener Bildungsbausteine in Zusammenarbeit mit Vertrauensleuten und Betriebsräten. Daran anschließend stelle ich ein fünftägiges Seminar für Vertrauensleute über VW-Zirkel in seinem Ablauf vor.

5.1 Der konzeptionelle Ansatz der Bildungsarbeit

Ausgangspunkt der Bildungsarbeit war eine Analyse der im Herbst 1986 bestehenden Erfahrungen mit Qualitätszirkeln bei Betriebsräten und Vertrauens-leuten des Werkes Wolfsburg. Auf der Basis dieser Analyse und der Zielsetzung der Betriebsvereinbarung VW-Zirkel entstand ein konzeptionelles Rahmengerüst für die zukünftige gewerkschaftliche Bildungsarbeit zum Beteiligungskonzept "VW-Zirkel" im Bereich der Volkswagen AG.

Mit etwas Ernüchterung mußte ich damals feststellen, daß die Ausgangssituation von einer sehr defensiven und skeptischen Haltung bei vielen Befragten geprägt war. Hier wirkten sich die Erfahrungen mit den Werkstattkreisen, aber auch die innergewerkschaftlichen Diskussionen, orientiert an einer Broschüre der IG Metall (Industriegewerkschaft Metall, 1984), aus. Weiterhin mußte eine erhebliche Irritation bei Vertrauensleuten über die eigenen zukünftigen Aufgaben festgestellt werden. Die Angst, daß die Zirkel - und damit die Beschäftigten selbst - den Vertrauensleuten und Betriebsräten einen guten Teil ihrer bisherigen Arbeitsaufgaben abnehmen und damit ihre Legitimationsbasis unterhöhlen, klang immer wieder an. Die Gefahr einer Rationalisierungswelle durch Qualitätszirkel und ein gewisses Mißtrauen in die eigenen Kolleginnen und Kollegen wurden immer wieder angedeutet.

Einige typische Aussagen in dieser Analysephase 1986:

"Wissen der Kollegen soll billig ausgenutzt werden". (Betriebsrat)

"Ich würde keinen QZ initiieren, die Kollegen und Kolleginnen sind zu ehrlich und schädigen sich nur selbst." (Betriebsrat)

"Ich befürchte eine zu große Identifikation mit den Unternehmenszielen und eine Abwendung von der Gewerkschaft durch die QZ". (Vertrauensfrau)

"Ich habe Bedenken, daß bei den QZ Sachen rauskommen, die das Unternehmen gegen uns nutzen kann". (Vertrauensmann)

Aus der Sicht einiger Interessenvertreter galt es, die damals gerade abgeschlossene Betriebsvereinbarung VW-Zirkel zu überwachen, einzelne Zirkel zu beobachten und Nachteile für die Beschäftigten zu vermeiden. Insgesamt wurden die eigenen Handlungsspielräume subjektiv als eingeschränkt erlebt. Für eine der Betriebsvereinbarung und den Arbeitnehmerinteressen verpflichtete Bildungsarbeit galt es deshalb

- Sachinformationen einzubringen
- die persönliche Einschätzung der VW-Zirkel zu vertiefen und sie gegen klassische QZ abzugrenzen
- die Auswirkungen auf soziale, betriebliche und gewerkschaftliche Strukturen zu reflektieren.

Das heißt, ich wollte den Seminarteilnehmern ein Angebot machen, das es ihnen erleichtert, sich aktiv mit dem VW-Zirkel-Konzept auseinanderzusetzen, um es zukünftig aktiv mitzugestalten. Diese Zielsetzung kann durch ein entsprechendes, teilnehmerorientiertes Seminarklima gefördert werden. Grundvoraussetzung für eine aktive Beteiligung der Teilnehmer ist eine freiwillige Teilnahme am Lernprozeß. Sie war in allen Bildungsveranstaltungen zu dieser Problematik vorhanden. Weiterhin erhoffte ich, daß die Teilnehmer die VW-Zirkel in Bezug zur Arbeit einer sich wandelnden Interessenvertretung setzten und sich die Chancen und Möglichkeiten der VW-Zirkel in Hinblick auf Mitbestimmung am Arbeitsplatz, Verbesserung der Arbeitssituation und Veränderung der Arbeitsorganisation erarbeiten könnten. Es sollte jedoch genauso möglich sein, sich kritisch mit dem Konzept und möglichen Gefahren auseinanderzusetzen.

Zu den drei konzeptionellen Eckpunkten der Bildungsarbeit, der Teilnehmerorientierung, den teilnehmeraktivierenden Methoden und der Förderung gruppendynamischer Prozesse, einige kurze Anmerkungen.

(1) Teilnehmerorientierung in der Erwachsenenbildung

Über viele notwendige Informationen, die für das Gelingen eines Seminars notwendig sind, verfügen nicht die Seminarleiter, sondern nur die Teilnehmer selbst. Das sind die Informationen, die aus dem Erleben der Teilnehmer selbst kommen, aus ihrer beruflichen Praxis am Arbeitsplatz, ihrem privaten Erleben und ihrer Umgebung. Das sind auch Informationen über die Wünsche und Widerstände der Seminarteilnehmer, ihre Erfolge und Mißerfolge. Diese vielfältigen Erfahrungen der Seminarteilnehmer zu akzeptieren und in die Gestaltung eines Seminars einfließen zu lassen, entspricht unserer Orientierung, die die Teilnehmer als aktive, ihre Lebenswelt gestaltende Subjekte begreift. Eine teilnehmer- und damit erfahrungsorientierte Seminargestaltung bedingt die Verknüpfung von Zielen, Inhalten und Methoden (Decker,1985; Heidack, 1989)

Kommt zu dieser grundsätzlichen Haltung für die Konzeption von Bildungsmaßnahmen noch ein Thema wie "Arbeitnehmerbeteiligung in Qualitätszirkeln" hinzu, so drängen sich vielschichtige Verknüpfungen des Seminarthemas mit einer entsprechenden Methodik auf.

(2) Teilnehmeraktivierende Methoden

Zentrale Elemente einer teilnehmeraktivierenden Methodik sind die Moderationsmethode und das Rollenspiel. Die Moderationsmethode ist dadurch gekennzeichnet, daß der Inhalt von den Teilnehmern kommt, während der Moderator die methodische Hilfestellung übernimmt. Ziel ist es, den Meinungs- und Willensbildungsprozeß einer Gruppe zu unterstützen, ohne inhaltlich einzugreifen.

Im Rollenspiel können betriebliche Situationen simuliert und nachgespielt werden. Die Teilnehmer erfahren die Komplexität sozialer Situationen als Beteiligte und Beobachter. Sie erleben die Schwierigkeit, neue Verhaltensweisen umzusetzen, bewußter als im Alltag. Das Rollenspiel dient als Schonraum für die Einübung individueller Veränderungen und bietet die Möglichkeit zur ganzheitlichen Beteiligung im Lernprozeß.

(3) Förderung gruppendynamischer Prozesse

Zur Entwicklung der sozialen Beziehungen im Seminar, als Basis für freiwillige individuelle Lernprozesse, ist für mich der bewußte Umgang mit Beziehungsangeboten im Seminar von Bedeutung.

Gruppendynamische Prozesse spielen während jedes Lernprozesses, unabhängig vom Thema, eine zentrale Rolle und beeinflussen das Lernklima und die Lernfähigkeit des einzelnen Seminarteilnehmers. Ruth Cohn (1975) hat darauf hingewiesen, daß Störungen im Beziehungssystem der Gruppe und im Empfindungsbereich des einzelnen gegenüber der sachbezogenen Aufmerksamkeit dominieren. Zur Vermeidung von Lernstörungen und zum Aufbau eines offenen Seminarklimas gilt es, Transparenz auf der Beziehungsebene herzustellen. Auf die Möglichkeit der Anwendung der Prozeßanalyse gehe ich im Kapitel 3.4.3, bei der Darstellung eines Seminars über Qualitätszirkeln, ein.

Eine besondere Bedeutung kommt diesem Aspekt des sozialen Lernens und der Weiterentwicklung sozialer Kompetenzen gerade in Hinblick auf gruppendynamische Prozesse in Beteiligungsgruppen wie den QZ zu.

5.2 Kooperative Entwicklung eines gewerkschaftlichen Bildungskonzepts

In vier Arbeitskreisen der IG Metall Wolfsburg wurde im Winter 1986/87 der Umgang mit dem Thema Qualitätszirkel bzw. VW-Zirkel erprobt und ein Rahmenkonzept zur Bildungsarbeit erstellt. War ursprünglich nur ein Arbeitskreis geplant, konnte aufgrund der großen Nachfrage eine Ausweitung auf vier Arbeitskreise mit insgesamt 60 Teilnehmern erfolgen. Sie eigneten sich besonders gut zur Erprobung der methodischen Vorgehensweise, da sie an drei Terminen im Abstand von 14 Tagen und einem Wochenendtermin veranstaltet wurden. Hinweise, Kritik und Veränderungswünsche führten von Termin zu Termin und von Arbeitskreis zu Arbeitskreis zu einer Optimierung des Ablaufs.

Die Arbeitskreise wurden interaktiv mit Visualisierungstechnik (Karten, Stellwände) und Moderation organisiert. Seminarverlauf und Seminarergebnisse wurden in einem Fotoprotokoll für die Teilnehmer festgehalten. Für die Teilnehmer, Betriebsräte und Vertrauensleute, war die Arbeit nach den Grundprinzipien der Moderationsmethode in den meisten Fällen neu. Auch die Auseinandersetzung mit den

Beteiligungskonzepten wie Qualitätszirkel, Lernstatt und VW-Zirkel hatte in dieser Intensität für die meisten noch nicht stattgefunden.

In der Folge wurden die Arbeitskreise, der Resonanz der Teilnehmer entsprechend, immer konsequenter als Workshop organisiert. Am Ende des jeweiligen Arbeitskreises ausgefüllte Feedbackbögen bestätigten diesen Ansatz.

Tabelle 1: Feedback zur Teilnehmerorientierung in vier Arbeitskreisen über VW-Zirkel

Feedback Arbeitskreis VW-Zirkel	M	s
Die Zielsetzung war mir insgesamt klar	2,18	1,07
Ich habe neue Informationen erhalten, die für mich verwertbar sind	1,43	0,83
Der Ablauf war abwechslungsreich und interessant	1,62	0,76
Die Referenten ermöglichten ein selbständiges Arbeiten und waren wenig anordnend	1,68	0,72
Die Referenten haben von den Teilnehmern eingebrachte Probleme angemessen berücksichtigt	1,72	0,67
Die Teilnehmer haben einander zugehört und sind auf die Argumente der anderen eingegangen	1,72	0,85
Das Arbeitsklima war insgesamt sehr angenehm	1,33	0,66

N=60, Mittelwerte (M) und Streuungen (s) auf einer siebenstufigen Likertskala (von 1=stimmt genau bis 7=stimmt überhaupt nicht zu)

Im Rahmen der Arbeitskreise erarbeiteten die Teilnehmer Konsequenzen für ihre Arbeit als Vertrauensleute und Betriebsräte. Ein Ergebnis war, daß verstärkte Bildungsarbeit und der Aufbau einer eigenen Informationsstruktur als notwendig zur Umsetzung der Betriebsvereinbarung angesehen wurden. Ein von den Teilnehmern erarbeitetes Konzept hatte eine vierteilige Struktur.

Betriebsrats-Seminare: In zweitägigen Seminaren sollen sich die Betriebsräte mit den Grundlagen der Zirkelarbeit, organisatorischen Rahmenbedingungen und den gewerkschaftspolitischen Konsequenzen beschäftigen. Die Teilnehmer sollen sich mit Hilfe der Visualisierungs- und Moderationstechnik eine eigene Zielsetzung zur aktiven Nutzung und Ausgestaltung der Zirkel-Idee erarbeiten. Von großer Bedeutung soll dabei die Zusammenarbeit mit gewerkschaftlichen Vertrauensleuten und interessierten Arbeitnehmern sein. (siehe auch Schultz 1988).

Vertrauensleute-Seminare: In fünftägigen Seminaren sollen sich gewerkschaftliche Vertrauensleute mit der Zirkel-Idee auseinandersetzen. Aufbauend auf dem Kennenlernen der Arbeitsmethodik und der organisatorischen Rahmenbedingungen sollen die Teilnehmer die praktischen Möglichkeiten der Zirkelarbeit vor Ort einschätzen und Wege zu ihrer Nutzung suchen. Die Teilnehmer sollen sich mit Fragen der Mitbestimmung am Arbeitsplatz und notwendigen Strategien zukünftiger Gewerkschaftsarbeit vertraut machen.

Informanden-Seminar: Aufbauend auf dem Vertrauensleute-Seminar ist es bei den Rahmenbedingungen des Volkswagenwerkes Wolfsburg, mit ca. 60.000 Beschäftigten, 2600 gewerkschaftlichen Vertrauensleuten und ca. 70 Betriebsräten, notwendig, die gewerkschaftliche Informationsstruktur zum Thema "Mitbestimmung am Arbeitsplatz" auszubauen. Für die gezielte Informationsweitergabe soll eine Gruppe von Vertrauensleuten auf einem einwöchigen Seminar qualifiziert werden. Diese Gruppe soll sich ein Informationskonzept mit dazugehörigem Informationsmaterial erarbeiten.

Informations-Runden: Bei Volkswagen haben die gewerkschaftlichen Vertrauensleute während der Arbeitszeit monatliche Informations- und Diskussionrunden von 1 - 2 Stunden Dauer. Während dieser Runden sollen Informanden über Erfahrungen mit dem aktuellen Stand der VW-Zirkel-Umsetzungen berichten.

Da dieses kooperativ entwickelte Konzept sowohl von der IG Metall Wolfsburg, der Vertrauenskörperleitung als auch dem Betriebsrat akzeptiert wurde, konnte es in der Folge vollständig umgesetzt werden.

Wir wollen im folgenden auf das Vertrauensleute-Seminar näher eingehen, das bisher ca. 200 Personen besucht haben. Die Teilnehmer zweier Seminare im Juni 1989 wurden in eine Wirkungsanalyse des Seminarkonzepts und eine Untersuchung zu Fragen der Arbeitnehmerbeteiligung am Arbeitsplatz einbezogen.

5.3 Das Vertrauensleute-Seminar über VW-Zirkel

Das Seminar für gewerkschaftliche Vertrauensleute über VW-Zirkel wurde 1987 konzipiert und erprobt und seitdem regelmäßig durchgeführt (Schultz, Volkert, Uhl, 1989). Das Seminar bezieht sich eng auf die betrieblichen Bedingungen bei Volkswagen, die sich vor allem durch drei Aspekte kennzeichnen lassen:

1. In der gesamten Volkswagen AG werden schrittweise, flächendeckend VW-Zirkel eingeführt; ein entsprechender Vorstandsbeschluß liegt vor.
2. Die Einführung erfolgt geplant und unterstützt durch ein eigens dafür eingerichtetes Beraterteam.
3. Grundlage der gesamten Arbeit ist die Betriebsvereinbarung über VW-Zirkeln

Vor diesem Hintergrund ist das Seminar darauf ausgerichtet, zu klären, wie VW-Zirkel von den Arbeitnehmern und der gewerkschaftlichen Interessenvertretung zur Verbesserung der Arbeitsbedingungen genutzt werden können.

Die allgemeinen Ziele liegen darin:

- die Qualitätszirkel-Idee und das Besondere der VW- Zirkel kennenzulernen und einzuordnen
- die entsprechenden Arbeitsmethoden und Arbeitstechniken im VW-Zirkel zu erproben und einzuschätzen
- die Hintergründe für die Einführung der VW-Zirkel zu reflektieren
- Bewertungskriterien für die Arbeit im Zirkel zu entwickeln
- die Zirkelarbeit im Rahmen der Betriebsvereinbarung mitzugestalten.

Aus dieser Zielrichtung ergeben sich drei inhaltliche Fragestellungen:

1. Wie wird im QZ gearbeitet?
2. Was ist in der Betriebsvereinbarung VW-Zirkel geregelt?
3. Welche Handlungsmöglichkeiten haben Arbeitnehmer und Vertrauensleute in ihrer betrieblichen Arbeit, und welche Möglichkeiten bestehen für die Interessenvertretung bei der Einrichtung, Durchführung, Umsetzung von Zirkeln?

Im Mittelpunkt des Seminars steht damit die Frage nach den praktischen Handlungsmöglichkeiten der Vertrauensleute bei Themenauswahl, Durchführung und Umsetzung der Ergebnisse. Die Simulation eines Entscheidungs- und Durchführungsprozesses mit Hilfe von Rollenspielen bzw. Handlungsspielen soll eine praxisnahe Erfahrung bieten. Die vorgesehenen Arbeitsmethoden im Seminar orientieren sich entsprechend dieses "Simulationsgedanken" relativ stark an Arbeitstechniken, die in VW-Zirkeln Anwendung finden. Auf diese Weise sollen die Teilnehmer nicht nur abstrakt über Arbeitstechniken informiert werden, sondern sie sollen darüber hinaus die Reichweite, Wirkung und Begrenzung dieser Arbeitsform praktisch erfahren. Arbeitstechniken im Rahmen des Seminars sind deshalb insbesondere:

- Metaplan-Technik
- Moderation durch die Teamer
- Prozeßanalyse
- Rollenspiele und Handlungsspiele zur Simulation
- Gruppenarbeit
- Plenumsdiskussion und Kurzvorträge.

Alle Arbeitsmethoden sind auf eine starke Teilnehmerbeteiligung ausgerichtet und ermöglichen einen Seminarablauf, der als gemeinsamer Diskussions- und Lernprozeß angelegt ist. Entsprechend der Workshop-Methode sitzen die Teilnehmer ohne Tische im Halbkreis und schreiben selber nicht mit. Schriftlich festgehalten wird der kollektive Prozeß auf Wandzeitungen. Mitschriften werden über ein Fotoprotokoll der Wandzeitungen allen Teilnehmern zugänglich gemacht.

Durch die methodische Anlage des Seminars und mit Unterstützung der täglichen Prozeßanalyse können die Teilnehmer die Dynamik ihres eigenen Gruppenprozesses reflektieren. Für die vorliegende Bewertung dieses Seminartyps wurden zwei Seminare aus dem Juni 1989 ausgewählt, die den Startzeitpunkt einer Längsschnittbefragung von Arbeitnehmern zu VW-Zirkeln darstellten (siehe Kap.4.1).

Ablauf des Seminars

Montag:
- Vorstellung der Teilnehmer und Formulierung von Motiven und Erwartungen
- Vorstellung der Seminarziele durch die Seminarleiter
- Darstellung des vorläufigen Seminarplans
- Einführung in die Basismethoden der Zirkelarbeit (Meta-Plan, Moderation)
- Gruppenarbeit unter Moderation der Seminarleiter zum Thema "Mängel und Probleme in meiner Arbeit"

Die Erwartungen der Teilnehmer werden in der Regel auf Karten geschrieben und auf eine Stellwand geheftet. Eine Gliederung der Erwartungen im Plenum ergibt in der Regel vier Bereiche:

- Wissen zu QZ erwerben bzw. vertiefen
- Einflußmöglichkeiten auf die Arbeit im Zirkel im Rahmen der Betriebsvereinbarung kennenlernen
- Konkrete Vorbereitung auf die Einführung der Zirkel im eigenen Arbeitsbereich
- Bewertung der Zirkel-Idee aus Arbeitnehmersicht.

Nach dem Vergleich der Teilnehmererwartungen und der Seminarziele der Seminarleiter erfolgt eine kurze schematische Darstellung des Seminarplans. Daran schließt ein direkter Einstieg in die Zirkelarbeit an. Den Teilnehmern wird als Einstieg in eine durch die Seminarleiter moderierte Gruppenarbeit erläutert, was ein Zirkel ist und mit welchen Methoden er arbeitet.

Was ist ein Zirkel	**Wie arbeitet ein Zirkel**
- Eine Gruppe von 6 - 8 Personen	
- trifft sich regelmäßig für 1 - 2 Stunden	- Moderationsmethode
- und bearbeitet freiwillig	- Karten- und
- arbeitsplatzbezogene Probleme	Visualisierungstechnik
- mit Hilfe eines Moderators	
- bis zur Lösung	- Problemlösetechniken
- und kontrolliert die Umsetzung	

Abbildung 17: Einführung in die Zirkelsimulation

In der Gruppenarbeit führen die Teilnehmer mit Unterstützung des Moderators eine Problemsammlung (Kartenabfrage) zum Thema "Mängel und Probleme in meiner Arbeit" durch. Diese Probleme werden nach Sinnzusammenhängen geordnet und mit Oberbegriffen versehen. Eine Bewertung der Ergebnisse und ein Erfahrungsaustausch zur Simulationsübung schließt diese Einstiegsphase ab.

Die Ergebnisse der Problemsammlung bilden eine Ist-Stand-Beschreibung von möglichen Zirkelthemen bzw. aufgrund der Betriebsvereinbarung ausgeschlossenen Themen.

Vor dem Hintergrund dieser Erfahrungen in der Gruppenarbeit werden in einem ersten Schritt die auffälligsten Vor- und Nachteile der Methodik diskutiert. Die Einschätzungen sind überwiegend positiv:

- lockere, ungezwungene Arbeit
- alles vor Augen zu haben ist gut
- mit anderen zusammenzuarbeiten regt an
- keine Benachteiligung anderer
- kein Mitmachzwang
- geringe Hemmschwelle durch Karten
- Karten regen Mitarbeit an
- Moderator hält sich zurück, führt auf das Thema zurück
- schnelle Einigung durch die Methode.

Daneben werden jedoch auch kritische Aspekte von den Teilnehmern genannt:

- Angst vor Fehlern in der Rechtschreibung
- Druck mitzumachen verspürt
- Differenzierungen durch wenige Worte auf Karten nicht möglich
- Moderator kann beeinflussen, wenn er will.

Die Teilnehmer äußern zusammenfassend, daß Karten- und Moderationsmethode als beteiligungsorientiertes Verfahren zur Problemsammlung, Ordnung und Gewichtung sehr hilfreich und anregend sind. Ein lebendiger und vielschichtiger Diskussionsprozeß darf dadurch jedoch nicht ersetzt werden.

Dienstag:
- Prozeßanalyse
- Kennenlernen der Betriebsvereinbarung
- Bewertung der Themen der Problemsammlung
- Organisation der Zirkel
- Einführungsmodell VW-Zirkel
- Bearbeitung ausgewählter Zirkelthemen

Angelehnt an die TZI-Methodik (Themenzentrierte Interaktion) nach Ruth Cohn (1975) erfolgt jeden Morgen eine Prozeßanalyse des Seminarablaufs. Zwischen den Anforderungen, Wünschen und Interessen des einzelnen Seminarteilnehmers (ICH), der Seminargruppe als Arbeitsteam (WIR) und dem Arbeitsziel der Erarbeitung des Sachthemas "Zirkel" (ES) wird ein Gleichgewicht angestrebt.

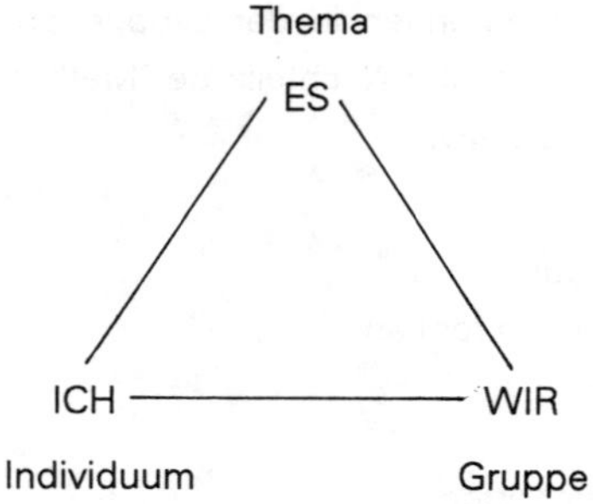

Abbildung 18: Das Dreieck der "Themen zentrierten Interaktion" (TZI) nach Cohn

Die Moderatoren sind dabei der Zielrichtung nach Fitkau et al (1983) verpflichtet:

- Die Prozeßanalyse soll in ihrer Form kooperativ und in ihrer Zielsetzung konstruktiv sein
- Sie soll Kritik nicht unterdrücken, aber konstruktiv Kritik üben und Anerkennung bzw. positives Feedback ebenfalls einbeziehen
- Sie soll das soziale Klima nicht leichtfertig belasten, sondern zur Beziehungs- und Kommunikationsklärung beitragen
- Durch angemessene Formen des Feedbacks, durch kooperatives Verhalten von Prozeßanalytikern und Gruppenmitgliedern soll gemeinsam voneinander gelernt und die Zusammenarbeit in der Gruppe verbessert werden.

Im Anschluß an die 30- bis 45-minütige Prozeßanalyse erarbeiten sich die Teilnehmer in Arbeitsgruppen die inhaltlichen Ziele und Regelungen der Betriebvereinbarung VW-Zirkel. Auf dieser Basis wird analysiert, ob bestimmte Themen nicht zirkelfähig sind. Arbeitszeitregelungen, Entlohnungsfragen, Personalbemessungen, Taktzeiten usw. werden dabei als nicht zirkelfähig im Rahmen der gesetzlichen Zuständigkeiten des Betriebsrates erkannt. Es bleibt an dieser Stelle Raum für allgemeine Diskussionen zur Mitbestimmung am Arbeitsplatz und für Einschätzungen der Betriebsvereinbarung. Teilweise bringen einzelne Teilnehmer eigene Erkenntnisse zu QZ-Konzepten anderer Betriebe ein.

Nach diesem breiten Seminareinstieg erfolgt am Nachmittag die Erläuterung der VW-Zirkel-Organisation. Hier werden die Aufgaben und Funktionen des Unternehmenssteuerkreises, der Werksteuerkreise, der Beraterteams, der Koordinatoren und Moderatoren dargestellt. Es wird auf die Rechte des Betriebsrates im Rahmen der Betriebsvereinbarung hingewiesen.

Im Anschluß daran wird das Einführungskonzept VW-Zirkel (siehe Kap. 3.3) diskutiert und Ansatzpunkte für aktive Mitarbeit der Vertrauensleute in diesem Prozeß geklärt. Je nach Seminarablauf erfolgt am Nachmittag dieses Tages oder am Morgen des folgenden Tages die Weiterführung und Vertiefung der Simulationsrunden zu "Mängel und Probleme in meinem Arbeitsbereich".

Mittwoch:
- Prozeßanalyse
- Bearbeitung ausgewählter Themen der Simulationsrunden "Mängel und Probleme in meinem Arbeitsbereich"
- Auswertung im Plenum
- Handlungsspiel "Nutzung und Gestaltung der VW-Zirkel aus Arbeitnehmersicht"

Nach der bereits beschriebenen Prozeßanalyse erarbeiten sich die Teilnehmer, anhand konkreter Themen der Problemsammlung "Mängel und Probleme in meinem Arbeitsbereich" vom Montag, das Feld arbeitsplatzbezogener Mitsprache. Dazu werden drei Arbeitsgruppen gebildet, die sich jeweils mit einem Thema beschäftigen. Die Seminarleitung schlägt vor, ein Thema aus dem Bereich Qualität, eines aus dem Bereich Arbeits- und Umgebungsbedingungen oder Arbeitsorganisation und ein Thema aus dem Bereich Führung und Zusammenarbeit zu bearbeiten. Für diese Themen werden "Paten" gesucht, das heißt Teilnehmer, die die entsprechende Karte der Problemsammlung geschrieben haben und direkt betroffen sind, oder Teilnehmer, die auch betroffen sind und Gruppenmitglieder konkret in eine betriebliche Situation einführen können. Meistens bildet sich eine Kerngruppe von zwei bis vier direkt Betroffenen, um die sich der Rest der Gruppe sammelt.
Auf dieser Grundlage erarbeiten sich die Teilnehmer die gesamte Problemweite (**Wer** ist **Wie** direkt oder indirekt betroffen), das Problemausmaß (**Was** für Folgen hat das Problem auf **Wen**). Es werden Regelungen und gegebene Grenzen der Bearbeitung analysiert (rechtliche, technische, räumliche, soziale und betriebspolitische Grenzen und Bedingungen). Und es werden von den Arbeitsgruppen mögliche Konsequenzen verschiedener Lösungsansätze diskutiert.

Die Teilnehmer erarbeiten sich auf diese Weise das Problemfeld direkter Mitsprache am Arbeitsplatz, die oftmals komplizierten Zusammenhänge, die selbst bei einem scheinbar "kleinen Problemchen" in einem Großbetrieb zu berücksichtigen sind. Sie erarbeiten sich aber auch Ansatzpunkte für die Realisierung konkreter Verbesserungen ihrer Arbeitssituation und bleiben nicht bei der Kritik an teilweise bestehender Mängelverwaltung bzw. beim Dschungel von Kompetenzen, Zuständigkeiten und Partialinteressen stehen.

Aufgrund der Arbeitssituation und der gewählten Themen ist es auch möglich, in die Reflexion spezifischer Zirkelprobleme einzutreten. Innerhalb der Arbeitsgruppen treten teilweise Unstimmigkeiten auf, weil die "Themen-Paten" schon Ideallösungen in die Gruppe einbringen, die aus neutraler Position gar nicht als so ideal angesehen werden, weil bestimmte Auswirkungen keine Berücksichtigung finden. Ein Effekt, der auch aus realen Zirkeln häufig berichtet wird und zu ernsten Störungen des Arbeitsablaufs führen kann. Positiv ist jedoch, wenn die Gruppe konstruktiv mit diesem Problem umgehen kann, Arbeitsstörungen thematisiert (Prozeßanalyse) und beseitigt. Ich habe häufig erlebt, daß auf diesem Wege die direkt Betroffenen zu völlig neuen Problemsichten kamen und für sich neue Ansätze zur Beseitigung eines Ärgernisses fanden.

Zum anderen gelingt es, im Vergleich der Arbeitsabläufe der drei Arbeitsgruppen den Schwierigkeitsgrad verschiedener Themen zu reflektieren. Insbesondere der Themenkomplex Führung und Zusammenarbeit wird als besonders sensibel erkannt. Die Einsicht, daß hier besondere Anforderungen an die Moderatoren und Teilnehmer gestellt werden und nicht jedes Zusammenarbeitsproblem in den Zirkel gehört, ist regelmäßig festzustellen. Zum anderen wird für die Teilnehmer nachvollziehbar, daß Zirkelarbeit als Lern- und Veränderungsprozeß des einzelnen Arbeitnehmers und der Gesamtorganisation zu verstehen ist. "Zirkeln" heißt damit auch, sich von den einfachen, überschaubaren Themen zu den komplizierten und umfangreichen Themenstellungen vorzuarbeiten.

Je nach Seminarablauf erfolgt am Mittwoch oder am Donnerstag der Einstieg in ein Handlungsspiel zur Nutzung und Gestaltung der VW-Zirkel aus Arbeitnehmersicht.

Donnerstag:
- Prozeßanlyse
- Handlungsspiel "Nutzung und Gestaltung der VW-Zirkel aus Arbeitnehmersicht"
- Auswertung des Handlungsspiels
- Diskussion mit einem Mitglied des VW-Zirkel-Beraterteams und einem Moderator oder einer Moderatorin

In einem umfangreichen Handlungsspiel, das sich mindestens über einen halben Tag erstreckt, versetzen sich die Teilnehmer in verschiedenen, räumlich getrennten Gruppen in die Rolle der direkten betrieblichen Vorgesetzten, des einzelnen Betriebsrates, des Vertrauensmannes/der Vertrauensfrau, des einzelnen Arbeitnehmers im Betrieb und des Moderators.

Aus dem Ablauf des Handlungsspiels, das an dieser Stelle nicht ausführlich beschrieben werden kann, werden Konsequenzen für die praktische Arbeit im Betrieb deutlich. Zum einen wird die Notwendigkeit einer aktiven Zusammenarbeit mit den Betriebsräten und Vorgesetzten erkannt, um bei diesen Personengruppen mögliche Ängste und Vorbehalte abzubauen und sie für die Zirkel-Idee zu gewinnen. Die Vertrauensleute fühlen sich aufgrund der Rahmenbedingungen bei Volkswagen als wesentliche Informationsträger, die die Motivation zur Mitarbeit beinflussen können. Die meisten Vertrauensleute wollen aktiv an der Zirkelarbeit teilnehmen, um zur Verbesserung der Arbeitsbedingungen beizutragen. Einige Vertrauensleute entscheiden sich aufgrund des Seminars bewußt für eine Ausbildung als Moderator/in, um ihre Stellung zu festigen und ihr betriebliches "know how" einzubringen, andere entscheiden sich bewußt dagegen, weil sie unüberbrückbare Rollenkonflikte auf sich zukommen sehen. Teilweise formulieren Teilnehmer auch die Erkenntnis, daß die Moderation einer Zirkelgruppe für sie eine Überforderung wäre.

In der Auswertung des Handlungsspiels diskutieren die Vertrauensleute die Form ihrer eigenen Interessenvertretungsarbeit und die Arbeit der Betriebsräte. Teilweise wird eine nicht mehr zeitgemäße "Stellvertreterpolitik", die die Beschäftigten vor Ort nicht ausreichend einbindet, kritisiert. Anforderungen einer direkteren Beteiligung durch mehr Mitbestimmung am Arbeitsplatz, die die Arbeit der Interessenvertretung verändern, werden als aktuelle Aufgabe eingeschätzt.

Am Donnerstag besteht für die Teilnehmer des Seminars die Möglichkeit, mit einem Mitglied des Beraterteams und einem Moderator/einer Moderatorin praktische Fragen zur Umsetzung des VW-Zirkel-Konzeptes zu klären, Aspekte des Konzepts zu diskutieren und aktuelle Entwicklungen zu erfragen.

Freitag:
- Prozeßanalyse
- Nachbereitung Beraterteambesuch
- Die wesentlichen Informationen für meine Kollegen/innen im Betrieb
- Seminarbewertung und Seminarabschluß

Die Prozeßanalyse am Freitag ist in der Regel stark geprägt vom Auftreten der betrieblichen Vertreter am Donnerstag. Die Diskussion mit einem Beraterteammitglied und einem Moderator oder einer Moderatorin bietet zum einen Gelegenheit, Fragen zu stellen, andererseits aber auch die Möglichkeit, die persönlichen Einschätzungen des Zirkelkonzeptes auf die Probe zu stellen und kritisch zu reflektieren. Die glaubwürdige, überzeugende und ehrliche Darstellung des Zirkelkonzeptes und vorhandener Probleme durch die betrieblichen Vertreter ist für viele Seminarteilnehmer auch ein Prüfstein, ob die VW-Zirkel-Idee auch unter diesem sehr subjektiven Gesichtspunkt Vertrauen verdient.

Auf die Nachbereitung folgen Arbeitsgruppen, in denen die Woche unter dem Gesichtspunkt der Informationsweitergabe an andere Beschäftigte rekapituliert wird. Es wird rückblickend geklärt, welches die wesentlichen Inhalte, Informationen und Einschätzungen sind, um die VW-Zirkel-Idee realitätsbezogen bewerten zu können.

Durch die sehr teilnehmerorientierte und teilnehmeraktivierende Anlage des Seminars und die intensive Beachtung von Fragen der Zusammenarbeit und Kommunikation weicht das Seminar nach meiner Kenntnis erheblich von klassischen gewerkschaftlichen Seminaren ab.

Eine schriftliche Bewertung der Seminare durch die Teilnehmer zum Abschluß ergab ermutigende Ergebnisse. Der überwiegende Teil der Teilnehmer hob die kooperative Zusammenarbeit im Seminar hervor, die es allen ermöglichte, sich einzubringen. Sehr viele der Teilnehmer erlebten das Seminarklima als überdurchschnittlich aktiv, sachlich und offen. Viele sahen zwischen dieser positiven Grundstimmung und der Seminarmethodik einen Zusammenhang. Dazu einige Aussagen:

"Die Arbeitsform war sehr abwechslungsreich und somit für den einzelnen Teilnehmer aktivierend und motivierend."

"Mir hat sehr gefallen, daß man nicht nur sowas eingetrichtert bekommt, sondern selbst mitarbeiten konnte."

"Karten als Arbeitsmittel sind positiv, weil die erarbeiteten Fakten für alle optisch in Erinnerung bleiben. Das erleichtert die kontinuierliche Arbeit, verringert die Gefahr abzuschweifen."

"Die Arbeitsform war für mich neu; nach anfänglicher Skepsis hat sie mir gefallen, ich hatte großen Spaß, so zu arbeiten."

"Karten schreiben, darüber diskutieren, wenig Eingriffe der Seminarleitung bei der Diskussion, das war sehr gut."

Da die Inhalte weitestgehend von den Teilnehmern erarbeitet wurden, gab es auch zu diesem Aspekt überwiegend positive Stellungnahmen.

Nach Abschluß des Seminars wird ein je nach Seminarablauf ca. 30- bis 40- seitiges Fotoprotokoll der Wandzeitungen angefertigt und den Teilnehmern zugeschickt.

Kapitel 6
Untersuchung zur Arbeitnehmerbeteiligung am Arbeitsplatz

Aus meinen Ausgangsüberlegungen entstand die Frage, welchen Stellenwert ein QZ-Konzept neben anderen Beteiligungsalternativen erringen kann. Dabei ist entscheidend, wie es von den Beschäftigten wahrgenommen und ob es akzeptiert und angenommen wird. Weiterhin war die Frage zu beantworten, ob sich Beteiligungsorientierungen durch zielgerichtete Bildungsarbeit verändern und engagiertes Beteiligungshandeln fördern lassen. Erfolgreiche Bildungsarbeit in diesem Sinne würde einen Beitrag zur Arbeits- und Beteiligungskultur eines Unternehmens erbringen.

Vor diesem Hintergrund wurde in den Jahren 1988 bis 1990 die nachfolgend beschriebene Untersuchung konzipiert und durchgeführt.

6.1 Das Untersuchungskonzept

6.1.1 VW-Zirkel als Organisationsentwicklungsmaßnahme

Daß die Teilnehmer an Qualitätszirkeln Veränderungen in ihrer Arbeitsmotivation im Verhältnis zu einer Vergleichsgruppe von Nichtteilnehmern zeigen, ist verschiedentlich untersucht worden (siehe z.B Zink & Schick, 1987 S.117; Berkel, 1988; Bednarek, 1984) und konnte für einzelne Aspekte nachgewiesen werden. Dabei ist stillschweigend die Untersuchungseinheit Zirkel-Teilnehmer gewählt worden. Der damit thematisierte Aspekt der persönlichen Entwicklung ist sicherlich einer der starken Wirkungsbereiche der QZ-Konzepte. Daneben ist jedoch die Strukturebene, d. h. die Wirkung der QZ als Organisationsentwicklungsmaßnahme, nicht zu vernachlässigen (vgl. Berkel, 1986; Bungard, 1988a u. 1988b). Diesen Aspekt will ich in meiner Untersuchung hervorheben, indem ich Zirkel nicht als Einzelmaßnahme für die jeweils beteiligten Teilnehmer betrachte, sondern die Maßnahme als feldbezogenes Organisationsentwicklungskonzept betrachte. Entsprechend ist mein Augenmerk auf die Beschäftigten in einem Zirkelbereich gerichtet. Es ist bekannt, daß QZ in ihrem Umfeld wirken, sie führen zu Neugier, Diskussionen und Kontroversen. Ergebnisse verändern auf einen Schlag die Arbeitssituation in einem größeren Arbeitsbereich, indem z. B. Zugluft gemildert, Öldämpfe behoben oder Lichtverhältnisse optimiert werden.

Eine entsprechende Sichtweise wird auch gestützt durch den Einführungsprozeß eines QZ-Konzepts, der in der Regel als Insellösung mit Wachstum in angrenzende Produktionsbereiche organisiert wird.

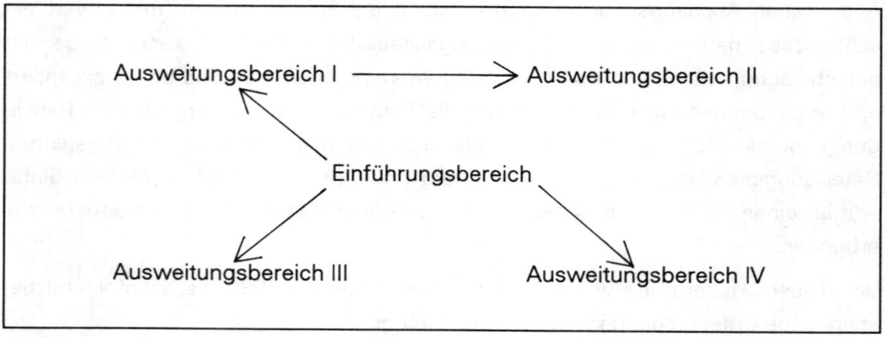

Abbildung 19: Bereichsbezogene Einführung von QZ und Ausweitung in angrenzende Bereiche

Das VW-Zirkel-Einführungskonzept mit der intensiven Informationsphase für die Beschäftigten eines Einführungsbereichs ist entsprechend angelegt.

Ich halte es aufgrund dieser Vorüberlegungen für erfolgversprechend, Vergleiche von Produktionsbereichen mit VW-Zirkeln und Produktionsbereichen ohne VW-Zirkel durchzuführen. Damit wären die Befragten aus den Bereichen ohne Zirkel sowohl Kontrollgruppe für die Population mit dem Treatment "VW-Zirkel" als auch für die Population mit dem Treatment "Seminar", auf das im nachfolgenden Teil eingegangen wird.

6.1.2 Bildungsmaßnahmen über VW-Zirkel

Wie bereits in 3.4 dargestellt, wurden umfangreiche Anstrengungen der Interessenvertretung bei Volkswagen zur offensiven Nutzung und Ausgestaltung der VW-Zirkel-Idee unternommen. Begleitend zur Einführung durch Volkswagen, Artikeln in der Unternehmenszeitschrift "Autogramm" und dem Betriebsratsinfo "BR-Kontakt" wurde der Versuch unternommen, über die gewerkschaftlichen Vertrauensleute (davon gibt es z. Zt. etwa 2600) Informationen und Positionen an die Beschäftigten (derzeit etwa 60.000 in Wolfsburg) heranzutragen. Eine Aktivierung in Richtung Arbeitnehmerbeteiligung soll notwendige Veränderungen der betrieblichen Gewerkschaftsarbeit und der Arbeit der gewählten Interessenvertretung unterstützen. Hiller (1987, S.140) äußert sich hierzu in folgender Weise:

> ... wenn die VW-Zirkel die Dynamik erhalten sollen, um hieraus eine Mitbestimmung am Arbeitsplatz, das heißt, mehr Mit- und Selbstbestimmung entstehen zu lassen, dann geht das nur durch aktive Mitarbeit der gewerkschaftlichen Vertrauensleute, die die konkreten Probleme vor Ort kennen. Über die Weiterentwicklung unserer Mitbestimmung in der Zukunft wird deshalb ganz wesentlich der Erfolg unserer Arbeit in den VW-Zirkeln entscheiden.
>
> Die Betriebsratsarbeit der Zukunft wird sich genau wie die Vertrauensleute-Arbeit mit neuen Aufgabenstellungen auseinandersetzen müssen. Der Betriebsratsarbeit wird die Schlüsselfunktion für die Verbindung zwischen arbeitsplatzbezogener Mitbestimmung und arbeitsplatz-, ja sogar bereichsübergreifenden Rationalisierungsmaßnahmen zukommen.

Der Einstieg in neue Formen der Arbeitsorganisation, aktive Mitarbeit am VW-Zirkel-Konzept und entsprechende Schulungsmaßnahmen zu diesen Aufgabenstellungen, sind deshalb als Teil einer gewerkschaftsseitigen "Organisationsentwicklungsstrategie" zu bezeichnen; eine Veränderungsstrategie, die eine menschengerechtere Arbeitsorganisation zum Ziel hat und die Weiterentwicklung der Arbeit der Interessenvertretung dabei nicht ausspart.

Vor diesem Hintergrund war für mich von Interesse, ob die Seminare für Vertrauensleute zu Neuorientierungen in bezug auf Arbeitnehmerbeteiligung führen und ob sich mittelfristig anhaltende Wirkungen nachweisen lassen.

6.1.3 Der Untersuchungsplan

Mit einem Vorher-Nachher-Kontrollgruppenplan sollte ermittelt werden, welche Veränderungen sich in der Beteiligungsorientierung meiner drei Untersuchungspopulationen ergeben.

Von 150 nach dem Zufallsprinzip ausgesuchten Vertrauensleuten aus einer Gesamtpopulation von ca. 8000 Beschäftigten und ca. 350 Vertrauensleuten konnten 138 erreicht werden. 12 Personen haben die Abteilung gewechselt oder sind zwischenzeitlich aus dem Unternehmen ausgeschieden. Von den 138 ausgeteilten Fragebögen wurden 110 ausgefüllt zurückgegeben, was einer hohen Rücklaufquote von 79,7 % entspricht. 63 dieser 110 Befragten haben den Fragebogen im März 1990 nochmals ausgefüllt. Dies entspricht einer Rücklaufquote von 57,3 % der Personen, die die erste Befragung mitgemacht haben und von 45,7 % der Ursprungspopulation.

Experimentalgruppe I	Kontrollgruppe	Experimentalgruppe II
Beschäftigte aus drei Bereichen mit VW-Zirkeln	Beschäftigte aus drei Bereichen ohne VW-Zirkel	Teilnehmer an zwei Seminaren über VW-Zirkel
t1 im Juni '89 41 Personen	t1 im Juni '89 37 Personen	t1 im Juni '89 vor dem Seminar 32 Personen
		t1.1 im Juli '89 nach dem Seminar 32 Personen
t2 im März '90 22 Personen	t2 im März '90 22 Personen	t2 im März '90 19 Personen

Abbildung 20: Untersuchungsplan

Zusätzlich zu der quantitativ orientierten Untersuchung wurden im Februar 1989, im Juni 1989 und im Februar 1990 Einzel- und Gruppengespräche mit insgesamt 17 Vertrauensleuten und 9 Betriebsräten durchgeführt.

Im Rahmen der Wirkungsanalyse der zwei Seminare zu VW-Zirkeln (Juni 1989, Experimentalgruppe II) wurde neben einer Abschlußdiskussion von allen Teilnehmern eine Seminareinschätzung zu den Bereichen Zusammenarbeit, Seminarinhalte und Arbeitsform abgegeben.

Aufgrund der gestaffelten Einführung der VW-Zirkel ergab sich ein sehr unterschiedlicher Erfahrungshorizont der Einführungsbereiche. Einem durchschnittlichen Erfahrungszeitraum mit VW-Zirkeln von ca. neun Monaten zum Zeitpunkt der ersten Befragung (t1) steht ein Erfahrungszeitraum von ca. 17 Monaten zum Zeitpunkt der zweiten Befragung (t2) gegenüber. Damit war zu erwarten, daß nach der Einführung der Zirkel, die mit viel Energie und Aufwand erfolgte, eine sehr positive Stimmung in bezug auf Möglichkeiten und Perspektiven der Zirkel vorhanden sein dürfte. Eine realistischere, weil auf weitaus mehr Erfahrungen aufbauende Bewertung der Zirkel-Idee ist zum Zeitpunkt der zweiten Befragung zu erwarten.

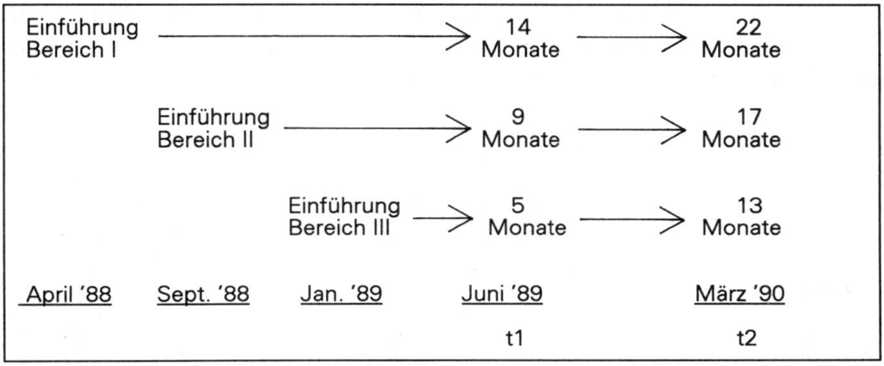

Abbildung 21: Erfahrungszeitraum mit VW-Zirkeln und Meßzeitpunkte (t1, t2) der Untersuchung

6.1.4 Untersuchungsbereiche und Untersuchungspersonen

Die Untersuchung basiert auf der Befragung von Beschäftigten aus dem Preßwerk, der Mechanisierung und der Fertigmontage des Untersuchungsbetriebs. In den Bereichen, in denen die Befragten arbeiten, sind Zirkel eingeführt. Als Kontrollgruppe habe ich Beschäftigte aus dem Rohbau, der Vormontage und der Lackiererei zur Mitarbeit gewinnen können. Diese Bereiche sind zwar von den Tätigkeiten und der Abfolge im Produktionsprozeß unterschiedlich einzustufen, aufgrund von Experteneinschätzungen sind jedoch von den arbeitsplatzbezogenen Problemen, dem Arbeitsumfeld und den Belastungssituationen durch die Mischung der Bereiche sehr ähnliche Ausgangsvoraussetzungen gegeben.

Zur weiteren Charakterisierung der Untersuchungspopulation lassen sich aufgrund personenbezogener Daten in unserem "Fragebogen zur Arbeitnehmerbeteiligung am Arbeitsplatz" vergleichende Angaben zu den personellen Strukturdaten des Produktionsbereiches des Werks Wolfsburg (Fertigungsbereich I u. II) machen. Es wird deutlich, daß die Untersuchungspopulation auf der Basis der personenbezogenen Daten sehr große Verteilungsähnlichkeit mit der Grundpopulation aufweist.

Neben der Verteilung der Geschlechter und der Altersgruppen weist auch die Verteilung der Schulabschlüsse eine hohe Repräsentativität der Untersuchungspopulation aus. Die Dauer der Betriebszugehörigkeit unterstreicht diese Aussage ebenfalls. Lediglich in den Angaben zur Berufsausbildung zeigt sich, daß unter den Befragten, die ausnahmslos als Vertrauensleute tätig sind, der Anteil ohne Berufsausbildung erheblich geringer ist als im gesamten Produktionsbereich.

Tabelle 2: Vergleich der Untersuchungpopulation mit der Grundpopulation

	Untersuchung zur Arbeitnehmerbeteiligung Arbeitsplatz (1989)		Strukturdaten der Fertigungs-bereiche I u. II	
Geschlecht				
weiblich	(22)	20,0 %	(6678)	23,0 %
männlich	(85)	77,3 %	(22396)	77,0 %
keine Angabe	(3)	2,7 %		
Alter (Arithm. Mittel 36 Jahre)				
22 bis 29 Jahre alt	(32)	29,1 %	(10189)	35,0 %
30 bis 39 Jahre alt	(38)	34,5 %	(7867)	27,1 %
40 bis 49 Jahre alt	(25)	22,7 %	(4720)	16,2 %
50 bis 54 Jahre alt	(11)	10,0 %	(3196)	11,0 %
keine Angabe	(4)	3,6 %		
Dauer der Betriebszugehörigkeit (Arithm. Mittel 12 Jahre)				
bis 5 Jahre	(27)	24,5 %	(11734)	40,4 %
6 bis 10 Jahre	(36)	32,7 %	(5223)	18,0 %
11 bis 15 Jahre	(22)	20,0 %	(5678)	19,5 %
16 bis 20 Jahre	(8)	7,3 %	(2035)	7,0 %
21 bis 25 Jahre	(7)	6,4 %	(1814)	6,2 %
26 bis 30 Jahre	(9)	8,2 %	(1311)	4,5 %
31 bis 35 Jahre	(4)	3,6 %	(1064)	3,7 %
keine Angabe	(4)	3,6 %		
Schulabschluß				
Hauptschulabschluß	(79)	71,8 %	(22598)	77,7 %
Realschulabschluß	(22)	20,0 %	(4045)	13,9 %
Fachhochschule	(4)	3,6 %	keine Angaben	
Abitur	(2)	1,8 %	(1457)	5,0 %
keine Angabe	(3)	2,7 %	(965)	3,3 %
Berufsausbildung				
Metallberuf	(10)	9,1 %	(4049)	13,9 %
Elektroberuf	(8)	7,3 %	(2442)	8,4 %
sonstige Berufe	(76)	69,1 %	(8036)	27,6 %
keine Ausbildung	(12)	10,9 %	(9369)	32,2 %
keine Angabe	(4)	3,6 %	(5094)	17,5 %

6.2 Der Fragebogen zur Arbeitnehmerbeteiligung am Arbeitsplatz

Der von mir entwickelte "Fragebogen zur Arbeitnehmerbeteiligung" wurde zu beiden Meßzeitpunkten verwendet. Er setzt sich aus sieben inhaltlichen Teilen und einem sozialstatistischen Anhang zusammen. Die inhaltlichen Teile wurden aus dem Modell des Beteiligungshandelns abgeleitet. Die modellgeleitete Erarbeitung des Erhebungsinstruments erfolgte in mehreren Schritten. Nach der Festlegung der Grundstruktur des Fragebogens wurden drei Gruppengespräche mit Beschäftigten der Volkswagen AG zum Thema Arbeitnehmerbeteiligung und VW-Zirkel durchgeführt. Die halbstrukturierten Gespräche waren direkt an die Struktur des Erhebungsinstruments angelehnt. Ziel dieser Gespräche war eine Konkretisierung der Fragestellungen im Erhebungsinstrument. Unter Berücksichtigung der Erkenntnisse aus den Gesprächen entstand eine erste Version des Fragebogens. Dieser Fragebogen wurde von zwei betrieblichen Experten in Hinblick auf seine inhaltliche Validität überprüft. Schließlich wurde der "Fragebogen zur Arbeitnehmerbeteiligung" von fünf Beschäftigten zur inhaltlichen Bewertung und zur Rückmeldung über Verständlichkeit und innere Logik bearbeitet. Aus den daraus resultierenden Hinweisen entstand die hier genutzte Version.

Im ersten Teil des Fragebogens ("Wie ich meine Arbeit sehe ...") habe ich mich in Anlehnung an Bednarek (1984) für eine Messung des **Anregungsgehalts der Ausführungsbedingungen** und des **Lern- bzw. Schwierigkeitspotentials der Arbeit** nach dem Job Description Survey (JDS) von Hackman & Oldham (1974) entschieden. Mit den insgesamt 17 Fragen (siebenstufige Likertskalen) zu Anregungsgehalt und Lernpotential der Arbeitstätigkeit wollte ich überprüfen, ob zwischen den drei Untersuchungsgruppen Unterschiede in der Ausprägung des wahrgenommenen Anregungsgehalts gegeben sind. Die einzelnen Items weisen starke Bezüge zu den subjektiv wahrgenommenen Handlungs- und Kooperationsspielräumen auf. Meine Arbeitshypothese war, daß aufgrund der Tätigkeitszuschnitte in den Untersuchungsbereichen und kurze Zeit nach der Einführung des Zirkel-Konzepts, keine signifikanten Unterschiede zwischen den Untersuchungsgruppen zu erwarten wären.

Im zweiten Teil ("Probleme in meiner Arbeit...", "Mein Einfluß auf meine Arbeit...") bin ich der Einschätzung der **Ausführungsbedingungen** und der Einschätzung der **Beteiligungsmöglichkeiten** nachgegangen. Ich habe dazu jeweils 10 Fragen (sechsstufige Likertskalen) zu Aspekten der Ausführungsbedingungen wie Arbeitsicherheit, Arbeitsablauf, Umgebungsbedingungen, Zusammenarbeit, Organisation etc. und Beteiligungsmöglichkeiten in diesen Themenfeldern entworfen. Auf der Basis der subjektiv wahrgenommenen Ausführungs- und Beteiligungsbedingungen soll untersucht werden, ob sich Unterschiede im Kontrollerleben der Untersuchungsgruppen abbilden lassen.

Der dritte Teil ("An wen ich mich wende..."), der vom Umfang und der Bearbeitungszeit am breitesten angelegt und nach meiner Vermutung am aussagekräftigsten ist, behandelt den zentralen Aspekt der **Beteiligungsalternativen**. Die Befragten geben in diesem Teil an, an wen (Vorgesetzte, Betriebsrat, VW-Zirkel, Vorschlagswesen, Fachabteilungen) sie sich mit welcher Problemstellung des Arbeitsalltags wenden und mit welcher Intension sie dies machen. Damit werden im Rahmen meiner Modellvorstellung vom Beteiligungsprozeß die Aspekte Attraktivität von Alternativen und Kontrollerwartungen bzw. Kontrollüberzeugungen in Bezug auf Beteiligungsalternativen untersucht.

Im vierten Teil ("Mein Informationsstand zu VW-Zirkeln...") gehe ich der Frage des **Informationsstands** und der **Informationsträger** unserer Untersuchungsgruppen nach. Ich wollte erfahren, über welche Personen (Vorgesetzte, Betriebsrat, Vertrauensleute, Kollegen/innen), Medien ("Autogramm" als Betriebszeitschrift, "BR-Kontakt" als Betriebsratsinfo, "Der Metaller" als Funktionärszeitschrift der IG Metall) oder Seminare (IG Metall, Arbeit+Leben, VW-Zirkel, Inforunden) die Befragten hauptsächlich ihre Informationen erhalten und ob sie bereits als Teilnehmer/in, Moderator/in oder Vertreter/in des Betriebsrates an VW-Zirkeln teilgenommen haben.

Nach diesem auf das Thema VW-Zirkel hinleitenden Teil über die Informationsträger erfolgt im fünften Teil des "Fragebogens zur Arbeitnehmerbeteiligung am Arbeitsplatz" eine Erhebung zur **Bewertung der VW-Zirkel-Idee** ("Meine Einstellung zu VW-Zirkeln..."). Die beiden letzten Teile des Fragebogens weichen in der Reihenfolge von der Gesamtlogik der Modellvorstellung ab. Auf der Basis von Informationen und persönlichen Voraussetzungen wird im Sinne der Handlungsregulationstheorie bewertet und entschieden. Um jedoch Effekte sozialer Erwünschtheit in bezug auf das Thema Beteiligung in VW-Zirkeln zu minimieren, habe ich die vorliegende Reihenfolge der Fragebogenteile gewählt.

Aufgrund meiner Erfahrungen im Vorfeld der Untersuchung, konnte ich feststellen, daß viele Vertrauensleute **Ziel- und Rollenkonflikte** in ihrer Tätigkeit **als gewerkschaftliche Vertrauensperson bei Teilnahme an VW-Zirkeln oder in der Arbeit als Moderator/in** geäußert haben. Im sechsten Teil des Erhebungsinstruments ("Meine Rolle als Vertrauensmann/frau und als VW-Zirkel Moderator/in...") habe ich versucht, diesen Aspekt in acht Fragen (sechsstufige Likertskalen) zu erfassen. Darüber hinaus werden in diesem Teil **persönliche Zielsetzungen der Befragten bei VW-Zirkeln** in einer Rangskala erfaßt "(Meine Ziele bei VW-Zirkeln..."), und in einem offenen Teil wird nach besonders **geeigneten Themenstellungen für VW-Zirkel bzw. eingereichten Themen** gefragt. Mit den beiden letzten Fragestellungen soll der Aspekt des zukunftsbezogenen Beteiligungshandelns und damit zusammenhängender Motive untersucht und in der Nachbefragung ein direkter Handlungsbezug hergestellt werden.

Der siebente Teil des Fragebogens wendet sich allgemeinen **Einschätzungen der Mitbestimmung** zu - "(Meine Einstellung zur Mitbestimmung...", "Ziele der Mitbestimmung...") -, die insbesondere über den **Stellenwert der Mitbestimmung am Arbeitsplatz** Auskunft geben sollen.

In einem die Befragung ergänzenden **sozialstatistischen Erhebungsteil** werden Alter, Dauer der Betriebszugehörigkeit, Schul- und Berufsausbildung sowie die derzeitige Arbeitstätigkeit erhoben.

6.3 Arbeitshypothesen

Das VW-Zirkel-Konzept kann als ein bestens in das betriebliche Umfeld integriertes und mit umfangreichen Maßnahmen abgestütztes Beteiligungsangebot angesehen werden. In meinen Ausgangsüberlegungen habe ich auf die sowohl strukturelle als auch personale und soziale Zielrichtung des Ansatzes hingewiesen. Die Komplexität der Wirkungszusammenhänge und die Schwierigkeit eines theoriegeleiteten Untersuchungsansatzes, der betrieblichen Veränderungen Rechnung trägt, sollte dadurch deutlich sein. Um dieser Problematik gerecht zu werden, beziehe ich mich in meinem Untersuchungsansatz vor allem auf die subjektiv wahrgenommenen Aspekte der Arbeitssituation, auf sich verändernde Orientierungen und Beteiligungsziele.

Auf der Grundlage des Modells vom Beteiligungsprozeß und dem daraus abgeleiteten Erhebungsinstrument bin ich von folgenden Arbeitshypothesen ausgegangen:

1. Durch VW-Zirkel verändert sich bei gelungener Implementierung und Steuerung des Konzepts mittelfristig der Anregungsgehalt der Arbeitssituation im Sinne erweiterter Handlungs-, Entscheidungs- und Kooperationsspielräume.
2. Durch VW-Zirkel erhöht sich der subjektiv wahrgenommene Einfluß auf die Gestaltung der Arbeitssituation im Sinne erhöhter Kontrollüberzeugungen.
3. Durch VW-Zirkel erfolgt eine Neubewertung alter Beteiligungsangebote. Das VW-Zirkel-Konzept erzeugt aufgrund der direkten Einbindung der Beschäftigten in Gestaltungs- und Entscheidungsprozesse erhöhte Kontrollerwartungen.
4. Die Einstellung zum VW-Zirkel-Konzept ist aufgrund der Beteiligungsmöglichkeiten, aufgrund der Unterstützung des Konzepts durch den Betriebsrat und aufgrund der rechtlichen Absicherung positiv.
5. VW-Zirkel führen zu veränderten Mitbestimmungsorientierungen. Die Bedeutung der Mitbestimmung am Arbeitsplatz nimmt zu.

Kapitel 7
Verändertes Beteiligungshandeln und mehr Mitbestimmung am Arbeitsplatz durch VW-Zirkel

Ziel dieser empirischen Untersuchung ist es, in einem Vorher-Nachher-Kontrollgruppendesign wissenschaftlich fundierte Aussagen über kurz- und mittelfristige Veränderungen durch das Beteiligungskonzept VW-Zirkel und damit verbundene gewerkschaftliche Bildungsmaßnahmen im Erleben und Handeln der in die Untersuchung einbezogenen Arbeitnehmer zu erhalten.

Im folgenden wird dazu die Arbeitstätigkeit und die erlebte Arbeitssituation in den drei Untersuchungsgruppen (Exp. I - VW-Zirkel-Bereich, K - Kontrollgruppe ohne VW-Zirkel, Exp. II - Teilnehmer an Seminaren über VW-Zirkel) analysiert.

Danach werde ich der Frage nachgehen, ob durch das Beteiligungsangebot VW-Zirkel eine Neubewertung persönlicher Beteiligungsmöglichkeiten am Arbeitsplatz eingetreten ist.

Daran anschließend wird untersucht, inwieweit bereits veränderte Beteiligungsorientierungen durch das neue Beteiligungsangebot im Vergleich zu gegebenen informellen und institutionalisierten Beteiligungsmöglichkeiten nachzuweisen sind.

Zum Abschluß wird dargestellt werden, welche Einstellungen zu VW-Zirkeln allgemein, als Managementinstrument und als Bestandteil gewerkschaftlicher Arbeit nachgewiesen werden können, welche persönlichen Handlungsziele sich daraus ableiten lassen und welche allgemeinen Ziele der Mitbestimmung und in der Mitbestimmungspolitik nach Ansicht der Befragten verfolgt werden sollten.

7.1 Arbeitstätigkeit und erlebte Arbeitssituation

Zur Erhebung und Charakterisierung des Anregungsgehalts der Ausführungsbedingungen hatte ich mich für die Übernahme des "Job Characteristics Model" von Hackman und Oldham (1974) entschieden, da mit dem Job Discription Survey (JDS) ein erprobtes Instrument zur Verfügung steht. Nach dem von Hackman und Oldham vorgelegten Modell ist das Entstehen einer intrinsischen Motivation an drei Voraussetzungen gebunden.

1. Es ist das Wissen über die aktuellen Resultate, besonders die Qualität der eigenen Arbeit, von Bedeutung,
2. weiterhin die erlebte Verantwortung für die Ergebnisse der eigenen Arbeit und
3. die erlebte Bedeutsamkeit der eigenen Arbeitstätigkeit.

Bei den von mir in Anlehnung an Bednarek (1984) ausgewählten Fragen des JDS werden Tätigkeitsmerkmale, deren Wahrnehmung durch die Beschäftigten auf einer siebenstufigen Schätzskala angegeben wird, erfaßt. Sie werden aufgrund der folgenden Verrechnungvorschrift zum Motivationspotential einer Arbeitssituation zusammengefaßt:

$$\frac{\text{Anforderungsvielfalt} + \text{Ganzheitlichkeit} + \text{Bedeutsamkeit}}{3} \times \text{Autonomie} \times \text{Rückmeldung}$$

Der sich ergebende Wert soll das Ausmaß kennzeichnen, in dem die Befragten ihre Arbeitssituation als motivierend erleben. Für die Teilaspekte Anforderungsvielfalt, Ganzheitlichkeit und Bedeutsamkeit der Aufgabe bestehen im Modell aufgrund der additiven Verknüpfung Kompensationsmöglichkeiten. Autonomie und Rückmeldung aus der Aufgabenerfüllung werden jedoch als unabdingbare Voraussetzungen für einen hohen Anregungsgehalt und eine entsprechend hohe intrinsische Motivation angesehen.

Anders als in der Befragung von Bednarek (1984) habe ich in meinem Erhebungsinstrument nicht ausdrücklich auf den Zusammenhang mit dem Beteiligungskonzept (hier VW-Zirkel, dort Aktionsgruppen) hingewiesen, um Effekte sozialer Erwünschtheit zu verhindern. Die Gefahr, daß nicht die Arbeitssituation, sondern das Beteiligungskonzept eingeschätzt wird, wollte ich reduzieren.

Die Beurteilung des Anregungsgehalts der Arbeitssituation mit sieben Fragen des ersten Teils des JDS (in deutscher Übersetzung von Schmidt, 1981), ergibt folgende Ergebnisse für meine Untersuchungsgruppen:

Tabelle 3: Veränderungen des Anregungsgehalts der Arbeitssituation

Wie ich meine Arbeit sehe ...
Anregungsgehalt der Arbeitsssituation

Frage			t1	t2
3	Anforderungs-vielfalt	Exp.1	3,59	3,91
		K	3,70	3,50
		Exp.2	3,81	4,05
1	Ganzheitlich-keit	Exp.1	2,58	2,57 *
		K	2,91	3,29
		Exp.2	2,97	3.11
12	Bedeutsamkeit	Exp.1	5,49	5,00
		K	5,56	5,41
		Exp.2	4,58	4,53
4	Autonomie	Exp.1	2,95	2,91 **
		K	2,78	2,23
		Exp.2	3,53	3,95
9	Rückmeldung Produkt	Exp.1	5,27	5,68 ***
		K	4,83	4,36
		Exp.2	4,34	4,00
10	Rückmeldung Kollegen/innen	Exp.1	2,95	3,68
		K	3,19	3,45
		Exp.2	3,25	3,53
11	Rückmeldung Vorgesetzte	Exp.1	2,61	2,64
		K	2,19	2,00
		Exp.2	2,71	2,47
	Rückmeldung (9,10,11)	Exp.1	3,61	4,00
		K	3,40	3,27
		Exp.2	3.43	3,33
	Gesamtwert	Exp.1	41,39	44,50
		K	38,33	29,65
		Exp.2	45,80	51,30

Mittelwerte auf einer siebenstufigen Likertskala (1 = geringe Ausprägung, 7 = hohe Ausprägung)
* $p < 0.1$ ** $p < 0.05$ *** $p < 0.01$ einseitige Testung in Bezug auf die Kontrollgruppe (K)

Insgesamt ergibt sich ein einheitliches Muster. Entsprechend unserer Ausgangsvermutung wird von allen Untersuchungsgruppen zum Zeitpunkt t1 (Juni 1989) der Anregungsgehalt der Arbeitstätigkeit sehr ähnlich eingeschätzt. Zwischen der

Experimentalgruppe I (VW-Zirkel) und der Kontrollgruppe ergeben sich in keiner Dimension signifikante Unterschiede.

In der Nachbefragung (t2) ergeben sich in der Experimentalgruppe I (Exp. I=mit VW-Zirkel) positive Veränderungen, während in der Kontrollgruppe (K=ohne VW-Zirkel) eine deutliche Abnahme der Einschätzung des Anregungsgehalts vorhanden ist. Diese Veränderung ist vor allem auf den Teilaspekt "Autonomie" zurückzuführen, der sich in der Bewertung der Befragten deutlich verringerte. Möglicherweise hat die Diskussion um ertragsverbessernde Maßnahmen durch das Unternehmen, die die Beschäftigten in den letzten Monaten bewegte, sich hier niedergeschlagen.

Für die Zirkelbereiche ergaben sich positive Veränderungen in den Bereichen "Anforderungsvielfalt", "Rückmeldung Produkt" und "Rückmeldung Kollegen/innen". Allerdings ließen sich keine signifikanten Veränderungen vom Meßzeitpunkt t1 zum Meßzeitpunkt t2 feststellen. Signifikante Unterschiede zwischen der Experimentalgruppe 1 (VW-Zirkel) und der Kontrollgruppe ergaben sich zum Meßzeitpunkt t2 in den Bereichen "Ganzheitlichkeit der Aufgabe", "Autonomie" und "Rückmeldung Produkt". Deutliche Unterschiede zwischen den Untersuchungsgruppen zum Zeitpunkt t2 sind auf den starken Abfall der Einschätzungen in der Kontrollgruppe zurückzuführen.

Die insgesamt sehr geringe Einschätzung des Anregungsgehalts der Arbeitssituation mit Werten zwischen 30 und 50 im Vergleich zu Hackman und Oldham, die einen Mittelwert von 128 bei 658 Befragten verschiedener Berufe fanden, und der Untersuchung von Bednarek(Werte zwischen 84 für Arbeiter und 193 für Meister), hat unterschiedliche Gründe. Auf mögliche methodische Probleme bei Bednarek habe ich bereits hingewiesen. Die von mir befragten Arbeitnehmer sind als Vertrauensleute eher kritisch eingestellt und befinden sich im Rahmen der Einführung von Fertigungszellen, Gruppenarbeitsformen und Gruppenkreditierungen bei Volkswagen in einem betrieblichen Diskussionszusammenhang, in dem man sich intensiv mit ganzheitlichen Arbeitstätigkeiten und erweiterten Autonomiespielräumen auseinandersetzt. Die derzeitige Arbeitssituation wird in dieser Aufbruchsituation eher schlechter eingeschätzt. Zum anderen sind die Befragten in ihrer derzeitigen Tätigkeit, die in einem personenbezogenen Teil des Fragebogens zur Arbeitnehmerbeteiligung am Arbeitsplatz erhoben wurde, tatsächlich zu einem großen Teil in repetitiven Teiltätigkeiten eingesetzt (z. B. Bedienung einer Exzenterpresse, Vordersitze beziehen, Heckklappe punktschweißen, Montage von Scheibenwischern, Federbeine einbauen, Grobabdichtung), die zu einer sehr geringen Einschätzung des Anregungsgehalts der Arbeitstätigkeit führen müssen.

In fünf weiteren Fragen wurden zusätzlich zu den Kerndimensionen das Lernpotential in der Arbeitsaufgabe und die Schwierigkeit der Arbeitsaufgabe erhoben.

Tabelle 4: Lernpotential und Schwierigkeit der Arbeit

Wie ich meine Arbeit sehe ...

Lernpotential und Schwierigkeit der Aufgabe

Frage			t1	t2
2	Einsatz von Fähigkeiten u. Fertigkeiten	Exp.1	2,93	2,86 **
		K	3,31	3,95
		Exp.2	3,47	4,00
5	Zusammenarbeit erfoderlich	Exp.1	4,44	4,95
		K	4,38	4,50
		Exp.2	4,22	4,42
6	Hinzulernen in der Arbeit	Exp.1	3,20	2,73
		K	2,95	3,00
		Exp.2	2,91	3,53
7	Problemhaltigkeit	Exp.1	2,85	3,05
		K	2,72	2,59
		Exp.2	3,22	3,26
8	Herausforderung	Exp.1	2,95	2,91
		K	2,69	2,82
		Exp.2	2,69	2,68
	Gesamtwert	Exp.1	16,37	16,50
		K	16,05	16,85
		Exp.2	16,51	17,89 *

Mittelwerte auf einer siebenstufigen Likertskala (1 = geringe Ausprägung, 7 = hohe Ausprägung)
* $p < 0.1$ ** $p < 0.05$ *** $p < 0.01$ einseitige Testung in bezug auf die Kontrollgruppe (K)

Zum ersten Befragungstermin im Juni 1989 lassen sich in den Teilbereichen des Lernpotentials in der Arbeit und der Schwierigkeit der gestellten Aufgabe keinerlei signifikante Unterschiede zwischen den Untersuchungsgruppen finden. Die Ausprägungen sind bis auf den Bereich "Zusammenarbeit erforderlich" eher gering. Auch zum zweiten Meßzeitpunkt im März 1990 gibt es kaum ausgeprägte Unterschiede. Einzig im Bereich "Einsatz von Fähigkeiten und Fertigkeiten" gibt es durch einen Anstieg in der Kontrollgruppe einen signifikanten Unterschied zur Experimentalgruppe I (VW-Zirkel).

Um die Wahrnehmung der eigenen Arbeitssituation im Hinblick auf die Einschätzung der Ausführungsbedingungen und der Einschätzung der Beteiligungsmöglichkeiten zu erheben, habe ich in den Fragekomplexen "Probleme meiner Arbeit ..." und "Mein Einfluß auf meine Arbeit ..." Einschätzungen zu konkreten arbeitsplatzbezogenen Gestaltungsbereichen erhoben. Auf der Grundlage der Überlegungen zum Modell des Beteiligungshandelns erwartete ich bei erfolgreicher Implementierung des Zirkelkonzepts für die Zirkelbereiche (Exp. I) eine höhere Ausprägung der erlebten Beteiligungsmöglichkeiten als in der Kontrollgruppe. Die mit den VW-Zirkeln gegebenen erhöhten Problembewältigungsmöglichkeiten sollten zu einer veränderten Problemsicht führen. Die Restriktivität der Arbeitssituation (nach Hohner,1987) ist gemildert, die Handlungs-bei-Situation-Ergebnis-Erwartungen (nach Heckhausen,1980) sind gestiegen bzw. die Kontrollerwartung zur Veränderung problembehafteter Gestaltungsbereiche ist erhöht.

In meiner Darstellung konzentriere ich mich auf sieben Gestaltungsbereiche der Arbeitssituation (Arbeitsorganisation, Arbeitsablauf, Arbeitsbedingungen, Umgebungsbedingungen, Arbeitssicherheit, Zusammenarbeit mit Kollegen/innen und Zusammenarbeit mit Vorgesetzten). Diese Bereiche wurden auf einer sechsstufigen Likertskala erhoben, mit den Ankern

1 = gar kein Problem

6 = ein brennendes Problem

bzw. 1 = gar nicht beteiligt

6 = sehr stark beteiligt.

Charakteristisch für die Einschätzung von "Problemen in der Arbeit" ist die durchgängig geringer eingeschätzte Problemhaftigkeit von Gestaltungsbereichen der Arbeitssituation in den Zirkelbereichen. Es ist eine positive Veränderung zwischen den Meßzeitpunkten in der Experimentalgruppe I festzustellen, während die Ausprägung in der Kontrollgruppe sich fast nicht verändert. In den Gestaltungsbereichen Arbeitsorganisation, Arbeitsablauf und Umgebungsbedingungen ergeben sich signifikante Unterschiede zwischen der Experimentalgruppe I und der Kontrollgruppe zum Meßzeitpunkt t2. Bei den Themenfeldern Umgebungsbedingungen und Arbeitssicherheit ist bereits zum Meßzeitpunkt t1 (Juni 1989) ein statistisch signifikanter Unterschied zur Kontrollgruppe gegeben. Da VW-Zirkel gerade Probleme dieser Themenfelder aufgreifen, sind genügend Anhaltspunkte gegeben, um eine Wirkung des Treatments VW-Zirkel zugrunde zu legen. Auch die Gesamtsumme der Untersuchungsgruppe mit VW-Zirkeln (Exp. I) ist zu beiden Meßzeitpunkten deutlich geringer als die der Kontrollgruppe.

Tabelle 5: Problemhaftigkeit von Gestaltungsbereichen der Arbeitssituation

Probleme in meiner Arbeit ...

Frage				t1	t1.1	t2
8	Arbeits-organisation	Exp.1		3,80		3,41 **
		K		4,11		4,23
		Exp.2		3,81 ++	4,48	4,05
3	Arbeitsablauf	Exp.1		3,37		2,82 **
		K		3,33		3,77
		Exp.2		3,48	3,97	3,58
1	Arbeits-bedingungen	Exp.1		3,63		3,41
		K		4,16		3,95
		Exp.2		3,74 ++	4,47	4,00
4	Umgebungs-bedingungen	Exp.1	***	4,51		4,09 **
		K		5,38		4,82
		Exp.2		4,61	4,70	4,53
2	Arbeits-sicherheit	Exp.1	**	2,56		2,64
		K		3,14		3,09
		Exp.2		2,77 ++	3,58	3,16
	Gesamtsumme	Exp.1	**	17,87		16,37 **
		K		20,12		19,86
		Exp.2	*	18.14 +++	21,20 +	19,32

Mittelwerte auf einer sechsstufigen Likertskala (1 = gar kein Problem, 6 = ein brennendes Problem).
* $p < 0.1$ ** $p < 0.05$ *** $p < 0.01$ in bezug auf die Kontrollgruppe, + $p < 0.1$ ++ $p < 0.05$ +++ $p < 0.01$ innerhalb der Untersuchungsgruppe, einseitige Testung

Als typischer Seminareffekt ist die signifikant kritischere Einschätzung der Arbeitsorganisation, der Arbeitsbedingungen und der Arbeitssicherheit nach dem Seminar anzusehen. Durch die Arbeit im Seminar und die Diskussion von Veränderungsmöglichkeiten der Arbeitssituation werden die Probleme der Arbeitssituation akzentuierter gesehen.

Dies gilt ebenso für den Bereich Zusammenarbeit mit Kollegen/innen und Zusammenarbeit mit Vorgesetzten (nachfolgende Tabelle), der von den Seminarteilnehmern kritischer erlebt wird als in der Kontrollgruppe, auch wenn sich keine statistisch relevanten Unterschiede aufzeigen lassen.

Die Zusammenarbeit mit Kollegen/innen und den Vorgesetzten wird von den Befragten der Experimentalgruppe I (VW-Zirkel) am unproblematischsten eingestuft. Es ergeben sich signifikante Unterschiede der Gruppen Exp.I und Exp. II zur Kontrollgruppe. In der Gesamtsumme der beiden Zusammenarbeitsdimensionen wird die erheblich geringere Problemausprägung in den Zirkelbereichen bestätigt.

Tabelle 6: Problemhaftigkeit der Zusammenarbeit

Probleme in meiner Arbeit ...						
Frage				t1	t1.1	t2
5	Zusammenarbeit mit Kollegen/innen	Exp.1		2,27		2,09
		K		2,24		2,64
		Exp.2		2,65	3.12	2,79
7	Zusammenarbeit mit Vorgesetzten	Exp.1	**	3,05		3,50 **
		K		3,92		4,27
		Exp.2		3,52	3,94	3,42 **
	Gesamtsumme	Exp.1	*	5,32		5,59 *
		K		6,16		6,91
		Exp.2		6,17	7,06	6,21

Mittelwerte auf einer sechsstufigen Likertskala (1 = gar kein Problem, 6 = ein brennendes Problem).
* $p < 0.1$ ** $p < 0.05$ *** $p < 0.01$ in bezug auf die Kontrollgruppe, + $p < 0.1$ ++ $p < 0.05$ +++ $p < 0.01$ innerhalb der Untersuchungsgruppe, einseitige Testung

Berücksichtigt werden muß für die Zirkelbereiche die Verschlechterung im Bereich "Zusammenarbeit mit Vorgesetzten" vom Meßzeitpunkt t1 zum Meßzeitpunkt t2. Eventuell ist diese Veränderung auf den erheblich gesteigerten Produktionsdruck, aufgrund der nicht vorhergesehenen gesteigerten Nachfrage bei Volkswagen zurückzuführen. In diesem Zusammenhang gab es in den Zirkelbereichen innerhalb des Untersuchungszeitraums Probleme mit der Freistellung der Beschäftigten für Zirkelaktivitäten, die oft einseitig den Vorgesetzten zur Last gelegt wurden.

Für einige Dimensionen der Arbeitssituation konnte gezeigt werden, daß der Problemdruck in den Zirkelbereichen geringer wahrgenommen wird als in der Kontrollgruppe. Im nächsten Schritt will ich überprüfen, ob im Zuge gesteigerter Kontrollerwartungen durch VW-Zirkel ein entsprechend höherer Einfluß auf die Beseitigung von Problemen der Arbeitssituation wahrgenommen wird.

Tabelle 7: Einfluß auf Gestaltungsbereiche der Arbeitssituation

Mein Einfluß auf meine Arbeit ...

Frage				t1	t1.1	t2
8	Arbeits-organisation	Exp.1		2,95		2,86
		K		2,70		2,23
		Exp.2		2,55	3,06	3,16 **
3	Arbeitsablauf	Exp.1		3,32		3,55 ***
		K		3,05 ++		2,09
		Exp.2		3,58	3,34	3,74 ***
1	Arbeits-bedingungen	Exp.1		2.88		3,32 **
		K		2,81		2,50
		Exp.2		3,55	3,69	3,21
4	Umgebungs-bedingungen	Exp.1		2,59		2,73 **
		K		2,22		1,91
		Exp.2	**	3,00	3,16	3,00 ***
2	Arbeits-sicherheit	Exp.1		3,56		3,82 ***
		K		3,00		2,59
		Exp.2	***	3,97	3,58	3,74 ***
	Gesamtsumme	Exp.1		15,30		16,28 ***
		K		13,78 +		11,32
		Exp.2	**	16,65	16,83	16,85 ***

Mittelwerte auf einer sechsstufigen Likertskala (1 = gar nicht beteiligt, 6 = sehr stark beteiligt).
* $p < 0.1$ ** $p < 0.05$ *** $p < 0.01$ in bezug auf die Kontrollgruppe, + $p < 0.1$ ++ $p < 0.05$ +++ $p < 0.01$ innerhalb der Untersuchungsgruppe, einseitige Testung

Die Annahme läßt sich zum Meßzeitpunkt t1 für die Themenfelder Arbeitsablauf, Arbeitsbedingungen, Umgebungsbedingungen und Arbeitssicherheit bestätigen. Durch die Wahrnehmung des teilweise drastisch reduzierten eigenen Einflusses auf die Arbeitssituation in der Kontrollgruppe ergeben sich signifikante statistische Unterschiede zum Meßzeitpunkt t2 in den Themenfeldern Arbeitsablauf, Arbeitsbedingungen, Umgebungsbedingungen und Arbeitssicherheit. Nach unseren Erkenntnissen läßt sich der Trend in der Kontrollgruppe nicht durch bereichsspezifische Einflüsse erklären. Eher wahrscheinlich ist der starke Einfluß und Druck durch ertragsverbessernde Maßnahmen. Diese Maßnahmen haben z.B. zur Reduzierung von Taktausgleichszeiten geführt und damit individuelle Handlungsspielräume eingeschränkt.

Dieser Trend zeigt sich auch im Themenfeld Zusammenarbeit. Zum einen reduziert sich der wahrgenommene Einfluß auf die Zusammenarbeit mit Kollegen/innen und Vorgesetzten in der Kontrollgruppe vom Meßzeitpunkt t1 zum Meßzeitpunkt t2. Zum anderen ist sowohl für die Befragten der Zirkelbereiche (Exp.I) als auch für die Seminarteilnehmer ein Anstieg der Merkmalsausprägung zu verzeichnen. Die statistisch signifikanten Unterschiede zum Meßzeitpunkt t2 führe ich auf die positive Wirkung der Zirkelaktivitäten zurück.

Tabelle 8: Einfluß auf die Zusammenarbeit

Mein Einfluß auf meine Arbeit ...

Frage			t1	t1.1	t2
5	Zusammenarbeit mit Kollegen/innen	Exp.1	3,88 ++		4,59 **
		K	4,14		3,86
		Exp.2	4,15	4,61	4,16
7	Zusammenarbeit mit Vorgesetzten	Exp.1	3,32		3,95 **
		K	3,62		2,95
		Exp.2	3,65	4,00	3,89 **
	Gesamtsumme	Exp.1	7,20		8,54 **
		K	7,76		6,81
		Exp.2	7,80	8,61	8,05

Mittelwerte auf einer sechsstufigen Likertskala (1 = gar nicht beteiligt, 6 = sehr stark beteiligt).
* $p < 0.1$ ** $p < 0.05$ *** $p < 0.01$ in bezug auf die Kontrollgruppe, + $p < 0.1$ ++ $p < 0.05$ +++ $p < 0.01$ innerhalb der Untersuchungsgruppe, einseitige Testung

Zusammenfassend konnte eine Steigerung des Anregungsgehalts der Arbeitssituation für die Zirkelbereiche nicht nachgewiesen werden. Die Teilaspekte "Ganzheitlichkeit der Aufgabe", "Autonomie" und "Rückmeldung vom Produkt" weisen in der Experimentalgruppe I (VW-Zirkel) zum Meßzeitpunkt t2 allerdings signifikant bessere Werte auf.

Eine Steigerung im Lernpotential der Arbeitsaufgabe ergab sich für die Experimentalgruppe I nur für den Bereich "Zusammenarbeit erforderlich", jedoch nicht statistisch relevant. Im "Einsatz von Fähigkeiten und Fertigkeiten" ist die Ausprägung in der Experimentalgruppe I signifikant geringer als in der Kontrollgruppe. Ein systematischer Unterschied zwischen den Experimentalgruppen und der Kontrollgruppe im Lernpotential der Arbeitsaufgabe läßt sich nicht zeigen. Wir können damit davon ausgehen, daß die Arbeitssituationen der Untersuchungsgruppen keine gravierenden Unterschiede aufweisen.

Sowohl für die Wahrnehmung der Probleme in der Arbeitssituation als auch für die Wahrnehmung der eigenen Einflüsse auf die Arbeitssituation lassen sich in der Experimentalgruppe I und in der Experimentalgruppe II signifikant höher wahrgenommene Einflußmöglichkeien nachweisen. VW-Zirkel als Beteiligungsangebot führen nach meinen Untersuchungsergebnissen zu gesteigerter Wahrnehmung der Einflußmöglichkeiten auf die Gestaltung der Arbeitssituation. Die subjektiven Kontrollüberzeugungen sind damit bei den Befragten der Zirkelbereiche deutlich höher als bei der Kontrollgruppe ohne VW-Zirkel.

7.2 Veränderte Beteiligungsorientierungen

7.2.1 Attraktivitätsprofile von Beteiligungsträgern

In diesem zentralen Teil der Untersuchung und des Fragebogens zur Arbeitnehmerbeteiligung bin ich der Frage nachgegangen, mit welchen Problemstellungen des Arbeitsalltags sich die befragten Arbeitnehmer an Beteiligungsträger (Vorgesetzte, Betriebsräte, VW-Zirkel, Vorschlagswesen, Fachabteilungen) wenden und welche Motive dem zugrunde liegen. Besonders bedeutsam war für mich der Aspekt der Attraktivität einer Beteiligungsmöglichkeit bzw. der damit zusammenhängenden Kontrollerwartung.

Ich habe eine entsprechende, standardisierte Vorgabe erarbeitet, in der die Befragten eine offen zu formulierende Problemstellung notieren und angeben, weshalb sie z.B. dazu einen VW-Zirkel durchführen wollen. Als Gründe wurden vorgeben:

0 weil er zuständig ist
0 weil er den Mißstand sofort behebt
0 weil ich Vertrauen in eine gute Lösung habe
0 weil ich Einfluß auf die Lösung habe
0 weil es gut für meine berufliche Zukunft ist
0 weil es dafür eine Prämie gibt.

Zusätzlich bestand die Möglichkeit, in einer freien Formulierung weitere Gründe anzugeben.

Es ergaben sich in der Auswertung "Attraktivitätsprofile" der einzelnen Beteiligungsträger bzw. Beteiligungsinstitutionen, die im Anschluß an den folgenden Überblick über die Anzahl der genannten Themen diskutiert werden. Ich erhielt insgesamt 713 Themenstellungen von 1650 maximal möglichen auf den 110 Fragebögen zum Zeitpunkt t1 und 418 Themenvorstellungen von 945 maximal möglichen auf den 63 Fragebögen zum Zeitpunkt t2. Die Verteilung auf die Beteiligungsträger ist aus Tabelle 9 zu ersehen.

Leider ergab sich sowohl in der Vorbefragung als auch in der Nachbefragung, daß in der Kontrollgruppe eine unzureichende Bearbeitungsbereitschaft in diesem Fragebogenteil bestand. Ich hatte mir als internes Ziel mindestens ein Thema pro Befragten und Beteiligungsträger gesetzt. Dieses Ziel konnte insbesondere in der Kontrollgruppe nicht erreicht werden (unterstrichene Häufigkeiten). Zur Sicherung einer validen Aussagekraft dieses Untersuchungsteils wurden von mir die Experimentalgruppe II (Seminar) und die Kontrollgruppe (ohne VW-Zirkel) zusammengefaßt, da in beiden Gruppen keine VW-Zirkelerfahrungen vorliegen. Für den Meßzeitpunkt t1 (vor dem Seminar) sind keinerlei Probleme gegeben. Für den Meßzeitpunkt t2 (neun Monate nach dem Seminar) kann ein Einfluß durch das Seminar auf diesen Fragenaspekt vernachlässigt werden.

Tabelle 9: Verteilung der Themenstellungen für die Beteiligungsträger

An wen ich mich wende ...								
Befragte	t1 (N=110)				t2 (N=63)			
	Exp.I	K	Exp.II		Exp.I	K	Exp.II	
Beteiligungsträger	41	37	32		22	22	19	
Vorgesetzte	73	68	67	(208)	48	32	40	(120)
Betriebsrat	64	56	69	(198)	46	27	33	(106)
VW-Zirkel	52	23	39	(114)	34	9	27	(70)
Vorschlagswesen	35	20	37	(92)	24	16	23	(63)
Fachabteilung	44	25	41	(110)	29	12	18	(59)
Summe	268	192	253	(713)	181	96	141	(418)
% der möglichen	44%	35%	53%	(43%)	55%	29%	49%	(44%)

Zur besseren Verständlichkeit diskutiere ich im folgenden zuerst die erhobenen Profile der Beteiligungsträger für die Ersterhebung im Juni 1989, um anschließend auf Veränderungen gegenüber März 1990 einzugehen. Ich übernehme für die Darstellung die Reihenfolge des "Fragebogen zur Arbeitnehmerbeteiligung am Arbeitsplatz".

(1) Vorgesetzte

An die Vorgesetzten herangetragen werden vor allem Fragen der Produktqualität (25,5 % aller Nennungen), die Regelung von Urlaubs- und Freischichtfragen (20,7 % aller Nennungen), dicht gefolgt von Aspekten der Arbeitsbedingungen und Arbeitsabläufe (20,2 %). Die Regelung von Konflikten, vermeintlichen Ungerechtigkeiten und Zusammenarbeitsproblemen wird an vierter Stelle genannt (13 %) und Arbeitssicherheitsfragen an fünfter Stelle (10,6 %).

Die Zuständigkeit der Vorgesetzten bezieht sich in der Sichtweise der Befragten vor allem auf Qualitätsthemen (98,1 % aller Nennungen), Urlaubsfragen (97,7 %), Probleme der Arbeitssicherheit (90,1 %), Fragen des Arbeitsablaufs und der Arbeitsbedingungen (88,1 %) sowie der Zusammenarbeit (85,2 %).

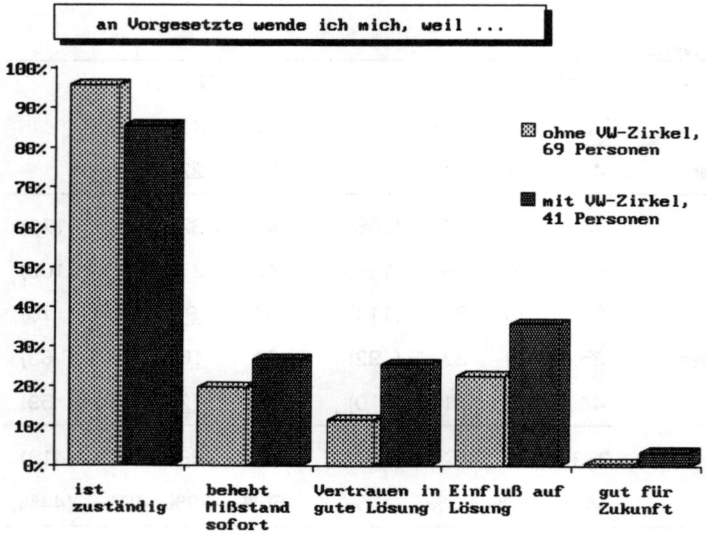

Abbildung 22: Attraktivitätsprofil betrieblicher Vorgesetzter

Die betrieblichen Vorgesetzten werden jedoch hauptsächlich als zuständig für bestimmte Aufgabenstellungen angesehen, ohne übermäßiges Vertrauen bei den Befragten zu genießen. Auf diese vielleicht ernüchternde Feststellung ist das Ergebnis der Befragung zu reduzieren. Sowohl in der Umsetzungskompetenz (behebt Mißstand sofort) als auch in den Bereichen Lösungskompetenz (Vertrauen in gute Lösung) und Kooperation (Einfluß auf Lösung) ist die Merkmalsausprägung der Motive zur Hinwendung zu den Vorgesetzten sehr gering.

Die höchste Umsetzungskompetenz (behebt Mißstand sofort) wird den Vorgesetzten bei Qualitätsproblemen (35 % aller Nennungen) und Arbeitssicherheitsmängeln (35 %) zugeschrieben, gefolgt von Mängeln in Arbeitsbedingungen und Arbeitsabläufen, die sofort behoben werden (32 %).

Vertrauen in eine gute Lösung wird den Vorgesetzten vor allem bei Fragen der Zusammenarbeit der Mitarbeiter (26,1 %) und der Arbeitssicherheit (25 %) entgegengebracht. Bei Lösungen zu Qualitätsfragen (17,3 %) und Arbeitsabläufen (16,2 %) erhalten die Vorgesetzten erstaunlich wenig Vertrauen. Darüber hinaus gibt es keine nennenswerte Schwerpunktbildung.

Den meisten Einfluß auf die Lösung von Problemen gestehen die Befragten den Vorgesetzten bei Fragen der Zusammenarbeit (52,2 %) zugestanden. Bei Lösungen zu Arbeitsbedingungen und Arbeitsabläufen (32,4 %) und der Arbeitssicherheit (25 %) ist der wahrgenommene Einfluß schon geringer, während er bei der Produktqualität (19,2 %) und in Urlaubsfragen (16,7 %) als sehr gering bezeichnet werden kann.

Die gegebene Einschränkung der Vorgesetzten auf eine positionsbedingte Zuständigkeit ist bedenklich. Sollte sich damit eine sozial-kommunikative Trennungslinie zwischen direkten Vorgesetzten und den Beschäftigten andeuten, wäre das Beteiligungskonzept VW-Zirkel direkt betroffen. Die Führungskräfte müßten jeden Versuch weitergehender Arbeitnehmerbeteiligung als Bedrohung ihrer ohnehin schwierigen Position ansehen. Tendenziell zeigt sich jedoch in den Zirkelbereichen eine höhere Ausprägung der Indikatoren kooperativer Zusammenarbeit als in den Nichtzirkelbereichen.

(2) Betriebsräte

Auffällig ist die sehr breite Streuung von Themen, die an die Betriebsräte herangetragen werden (12 größere Themenbereiche). Diese verteilen sich auf Probleme mit den Vorgesetzten (18 % aller Themen), allgemeine Fragen zur Interessenvertretung (15 %), Humanisierungsthemen (13,6 %), Urlaubsfragen (13,1 %), Zusammenarbeitsprobleme mit Kollegen/innen (8,6 %), Versetzungen (7,6 %), Entlohnungsfragen (5,6 %) und Weiterbildungsfragen (5,6 %). Sehr wenige Arbeitssicherheitsfragen (3,5 %) werden nach unseren Befragungsergebnissen an die Betriebsräte herangetragen.

Den Betriebsräten wird entsprechend ihrer Funktion ein erheblich größeres Vertrauen in ihre Umsetzungskompetenz und Problemlösekompetenz entgegengebracht als den Vorgesetzten. Allerdings ebenfalls gering ausgeprägt ist der Aspekt der Kooperation (Einfluß auf die Lösung). Das heißt, die Betriebsräte überlassen den Befragten nach ihrer Einschätzung relativ wenig Einfluß auf die Lösungsfindung.

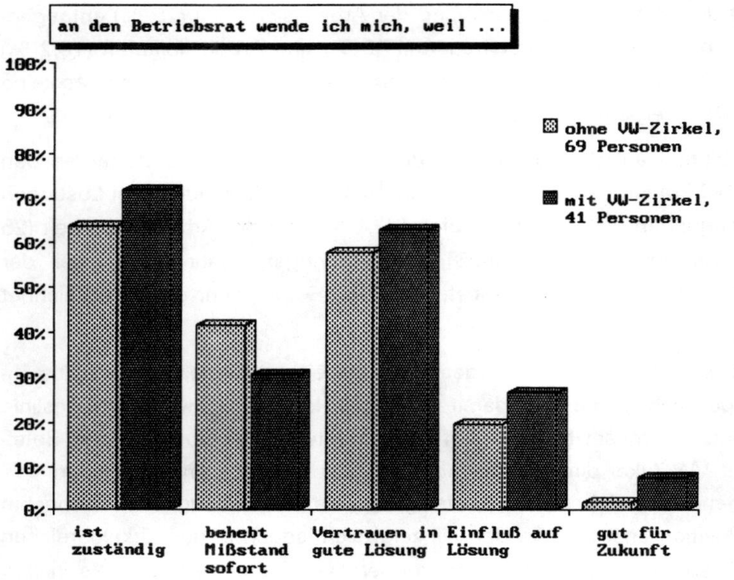

Abbildung 23: Attraktivitätsprofil Betriebsräte

Die Zuständigkeit der Betriebsräte wird vor allem bei Fragen der Arbeitszeit (85,7 %), der Entlohnung und Weiterbildung (jeweils 81,8 %) wie auch der Humanisierung der Arbeitsbedingungen (77,8 %) gesehen. Bei Versetzungen (66,7 %), der Beilegung von Konflikten mit Kollegen/innen (64,7 %) und Vorgesetzten (55,6 %) ist ebenfalls eine hohe Zuständigkeitszuschreibung gegeben.

Die höchste Umsetzungskompetenz (behebt Mißstand sofort) wird den Betriebsräten bei Problemen der Arbeitszeit (57,2 %) und der Regelung von Konflikten der Beschäftigten mit Vorgesetzten (50 % der Nennungen) zugeschrieben. In den Bereichen Arbeitsbedingungen, Humanisierung (44,4 %) und Unzufriedenheit mit Urlaubs- und Freischichtenregelungen (38,5 %) sowie bei der Lösung von Konflikten mit Kollegen/innen scheinen die Betriebsräte ebenfalls eine gewisse Durchsetzungskraft zu haben. Entsprechend der beschriebenen Schwerpunkte wird den Betriebsräten bei Weiterbildungfragen (81,8 %), Urlaubsregelungen (76,9 %), Entlohnungsfragen (72,7 %), Arbeitszeitregelungen (71,4 %) sowie Konflikten mit Vorgesetzten

(63,9 %), Versetzungen (60 %), Konflikten mit Kollegen/innen und Humanisierungsfragen (48,2 %) großes Vertrauen bei der Regelung arbeitsplatzbezogener Probleme entgegengebracht.

Einfluß auf Problemlösungen durch den Betriebsrat erleben die Beschäftigten vor allem bei Fragen der Arbeitszeit (42,8 %), bei Weiterbildungsentscheidungen (27,3 %), Versetzungen (26,7 %), Humanisierungsfragen (25,9 %) und Konflikten mit Vorgesetzten (22,2 %). Ansonsten ergibt sich eine sehr breite Streuung ohne Schwerpunktbildung. Die Ausprägung des Merkmals "Einfluß auf Problemlösungen" ist insgesamt gering.

Zusammenfassend kann gesagt werden, daß den Betriebsräten von den Befragten ein sehr breites Aufgabenfeld zugewiesen wird. Vor allem in Konfliktregelungen mit Kollegen/innen und Vorgesetzten werden sie stark einbezogen. Ob die Betriebsräte gerade auf diese Aufgabe besonders gut vorbereitet sind, wäre zu überprüfen. Ein ausgeprägtes Arbeitsfeld für Betriebsräte besteht in Fragen der Humanisierung, der Arbeitsorganisation und im Bereich der Arbeitssicherheit bzw. im Gesundheitsschutz. Arbeitszeitregelungen bilden einen Brennpunkt der vom einzelnen Betriebsrat nur eingeschränkt gelöst werden kann.

(3) VW-Zirkel

Die VW-Zirkel erobern sich in den Einführungsbereichen ihren Zuständigkeitsbereich in den vier Arbeitsfeldern Arbeitsbedingungen und Arbeitsabläufe (37,7 %), Arbeitssicherheit (10 %), Qualitätsfragen (16,2 %) und Zusammenarbeit (16,2 %). Daß ihnen keinerlei Umsetzungskompetenz zugeschrieben wird (behebt Mißstand sofort), ist als ein Artefakt der Fragestellung anzusehen. Die Umsetzung eines Zirkelergebnisses benötigt in der Regel ca. zwei Monate. Die mir bekannten vielfältigen Maßnahmen aufgrund abgeschlossener Zirkel belegen aber die hohe Um- und Durchsetzungskompetenz dieser Gruppen. Erstaunlich ist das extrem hohe Vertrauen, das der VWZirkel-Idee in der Kontrollgruppe und in den Zirkelbereichen entgegengebracht wird. Vertrauen haben die Befragten vor allem in gute Lösungen bei Themen der Humanisierung und Arbeitsbedingungen (83,7 %) sowie bei Fragen der Qualitätssicherung (81,0 %), in der Arbeitssicherheit (69,2 %) und der Zusammenarbeit (61,9 %).

Dieses hohe Vertrauen ist in den Einführungsbereichen nach durchschnittlich 17 Monaten Zirkelerfahrung noch einmal deutlich höher als in der Kontrollgruppe ohne Zirkelerfahrungen. Dieses Ergebnis deutet auf eine gelungene Einführung des Zirkelkonzepts in den entsprechenden Bereichen hin.

Entsprechend dem hohen Vertrauen in die Zirkel-Idee erwarten die Befragten besonders bei Themen der Humanisierung (85,7 % der Nennungen), der Qualitätssicherung (90,5 %), der Zusammenarbeit (81 %) sowie der Arbeitssicherheit (76,9 %) einen hohen Einfluß auf die Lösung. Auch dieses Merkmal ist in den Einführungsbereichen stärker ausgeprägt als in der Kontrollgruppe.

Die Teilnahme an den Zirkeln aus dem Grund, "weil es gut für meine berufliche Zukunft ist", wird auf keine besondere Themenstellung bezogen. Hier ist allerdings bemerkenswert, daß gegenüber der Kontrollgruppe viele der Befragten der Zirkelbereiche die Teilnahme als Baustein ihrer beruflichen Zukunft einschätzen.

Die Ansicht, daß Themen in VW-Zirkeln wegen der Prämien bearbeitet werden, konnte nicht bestätigt werden. Ganz im Gegenteil ist eine etwas geringere Ausprägung dieses Motivs in den Zirkelbereichen festzustellen.

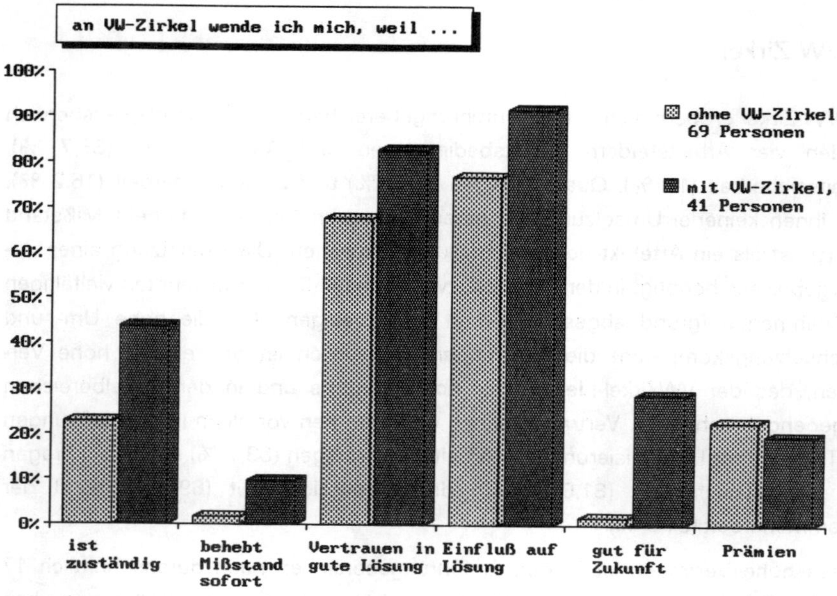

Abbildung 24: Attraktivitätsprofil VW-Zirkel

(4) Betriebliches Vorschlagswesen

Hauptmotiv, sich an das betriebliche Vorschlagswesen zu wenden, ist, wie nicht anders zu erwarten war, die Möglichkeit, eine Prämie zu erhalten. Insbesondere das Vorschlagswesen der Volkswagen AG im Werk Wolfsburg mit 23063 angenommenen, 6223 prämierten Vorschlägen und einer Prämienausschüttung von 7.914.429,- DM im Jahr 1989, weist seit Jahren eine positive Bilanz und hohe Attraktivität bei den Beschäftigten auf. Erstaunlich hoch war hier die Motivation, "weil ich Einfluß auf die Lösung habe", ausgeprägt.

Nach unserer Analyse werden vor allem qualitätsbezogene Themen, Themen der Material- und Kosteneinsparung (35 % der Nennungen) und Fragen des Arbeitsablaufs und der Arbeitsbedingungen (31 %) an das betriebliche Vorschlagswesen herangetragen. Danach folgen Themen nicht näher spezifizierter Problemlösungen und Verbesserungen (18 %) sowie Arbeitssicherheitsvorschläge (9,7 %).

Die Verteilung der Themen nach der Statistik des BVW der Volkswagen AG mit insgesamt 60.501 Verbesserungsvorschlägen weist folgende Verteilung auf:

19.171 Vorschläge (31,7 %) zu allgemeinen Themen wie Einkauf, Büromaterial und Energieeinsparung

17.812 Vorschläge (29,4 %) zu Themen der Verbesserung des Produktionsablaufs, der Qualitätsoptimierung oder produktbezogener Verbesserungen

6.988 Vorschläge (11,6 %) zur Verbesserung der Arbeitssicherheit

16.530 Vorschläge (27,3 %) zu Themen des Transports, der Wartung, zu Werkzeugen und Anlagen

Da das Vorschlagswesen durch relativ lange Bearbeitungszeiten gekennzeichnet ist, die aufgrund der vielfältigen Abstimmungs- und Zuständigkeitsfragen in einem Großunternehmen notwendig sind, verwundert die geringe Einschätzung der direkten Umsetzungskompetenz nicht.

Das Vertrauen in eine gute Lösung, nach Bearbeitung durch das Vorschlagswesen, wird vor allem bei Themen der Qualitätssicherung, Materialeinsparungen usw. (21,2 %) angegeben. Entsprechend hoch ist der wahrgenommene Einfluß der Befragten auf Lösungen in diesem Bereich (36,4 %). Das liegt wahrscheinlich daran, daß die eingereichten Vorschläge sehr abgegrenzte und detaillierte Umsetzungen beinhalten, die nicht mehr umfangreichen Veränderungen unterliegen. Dies gilt auch für den wahrgenommenen Einfluß auf Vorschläge des Bereichs "Arbeitsabläufe und Arbeitsbedingungen" (32,1 %).

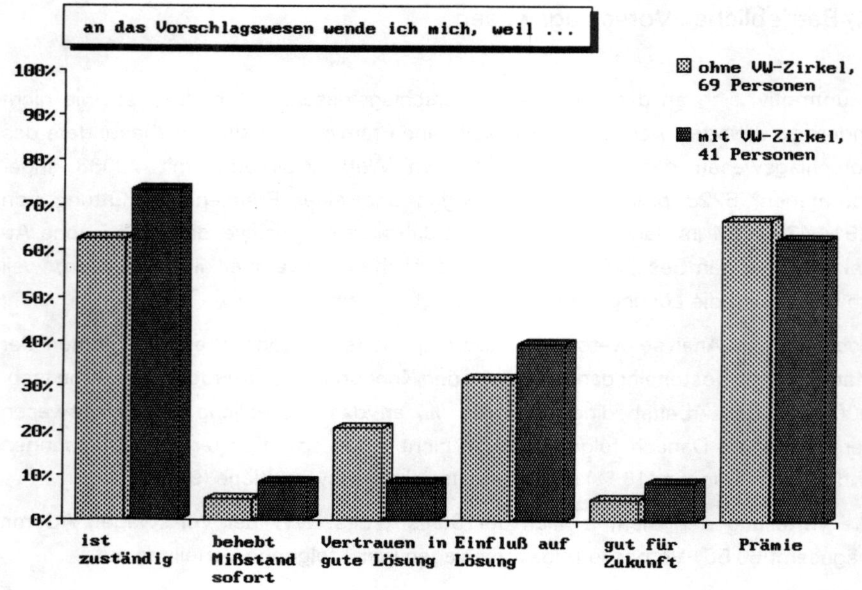

Abbildung 25: Attraktivitätsprofil des betrieblichen Vorschlagswesens

Bei Arbeitssicherheitsvorschlägen ist der wahrgenommene Einfluß sehr gering, bei allerdings auch nur sehr wenigen Nennungen in diesem Themenfeld. Das Motiv, sich an das betriebliche Vorschlagswesen wegen möglicher Prämien zu wenden, ist über alle Themenbereiche hinweg sehr stark ausgeprägt.

(5) Fachabteilungen

Der Anteil der Themennennungen für Fachabteilungen war überraschend hoch. 45 % aller genannten Themen entfielen auf die Arbeitssicherheitsabteilung, 28 % auf das Personal- und Sozialwesen und 24 % auf Fachabteilungen wie die Instandsetzung und Produktionsplanung. Daß sich die Befragten nur aus wichtigen Gründen an die jeweilige Fachabteilung wenden, - zumal sie zuständig ist - ist eine Selbstverständlichkeit, die bestätigt wurde. Im Vergleich zu den Profilen der anderen Beteiligungsträger wird die Umsetzungkompetenz (behebt Mißstand sofort) der Fachabteilungen relativ hoch eingestuft. Das Vertrauen in eine gute Lösung der

Fachabteilungen ist nur schwach ausgeprägt, und der damit zusammenhängende Aspekt "Einfluß auf die Lösung" ist äußerst gering ausgeprägt.
Die Durchsetzungskompetenz (behebt Mißstand sofort), die der Arbeitssicherheitsabteilung zugeschrieben wird, ist mit 45,1 % der Nennungen nicht so hoch wie es zu wünschen wäre. Die für den Produktionsablauf wichtigen Fachabteilungen, wie z. B. die Instandhaltung, haben dagegen mit 57,7 % eine größere Durchsetzungskompetenz. Das Personal- und Sozialwesen kann aufgrund seiner Aufgabenstellung in der Regel Mißstände nicht sofort beheben. Dieser Aspekt wird entsprechend mit 9,7 % der Nennungen gering eingeschätzt.

Der Fachabteilung Instandhaltung wird neben der hohen Durchsetzungskompetenz von den Befragten auch ein gewisses Maß an Vertrauen (Vertrauen in eine gute Lösung) entgegengebracht (30,8 %), gefolgt von der Arbeitssicherheitsabteilung (29,4 %) und dem Personal- und Sozialwesen (19,4 %).

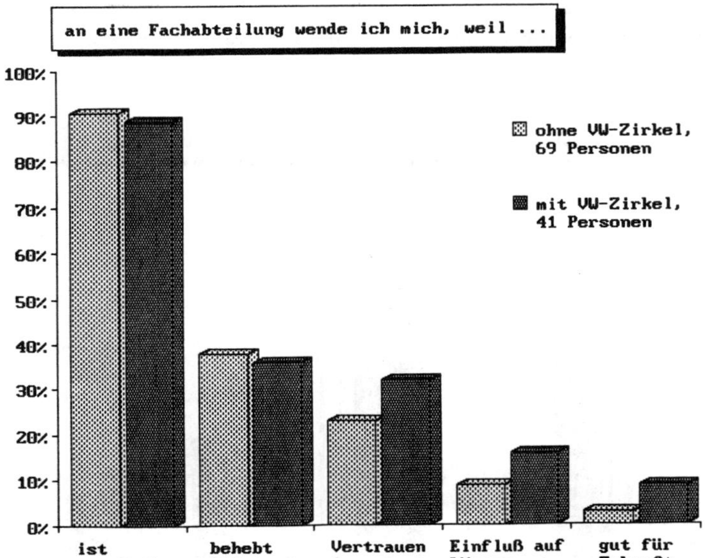

Abbildung 26: Zusammengefaßtes Attraktivitätsprofil der Fachabteilungen

Das Motiv "weil ich Einfluß auf die Lösung habe, wende ich mich an ..." ist gering ausgeprägt für die Arbeitssicherheit (17,6 %) und das Personal- und Sozialwesen (16,1 %). Für die produktionsbezogenen Fachabteilungen spielt dieses Motiv keine Rolle.

7.2.2 Veränderungen der Attraktivitätsprofile

Zur Darstellung der Veränderungen der Attraktivitätsprofile von der Erstbefragung (Juni 1989) zur Zweitbefragung (März 1990) habe ich die Profile der Beteiligungsträger zusammengefaßt, da detaillierte Analysen in den Einzelprofilen keine wesentlichen neuen Erkenntnisse erbracht hätten. Weiterhin habe ich mich der Übersicht halber auf die vier Motive "Zuständigkeit", "Mißstand wird sofort behoben", "Vertrauen in eine gute Lösung" und "Einfluß auf die Lösung" konzentriert.

Zur Darstellung der Veränderung wird die jeweilige Motivsäule zweigeteilt. Links steht in der Folge immer der Wert der Erstbefragung, rechts der Wert der Zweitbefragung.

Für die Untersuchungspopulation ohne VW-Zirkel in ihrem Arbeitsbereich ergeben sich bei der Bewertung der Beteiligungsalternativen - Vorgesetzte bzw. Betriebsrat - nur relativ geringe Veränderungen. Der Vorsprung des Betriebsrates bei der Beseitigung von Mißständen und beim Vertrauen in eine gute Lösung bestätigt sich.

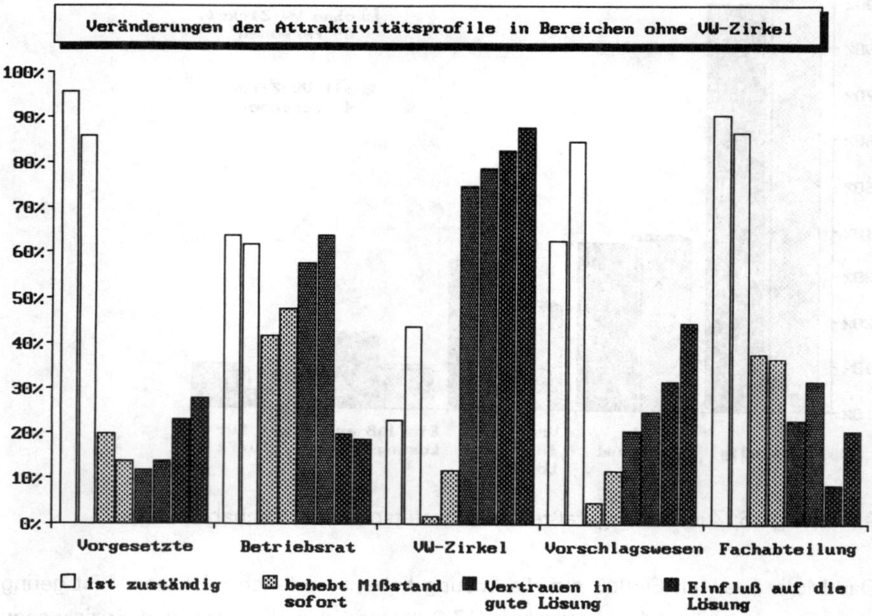

Abbildung 27: Veränderungen der Attraktivitätsprofile in Bereichen ohne VW-Zirkel

Die VW-Zirkel bauen in den Bereichen ohne Zirkelmöglichkeit ihr positives Image weiter aus. Bemerkenswert ist der hohe Anstieg in der zugeschriebenen Zuständigkeit der Zirkel (von 23 % aller Nennungen auf 44 % aller Nennungen) und in der zugeschriebenen Umsetzungskompetenz (von 2% auf 12%), ohne daß konkrete Zirkelerfahrungen gemacht werden konnten.

Eine deutliche Verbesserung weist das Profil des betrieblichen Vorschlagswesens auf. Welche Hintergründe dafür verantwortlich sein könnten, entzieht sich meiner Kenntnis.

Für die Untersuchungspopulation mit VW-Zirkeln im Arbeitsbereich ergeben sich interessante Veränderungen bei den Profilen "Vorgesetzte", "Betriebsrat" und "VW-Zirkel". Die Vorgesetzten werden im Bereich "Vertrauen in eine gute Lösung" deutlich schlechter eingestuft als in der Erstbefragung. Im Motivbereich "Einfluß auf die Lösung" ist ebenfalls eine geringere Ausprägung vorhanden.

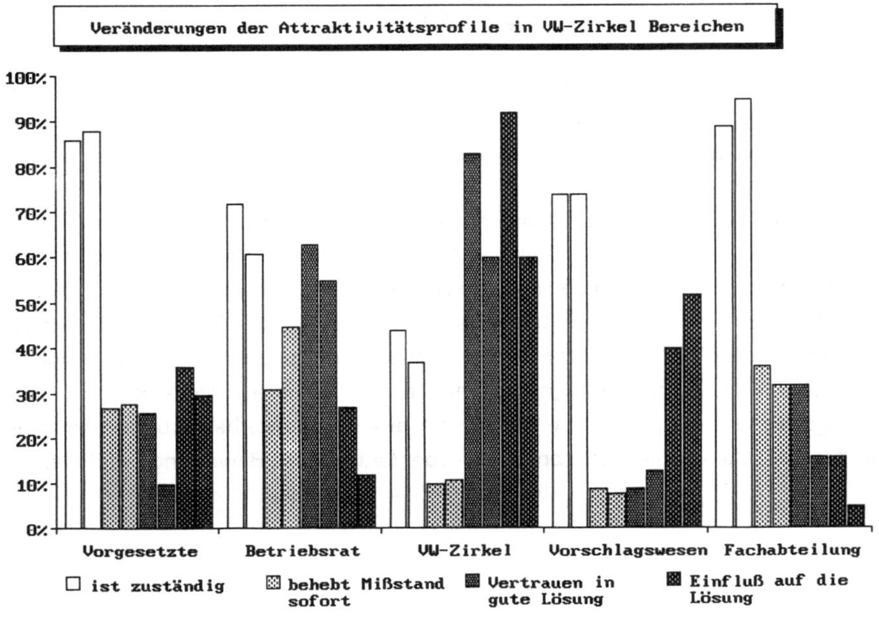

Abbildung 28: Veränderungen der Attraktivitätsprofile in Bereichen mit VW-Zirkeln

Diese Tendenz gilt ebenfalls für den Beteiligungsträger Betriebsrat, der insbesondere im Feld "Einfluß auf die Lösung" deutlich verliert. Eine Stärkung ist für den Betriebsrat im Motivbereich "behebt den Mißstand sofort" festzustellen.

Die extrem positive Einschätzung der VW-Zirkel in den Bereichen "Vertrauen in eine gute Lösung" und "Einfluß auf die Lösung" erlebt eine Relativierung, die sicherlich auf den inzwischen gemachten Erfahrungen und einem realistischeren Bild der Möglichkeiten der VW-Zirkel beruht.

Aufgrund der Vergleichs- und Abwägungsprozesse zwischen den Beteiligungsträgern kommt es zur Veränderung der Profile. Die VW-Zirkel als neuer Orientierungspunkt führen zu einer veränderten Betrachtung der bisherigen Beteiligungsträger. Vorgesetzte und Betriebsrat sind notwendig zur Umsetzung von Vorschlägen der Beschäftigten. Diese "Machtstellung" wird bestätigt. Allerdings werden sich gerade die Vorgesetzten und Betriebsräte an den Ecksäulen des VW-Zirkel-Konzepts (Vertrauen und Beteiligung) messen müssen. Das ausschließliche Beharren auf Zuständigkeiten und Positionsmacht wird diese Beteiligungsträger nicht in ihrer Entwicklung voranbringen. Sowohl Vorgesetzte als auch Betriebsräte werden zukünftig verstärkt die Beschäftigten in Lösungsfindungen und deren Umsetzungen einbeziehen und ausreichende Gestaltungsspielräume gewähren müssen, wenn sie ihre Funktion im Betrieb nicht in Frage stellen wollen.

Zusammenfassend konnte sowohl in der Erst- als auch in der Zweitbefragung spezifische Attraktivitätsprofile für die Beteiligungsträger "Vorgesetzte", "Betriebsrat", "VW-Zirkel", "Vorschlagswesen" und "Fachabteilungen" gefunden werden. Unverändert blieben die hohen Kontrollerwartungen (Einfluß auf die Lösung) und das große Vertrauen in die Arbeit der Zirkel. Dadurch hebt sich das Beteiligungskonzept VW-Zirkel von den anderen Beteiligungsträgern deutlich ab. Die Einschätzung der VW-Zirkel als Beteiligungsform hat sich in den Nichtzirkelbereichen positiv entwickelt, während bei den Befragten in den Zirkelbereichen eine Relativierung der Einschätzung vorgenommen wurde. Die Profile der beiden Untersuchungspopulationen haben sich in der Folge leicht angenähert. Im Schatten der VW-Zirkel konnte einzig das Vorschlagswesen - das ja über die Möglichkeit des Gruppenverbesserungsvorschlags an das VW-Zirkel-Modell angekoppelt ist - von der positiven Bewertung profitieren.

7.2.3 Informationen über VW-Zirkel

Für die Bewertung eines neuen Beteiligungskonzepts ist die Information über die Ziele, Inhalte und Organisation des Konzepts von Bedeutung. In meinen Ausgangsüberlegungen zum Beteiligungshandeln (Kap. 2) habe ich auf den Aspekt der Glaubwürdigkeit von Informationsträgern hingewiesen.

Zur Erfassung des Informationsstandes der Befragten und vorhandener Informationswege habe ich im Rahmen der Erstbefragung im Juni 1989 erhoben, welche Informationsträger bis dato über VW-Zirkel informierten. In der Nachbefragung im März 1990 wurde von mir erhoben, durch welche Informationsträger im letzten Halbjahr Informationen über VW-Zirkel erhalten wurden.

Die herausgehobene Stellung der Interessenvertretung bei der Information der Beschäftigten und Vertrauensleute wird in den Ergebnissen (s. Tab. 10) bestätigt. 81 % der Befragten erhielten entweder vom Betriebsrat, anderen Vertrauensleuten oder auf Vertrauensleutesitzungen Informationen zu VW-Zirkeln. Dies ist ein Beleg für die ausgebauten und funktionierenden Informationsstrukturen innerhalb der Interessenvertretung des Volkswagenwerkes. Auch in der Nachbefragung ergibt sich das Bild eines intensiven Informationsflusses innerhalb der Interessenvertretung, jedoch mit reduziertem Anteil beim Betriebsrat (-12 %) und bei den Vertrauensleutesitzungen (-15,3 %). Hier zeigt sich nach unseren Erkenntnissen und den Gesprächen mit Betriebsräten und Vertrauensleuten eine Abnahme der in den Jahren 1987-1989 sehr intensiven Informationen zu der neuen Beteiligungsform VW-Zirkel.

Inzwischen wurde das VW-Zirkel-Thema durch die vielfältigen Informationsaktivitäten des Beraterteams etwas aus der Aufmerksamkeit des Betriebsrat s und der Vertrauensleute verdrängt, nach dem Motto "das läuft alles (betriebs)vereinbarungsgemäß". Dazu haben zwischenzeitlich betrieblich bedeutende Themen wie "ertragsverbessernde Maßnahmen", "Gruppenarbeit bei Volkswagen" oder auch die "Betriebsratswahl 1990" beigetragen, die einen hohen Stellenwert innerhalb des Informationsflusses der Interessenvertretung haben mußten.

Als bedenklich muß die schwache Stellung der Vorgesetzten als Informationsträger angesehen werden. In der Nachbefragung ist der ohnehin geringe Anteil von 15,5 % der Befragten, die Informationen von ihren Vorgesetzten erhielten, auf 4,8 %, die im letzten halben Jahr Informationen von ihren Vorgesetzten erhielten, gefallen. Diese Werte deuten darauf hin, daß dieser Personenkreis zu wenig in die Zirkelaktivitäten eingebunden ist, geschweige denn über wesentliche Informationen verfügt. Hier sehe ich eine Schwachstelle des Beteiligungskonzepts, denn gerade die betrieblichen Vorgesetzten benötigen Transparenz und Hintergrundinformationen.

Sie sollen schließlich das Beteiligungskonzept tatkräftig unterstützen, Freistellungen organisieren, Zirkelvorschläge aktiv umsetzen und nicht zuletzt das Potential der Zirkelteilnehmer anerkennen und weiterentwickeln.

Tabelle 10: Informationsträger über VW-Zirkel

Mein Informationsstand zu VW-Zirkeln...

Befragte	t1 (N=110)	t2 (N=63)
Informationsträger	bisher habe ich Informationen erhalten	im letzten halben Jahr habe ich Informationen erhalten
von Kollegen/innen	(12) 10,9 %	(6) 9,5 %
von Vertrauensleuten	(32) 29,1 %	(20) 31,7 %
von Vorgesetzten	(17) 15,5 %	(3) 4,8 %
vom Betriebsrat	(76) 69,1 %	(36) 57,1 %
auf Vertrauensleute-Sitzungen	(50) 45,5 %	(19) 30,2 %
aus dem "Autogramm"	(31) 28,2 %	(24) 38,1 %
aus "BR-Kontakt"	(34) 30,9 %	(23) 36,5 %
aus "Metall"	(28) 25,5 %	(9) 14,3 %
auf Schulungen der IG Metall	(29) 26,4 %	(16) 25,4 %
auf Seminaren von Arbeit u. Leben	(13) 11,8 %	(4) 6,3 %
Summe	(322)	(160)

Ein Nachholbedarf bei den Bildungsaktivitäten zeigt sich insbesondere bei der Bildungsvereinigung "Arbeit und Leben" (11,8 % bzw. 6,3 % der Befragten gaben an, hier Informationen erhalten zu haben), die den größten Teil der Bildungsurlaube für Volkswagenbeschäftigte organisiert. Es wäre wünschenswert, wenn auch in der politischen Erwachsenenbildung verstärkt auf Fragen der Mitbestimmung am Arbeitsplatz, auf Qualitätszirkel und Gruppenarbeitskonzepte eingegangen würde. Dadurch könnten die Zukunftsdimensionen dieser Arbeits- und Beteiligungsformen herausgearbeitet und in ihrer gesellschaftspolitischen Bedeutung eingeschätzt werden.

Die seit Mitte 1989 verstärkten Informationen des VW-Zirkel-Beraterteams in der Werkszeitschrift "Autogramm" und des Betriebsrates in dem Informationsblatt "BR-Kontakt" spiegeln sich auch in der Auswertung wieder (eine Zunahme von 9,9 % bzw. 6,6 % der Nennungen).

Im Durchschnitt hat jeder der Befragten angegeben, aus ca. drei verschiedenen Quellen Informationen über VW-Zirkeln erhalten zu haben. Dabei handelt es sich im wesentlichen um gewerkschaftspolitische Einschätzungen (Betriebsrat, Vertrauensleute und Vertrauensleute-Sitzungen), um Informationen zur Organisation, den Zielen und Themen der Zirkel-Aktivitäten (Betriebsrat, Vertrauensleute-Sitzungen, Autogramm, BR-Kontakt), um Aussagen zu den Möglichkeiten und Perspektiven aus Arbeitnehmersicht (Vertrauensleute-Sitzungen, BR-Kontakt) und um aktuelle Ergebnisse von VW-Zirkeln, hervorhebenswerte Leistungen, zukünftige Zirkelbereiche und weitere Perspektiven (Autogramm, BR-Kontakt).

Es ist somit eine insgesamt breite Informationsgrundlage gegeben, die ausreichende Transparenz zur persönlichen Einschätzung des VW-Zirkel-Konzepts bietet, ohne bereits als Teilnehmer aktiv gewesen zu sein. Die Information durch Vertrauensleute und Betriebsräte hat bei den Beschäftigten der Volkswagen AG einen hohen Stellenwert und ist eine wesentliche Grundlage für betriebspolitische Orientierungen.

7.2.4 Einstellungsänderungen zu VW-Zirkeln

In diesem Untersuchungsschritt will ich analysieren, ob trotz der sehr breiten und intensiven Information zum VW-Zirkel-Konzept, Unterschiede in der Einstellung zu VW-Zirkeln zwischen den Untersuchungsgruppen feststellbar sind. Es soll ebenfalls geprüft werden, ob sich aufgrund des Seminars zu VW-Zirkeln veränderte Einschätzungen des Konzepts ergaben.

Ich unterteile meine Fragestellung in vier Teilbereiche:

- Allgemeine Einschätzung der VW-Zirkel
- VW-Zirkel als Management-Instrument
- VW-Zirkel und gewerkschaftliche Interessenvertretung
- Rollenkonflikte als Vertrauensmann/frau und Moderator/in

(1) Allgemeine Einschätzung der VW-Zirkel

Trotz mancher Kritik, teilweiser Euphorie und einiger Enttäuschungen wurden Qualitätszirkelkonzepte in den letzten Jahren stetig weiterentwickelt und weiterverbreitet. Bungard (1988a, S. 154) weist auf eine Fallstudie in einem mittelständischen Unternehmen der Automobilzulieferindustrie zur Einschätzung von QZ als Partizipationsmodell hin. Danach werden QZ von den Beschäftigten durchaus als Chance gesehen, sich an betrieblichen Problemlösungsprozessen zu beteiligen. Bungard konnte keine signifikanten Unterschiede zwischen QZ-Teilnehmern und ihren nichtteilnehmenden Kollegen aus dem Betrieb feststellen. Alle Befragten beurteilten das QZ-Konzept jedoch positiv. Mit einer ähnlichen Fragestellung wie Bungard konnte ich in den VW-Zirkel-Bereichen ebenfalls eine positive Einschätzung dieses Partizipationskonzepts feststellen, unabhängig davon, ob die Befragten bereits an VW-Zirkeln teilgenommen hatten oder nicht.

Tabelle 11: Allgemeine Einstellung zu VW-Zirkeln

Meine Einstellung zu VW-Zirkeln ...

Frage			t1	t1.1	t2
2 Mit VW-Zirkeln kann man selbst Mißstände beseitigen	Exp.1	**	4,92		4,81 **
	K		4,37 ++		3,67
	Exp.2	***	4,65	4,53	5,00 ***
9 Durch VW-Zirkel denkt man mehr über seine Arbeit nach	Exp.1	*	5,12		4,95 ***
	K		4,70 ++		3,95
	Exp.2	*	5,10	5,26	5,00 ***
10 Durch VW-Zirkel bekommt man mehr Freude an der Arbeit	Exp.1	*	4,00		3,68 ***
	K		3,41 ++		2,59
	Exp.2		3,42	3,76	3,58 ***
11 Man fühlt sich durch VW-Zirkel mit den Kollegen enger verbunden	Exp.1	**	4,67		4,55 ***
	K		3,87		3,23
	Exp.2		3,61 +	4,15	4,21 ***
12 Durch VW-Zirkel fühlt man sich für seine Arbeit verantwortlicher	Exp.1		4,49		4,50 ***
	K		4,03		3,45
	Exp.2		4,10	4,26	4,26 **

Mittelwerte auf einer sechsstufigen Likertskala (1 = stimme überhaupt nicht zu, 6 = stimme voll zu)
* $p < 0.1$ ** $p < 0.05$ *** $p < 0.01$ in bezug auf die Kontrollgruppe, + $p < 0.1$ ++ $p < 0.05$ +++ $p < 0.01$ innerhalb der Untersuchungsgruppe, einseitige Testung

Signifikante Unterschiede zwischen den Experimentalgruppen und der Kontrollgruppe sind sowohl zum ersten Meßzeitpunkt in Juni 1989 als auch zum zweiten Meßzeitpunkt im März 1990 gegeben. Die positiven Einschätzungen des VW-Zirkel-

Konzepts blieben in beiden Experimentalgruppen über den Untersuchungszeitraum auf hohem Niveau erhalten. In der Kontrollgruppe fallen die Einschätzungen des Zirkelkonzepts im Untersuchungszeitraum deutlich ab. Dadurch kommt es bei allen fünf Einstellungsfragen zu statistisch signifikanten Unterschieden gegenüber den Experimentalgruppen.

Zusammengefaßt werden VW-Zirkel als Partizipationsmodell akzeptiert. Die Befragten erkennen VW-Zirkel als Möglichkeit zur direkten Beteiligung bei Problemlöseprozessen an und beurteilen die sozialen Auswirkungen des VW-Zirkel-Konzepts positiv.

(2) VW-Zirkel als Management-Instrument

Qualitätszirkel werden häufig als Management-Instrument mit einseitiger Zielrichtung zur Wissensabschöpfung, Rationalisierung und Verschleierung von Interessenkonflikten angesehen (s. z. B. Strauß-Wieczoreck, 1987). So bezeichnet zum Beispiel Leicht (1986) auf dem 4. Deutschen Quality Circle Kongreß die "Pflege des Humankapitals" als wesentliche unternehmerische Aufgabe, "denn hier schlummern oft noch größere, ungenutzte, leichter zu erschließende Reserven" (ebd. S. 5). Und wenn Leicht das Ziel formuliert, "den Mitarbeiter zu veranlassen, von sich aus innerhalb des bestehenden Gestaltungsspielraums jenes Verhalten anzustreben, das auch am meisten zur Erreichung des Unternehmensziels beiträgt" (ebd. S. 6), so kann das durchaus Unverständnis hervorrufen. In einigen deutschen Unternehmen sind QZ-Aktivitäten aufgrund einer einseitigen Ausrichtung durch das Management wieder eingeschlafen, weil die Beschäftigten sich nicht mit ihren Interessen und Zielen im entsprechenden QZ-Konzept wiederfinden konnten. Ob diese Problematik auch in meinen Untersuchungsgruppen eine Rolle spielt oder die Zirkelpraxis zu anderen Einschätzungen führt, sollte geklärt werden.

Die Untersuchungsergebnisse bestätigen die positive Arbeit bei der Einführung des Zirkelkonzepts und zeigen ein anderes Bild als einseitige Befürchtungen erwarten ließen. In allen Untersuchungsgruppen wird die Einschätzung weitgehend geteilt, daß Zirkel eine Methode des Managements sind, um an das Wissen der Beschäftigten zu gelangen. Bei den Befragten der Kontrollgruppe (ohne Zirkelerfahrungen) ist diese Einschätzung gekoppelt mit der Vermutung des Rationalisierungsinteresses des Managements. Diese Vermutung wird von den Befragten der Zirkelbereiche so nicht geteilt. Hier gibt es sowohl zustimmende als auch ablehnende Positionen zur Rationalisierungsbehauptung. In ihrer betrieblichen Praxis können sich die Befragten der Zirkelbereiche eher ein Bild von der Vielfalt der

Zirkelthemen machen, die in der Breite keineswegs rationalisierungsorientiert sind. In der Praxis erweist sich auch, ob von Seiten der Führungskräfte Einfluß auf Themen der Zirkel und deren Bearbeitung genommen wird. Im Rahmen meiner begleitenden Interviews konnten dafür jedoch keine Anhaltspunkte gefunden werden. Die meisten Befragten sahen VW-Zirkel zwar als ein vom Management initiiertes, aber vom Betriebsrat über die Betriebsvereinbarung kontrolliertes Beteiligungskonzept an, in dem es weitgehend von ihrer eigenen Aktivität abhängt, was daraus gemacht wird.

Tabelle 12: VW-Zirkel als Management-Instrument

Meine Einstellung zu VW-Zirkeln ...

Frage			t1	t1.1	t2
3 Die VW-Zirkel sind eine Methode des Managements, um an unser Wissen heranzukommen	Exp.1		4,86		4,00
	K		4,64		4,52
	Exp.2		4,48	4,65	4,53
4 Mit VW-Zirkeln will das Management mehr rationalisieren	Exp.1	**	3,55		3,59 **
	K		4,44		4,48
	Exp.2		4,19	4,04	3,89

Mittelwerte auf einer sechsstufigen Likertskala (1 = stimme überhaupt nicht zu, 6 = stimme voll zu).
* $p < 0.1$ ** $p < 0.05$ *** $p < 0.01$ in bezug auf die Kontrollgruppe, + $p < 0.1$ ++ $p < 0.05$ +++ $p < 0.01$ innerhalb der Untersuchungsgruppe, einseitige Testung

(3) VW-Zirkel und gewerkschaftliche Interessenvertretung

Das Verhältnis von Qualitätszirkeln zur gewerkschaftlichen Interessenvertretung war lange Zeit die Kernfrage zur gewerkschaftlichen Positionsbestimmung gegenüber Qualitätszirkeln. Die Unterwanderung der Interessenvertretung durch QZ geisterte immer wieder als große Gefahr durch Diskussionen über dieses Beteiligungskonzept. Davon hebt sich die Position der Interessenvertretung der Volkswagen AG ab. Der inzwischen zum Gesamtbetriebsratsvorsitzenden gewählte Klaus Volkert (1987) gab die Losung aus, QZ als Einfallstor zur Mitbestimmung am Arbeitsplatz zu nutzen und in die gewerkschaftliche Arbeit einzubeziehen. Eine Zielsetzung, die sich, das darf nicht verschwiegen werden, nur auf der Basis einer starken gewerkschaftlichen Organisation und einer entsprechenden rechtlichen Absicherung über die Betriebsvereinbarung "VW-Zirkel" realisieren läßt.

Wie sehen die Einschätzungen des VW-Zirkel-Konzepts im Verhältnis zur gewerkschaftlichen Interessenvertretung in den Untersuchungsgruppen aus?

Tabelle 13: VW-Zirkel als Bestandteil gewerkschaftlicher Arbeit

Meine Einstellung zu VW-Zirkeln ...

Frage		t1	t1.1	t2
5 VW-Zirkel sind eine Form der Mitbestimmung am Arbeitsplatz	Exp.1	4,95 ++		4,14
	K	4,42		3,76
	Exp.2	4,48 +	4,94	5,26 ***
6 VW-Zirkel entlasten den Betriebsrat in seiner Tagesarbeit	Exp.1	** 2,53		2,43 *
	K	3,36		3,10
	Exp.2	2,68	3,32	3,53
7 VW-Zirkel sind ein Bestandteil der Arbeit der Interessenvertretung	Exp.1	3,73		3,68
	K	3,97		3,75
	Exp.2	3,77	4,26	4,68 **
8 VW-Zirkel sind eine Konkurrenz zur gewählten Interessenvertretung	Exp.1	* 2,38		2,18
	K	3,00		2,60
	Exp.2	** 2,26	2,21	2,11

Mittelwerte auf einer sechsstufigen Likertskala (1 = stimme überhaupt nicht zu, 6 = stimme voll zu).
* $p < 0.1$ ** $p < 0.05$ *** $p < 0.01$ in bezug auf die Kontrollgruppe, + $p < 0.1$ ++ $p < 0.05$ +++ $p < 0.01$ innerhalb der Untersuchungsgruppe, einseitige Testung

Die Teilnehmer der Seminare über VW-Zirkel gewinnen für sich die offensive Position des Betriebsrates, nach der VW-Zirkel zu einer Form der Mitbestimmung am Arbeitsplatz entwickelt werden können und entsprechend als Bestandteil der Arbeit der Interessenvertretung anzusehen sind. Diese Einschätzung läßt sich in den Zirkelbereichen nicht so deutlich erkennen. Die Tendenz, VW-Zirkel als Mitbestimmung am Arbeitsplatz anzusehen, war im Juni 1989 noch sehr stark ausgeprägt. In der Folgezeit gab es jedoch eine signifikante Verminderung dieser Einschätzung.

Daß VW-Zirkel den Betriebsrat in seiner Tagesarbeit entlasten, wird in den Zirkelbereichen nicht gesehen und selbst von den Seminarteilnehmern sehr unterschiedlich beurteilt. Zu berücksichtigen ist, daß bei Volkswagen die gewerkschaftlichen Vertrauensleute sehr stark in die Arbeit des Betriebsrates einbezogen sind. Probleme vor Ort werden häufig bereits vom Vertrauensmann oder der Vertrauensfrau mit den Beschäftigten und den Vorgesetzten geregelt.

Allerdings könnten VW-Zirkel dem Betriebsrat, aber auch den Führungskräften praxisbezogen fachlich zuarbeiten, in dem technische, organisatorische und soziale Aufgabenstellungen bearbeitet werden. Hier gibt es vereinzelt gute Beispiele, an denen die hohe Fachkompetenz der Zirkelteilnehmer deutlich wurde. Insgesamt gilt es, diese Ansatzpunkte der Zusammenarbeit auszubauen.

Von allen Untersuchungsgruppen werden VW-Zirkel nicht als Konkurrenz zur gewählten Interessenvertretung angesehen. Neben dem klaren Regelwerk der

Betriebsvereinbarung "VW-Zirkel" spielt hier sicher auch der historisch besondere und seit langem gefestigte Stellenwert der Interessenvertretung bei Volkswagen eine Rolle.

Es läßt sich zusammenfassend feststellen, daß der Betriebsrat der Volkswagen AG seine Strategie der Einbindung der VW-Zirkel in die Arbeit der Interesssenvertretung, aufgrund unserer Daten, bisher noch nicht in dem angestrebten Maß verwirklichen konnte. Dies nach nur ca. 1,5 Jahren VW-Zirkel-Praxis zu erwarten, wäre auch vermessen. VW-Zirkel sind jedoch anerkannt, werden weitgehend positiv beurteilt und nicht als Konkurrenz, sondern eher als Teil der Arbeit der Interessenvertretung angesehen.

(4) Rollenkonflikte als Vertrauensmann/frau und Moderator/in

Eine in der gewerkschaftlichen Diskussion bedeutsame Frage ist immer wieder die Rolle von Gruppensprechern und Moderatoren als "Nebeninteressenvertreter" bzw. die Rolle und Einbindung von Vertrauensleuten in Beteiligungskonzepte.

Aufgrund meiner Vorerhebungen wußte ich, daß viele Vertrauensleute erhebliche Rollenkonflikte bei der Tätigkeit als Moderator/in befürchten, wenn Zirkel z.B. negative Ergebnisse für einzelne oder Gruppen erbringen. Zwar gibt es in der Betriebsvereinbarung "VW-Zirkel" eine formale Absicherungsklausel, die Nachteile für Beschäftigte verhindern soll, doch befürchten viele Vertrauensleute einen Image- und Vertrauensverlust, wenn sie über VW-Zirkel an Rationalisierungsmaßnahmen beteiligt wären.

Die Befragten der Zirkelbereiche und der Seminare über VW-Zirkel erkennen für sich, daß die Moderatoren/innen nicht vom Management eingebunden und einseitig verpflichtet werden, sondern daß die VW-Zirkel-Moderatoren, dem VW-Zirkel-Ausbildungskonzept entsprechend, in erster Linie der Zirkelgruppe verpflichtet sind.

Damit ist jedoch das Potential für individuelle Rollenkonflikte nicht beseitigt. Sind sich die Befragten der Zirkelbereiche und die Seminarteilnehmer in der Ersterhebung im Juni 1989 noch sehr sicher, daß die Tätigkeiten als Vertrauensmann/frau und Moderator/in miteinander zu vereinbaren sind, so relativiert sich diese Position bis zum März 1990 deutlich. In der Befragung und in Interviews wird klar, daß themenbezogen tatsächlich individuelle Rollenkonflikte auftreten. Insbesondere bei möglichen personellen Auswirkungen eines Zirkelergebnisses, wie z. B. Versetzungen, geraten die Vertrauensleute als von ihren Kollegen/innen gewählte gewerkschaftliche Vertrauensperson und als Moderator/in in ein Dilemma. Entsprechend dieser

Erfahrung wird auch die Kopplung von Vertrauensleute- und Moderatorentätigkeit nicht als Lösung angesehen.

Tabelle 14: Die Rolle als Vertrauensmann/frau und als VW-Zirkel-Moderator/in

Die Rolle als Vertrauensmann/frau und als VW-Zirkel-Moderator/in

Frage		t1	t1.1	t2
4 VW-Zirkel-Moderatoren sind in erster Linie der Zirkel-Gruppe verpflichtet	Exp.1	4,93		5,32 ***
	K	4,59 +		3,95
	Exp.2	4,69	4,91	4,84 **
5 VW-Zirkel-Moderatoren sind in erster Linie dem Unternehmen verpflichtet	Exp.1	* 1,98		1,73 **
	K	2,56		2,77
	Exp.2	2,12 +	1,68	1,53 ***
7 Die Tätigkeit als Vertrauensmann/-frau und Moderator/in sind nicht zu vereinbaren	Exp.1	*** 1,78 +		2,55
	K	2,89		2,57
	Exp.2	*** 1,78	2,06	2,26
8 Vertrauensmann/-frau und Moderatorenfunktion sollten gekoppelt sein	Exp.1	** 3,50		3,68
	K	4,36		3,85
	Exp.2	4,59	4,68	4,26

Mittelwerte auf einer sechsstufigen Likertskala (1 = stimme überhaupt nicht zu, 6 = stimme voll zu).
* $p < 0.1$ ** $p < 0.05$ *** $p < 0.01$ in bezug auf die Kontrollgruppe, + $p < 0.1$ ++ $p < 0.05$ +++ $p < 0.01$ innerhalb der Untersuchungsgruppe, einseitige Testung

Aufgrund meiner Interviews weiß ich, daß die Lösung dieses möglichen Widerspruchs zwischen Vertrauensleute- und Moderatorentätigkeit nicht in einer generellen Entscheidung gesehen wird, sondern in einer differenzierten Betrachtung. Ob einzelnen Vertrauensleuten zugetraut wird, als zukünftige Moderatoren mit diesem Konfliktpotential verantwortlich umzugehen, wird bei der Entscheidung über ihre Ausbildung als Moderator von vielen Betriebsräten als wesentliches Kriterium angesehen. Damit werden die Moderatoren/innen mit diesem Rollenkonflikt aber weitgehend allein gelassen. Soll nicht der zufälligen Behandlung solcher Themen in den Moderatorenrunden Vorschub geleistet und damit der gewerkschaftliche Rückzug von solch wichtigen Fragen individueller Orientierung vollzogen werden, ist ein entsprechendes Betreuungsangebot für die betroffenen Moderatoren durch die Verwaltungstelle der IG Metall zu organisieren.

7.3 Veränderte Handlungsziele bei der Beteiligung am Arbeitsplatz

Für die Ausschöpfung und Weiterentwicklung des VW-Zirkel-Modells ist die Zielsetzung der gewerkschaftlichen Vertrauensleute bei Volkswagen von großer Bedeutung. Wendet sich dieser Personenkreis gegen das Beteiligungsmodell, so kann ihm kein Erfolg beschieden sein. Aus dieser Erkenntnis heraus wurden die Vertrauensleute in die Informationsrunden des VW-Zirkel-Beraterteams einbezogen und auf den Vertrauensleute-Seminaren der IG Metall Wolfsburg mit den Perspektiven dieses Beteiligungskonzepts vertraut gemacht.

Durch Bildung einer Rangfolge von persönlichen Handlungszielen bei VW-Zirkeln konnten die Befragten im Rahmen des "Fragebogen zur Arbeitnehmerbeteiligung am Arbeitsplatz" darstellen, welche Strategie sie in bezug auf das Beteiligungsangebot VW-Zirkel bevorzugen. Werden eher aktive Beteiligungsstrategien verfolgt, in denen die Befragten als Moderatoren, Zirkelthemeneinreicher oder Teilnehmer die Zirkelidee nutzen? Werden eher passive Verhaltensweisen gewählt, indem die Zirkel kritisch bis argwöhnisch beobachtet werden? Wird eher die Verhinderung negativer Zirkelergebnisse durch aktive Mitarbeit im Zirkel angestrebt oder durch Information des Betriebsrates über Fehlentwicklungen? Oder wird sogar versucht, Kollegen und Kolleginnen von der Mitarbeit in den VW-Zirkel abzuhalten? Aus der Analyse dieser unterschiedlichen Fragestellungen erwartete ich mir Hinweise auf Tendenzen im Beteiligungshandeln der Untersuchungsgruppen.

In den drei Untersuchungsgruppen ergab sich eine ausgesprochen aktive, gestaltungsorientierte Zielsetzung. Selbst Themen einzubringen und im VW-Zirkel mitzuarbeiten, wurde von ca. 80 % der Befragten als eines ihrer ersten drei vorrangigen persönlichen Handlungsziele angegeben. Immerhin ca. 70 % wollen auch negative Zirkelergebnisse verhindern. Hier zeigt sich eine kritische, konstruktive Haltung, wie sie mir in unserer Bildungsarbeit immer wieder begegnet ist.

Eine Minderheit von ca. 10% der Befragten gab als ein vorrangiges Ziel an, Kollegen und Kolleginnen von der Mitarbeit in den Zirkeln abhalten zu wollen. Interessante Unterschiede ergaben sich zwischen den Untersuchungsgruppen. So entwickelte sich bei den Befragten der VW-Zirkel-Bereiche die aktive, konstruktive Orientierung zwischen den einzelnen Meßzeitpunkten weiter. 90 % der Befragten gaben im März 1990 als vorrangiges Ziel an, selbst Themen in die VW-Zirkel einzubringen und erstaunliche 60 % der Befragten gaben als vorrangiges Ziel an, selbst Zirkel moderieren zu wollen.

War das Motiv, den Betriebsrat auf dem laufenden zu halten, bei den Befragten in den Zirkelbereichen im Juni 1989 noch sehr schwach ausgeprägt, so ist inzwischen eine deutliche Veränderung eingetreten. Daß der Betriebsrat bei der Umsetzung von Zirkelergebnissen starke Unterstützung leisten kann, mag ein Hintergrund sein.

Tabelle 15: Ziele der Befragten in bezug auf das VW-Zirkel-Konzept

Meine Ziele bei VW-Zirkeln ...

Frage		t1	t1.1	t2
4 als Moderator/in selbst Zirkel durchführen	Exp.1	(18) 44 %		(13) 59 %
	K	(10) 27 %		(9) 41 %
	Exp.2	(15) 47 %	(16) 47 %	(10) 53 %
1 selbst Themen einbringen und mitarbeiten	Exp.1	(32) 78 %		(20) 91 %
	K	(26) 70 %		(17) 77 %
	Exp.2	(28) 88 %	(20) 59 %	(14) 74 %
5 Kollegen/innen auf Themen aufmerksam machen	Exp.1	(23) 56 %		(15) 68 %
	K	(19) 51 %		(8) 36 %
	Exp.2	(16) 50 %	(20) 59 %	(8) 42 %
3 negative Zirkelergebnisse verhindern	Exp.1	(26) 63 %		(11) 50 %
	K	(22) 60 %		(13) 59 %
	Exp.2	(24) 75 %	(26) 77 %	(17) 90 %
2 aufpassen, was die Kollegen/innen im Zirkel machen	Exp.1	(13) 32 %		(6) 27 %
	K	(9) 24 %		(5) 23 %
	Exp.2	(17) 53 %	(15) 44 %	(10) 53 %
7 den Betriebsrat auf dem laufenden halten	Exp.1	(11) 27 %		(10) 46 %
	K	(14) 38 %		(12) 55 %
	Exp.2	(17) 53 %	(11) 32 %	(10) 53 %
6 Kollegen/innen von der Mitarbeit abhalten	Exp.1	(3) 7 %		(3) 14 %
	K	(4) 11 %		(1) 5 %
	Exp.2	(4) 13 %	(2) 6 %	(3) 15 %
	Exp.1	N=41		N=22
	K	N=37		N=19
	Exp.2	N=32	N=34	N=19

Verteilung der auf den ersten drei Rängen genannten Ziele, teilweise Mehrfachvergabe eines Ranges

In der Kontrollgruppe ohne Zirkelmöglichkeit ist die Bereitschaft zur Mitarbeit ebenfalls stark ausgeprägt. Aufgrund der fehlenden praktischen Erfahrungen kann die Rolle des Moderators jedoch nur unzureichend eingeschätzt werden. Entsprechend gering ist das Motiv, als Moderator/in selbst Zirkel durchzuführen, ausgeprägt. Die Verweigerungshaltung einzelner Befragter (Kollegen/innen von der Mitarbeit abhalten) ist in dieser Gruppe nicht stärker vorhanden als in den beiden Experimentalgruppen. Diese Verweigerungshaltung ist wahrscheinlich auf individuelle

Einstellungen und Grundvorstellungen zurückzuführen, die nicht ursächlich im Beteiligungskonzept VW-Zirkel begründet sind. Ein systematischer Ablehnungszusammenhang läßt sich auch in den Interviews zur VW-Zirkel-Idee nicht finden.

Um einen vertiefenden Einblick in die Motivstruktur der Befragten zu erhalten, habe ich eine Auswertung von Handlungszielkombinationen vorgenommen. Ausgewertet wurde dabei die Häufigkeit gemeinsamer Zielkombinationen auf den ersten drei Rängen.

Ich will dabei den Personenkreis mit den vorrangigen Zielen 1 und 4 der Tabelle 15 (Moderator/in sein, Themen einbringen) als Zirkelaktivisten bezeichnen, von diesen Personen lebt das Modell und von ihnen ist anzunehmen, daß sie sich in hohem Maße für die Idee der VW-Zirkel engagieren.

Die Personen mit der Zielkombination 1 und 5 (Themen einbringen, andere auf Themen aufmerksam machen) bezeichne ich als die Förderer der Idee, die dem Beteiligungsangebot aufgeschlossen gegenüberstehen und Überzeugungsarbeit leisten.

Weiterhin unterscheide ich die Personen mit den vorrangigen Zielen 1 und 3 (Themen einbringen, negative Zirkelergebnisse verhindern), die ich als die kritisch Engagierten bezeichne. Sie gehen davon aus, daß sich Zirkel in einem Spannungsfeld widerstreitender Interessen befinden und nicht von selbst positive Ergebnisse produzieren. Ein Teil dieses Personenkreises wird mit der vorrangigen Zielkombination 3 und 4 (negative Zirkelergebnisse verhindern, Moderator/in sein) einen eigenen Weg des kritisch engagierten Weges im Umgang mit der Zirkelidee wählen.

Schließlich will ich noch einen kritischen, betriebsratsorientierten Personenkreis kennzeichnen, der mit der vorrangigen Zielkombination 3 und 7 (Negatives verhindern, den Betriebsrat auf dem laufenden halten) einen eher klassischen Umgang mit dem Zirkelkonzept sucht.

Die beiden letzten, mich interessierenden Personenkreise, sind die aktiven Verhinderer mit der Zielsetzung 3 und 6 (Negatives verhindern, andere von der Mitarbeit abhalten) und die Destruktiven mit der Zielkombination 4 und 6 (Moderator/in sein, andere von der Mitarbeit abhalten). Beide Gruppen können als ein Störpotential für die Entwicklung eines Beteiligungskonzepts angesehen werden. Ob sich diese Handlungsziele in der betrieblichen Praxis durchsetzen können, ist mehr als fraglich.

In meiner Analyse fand ich folgende Verteilung dieser Gruppen, wobei Überschneidungen zu berücksichtigen sind.

Tabelle 16: Kombinationen vorrangiger Beteiligungsmotive bei VW-Zirkeln

Meine Ziele bei VW-Zirkeln ...

Zielverknüpfungen	t1	t2
1. Themen einbringen 2. Moderator/in sein	(33) 30,0 %	(27) 42,9 %
1. Themen einbringen 2. andere aufmerksam machen	(43) 39,1 %	(26) 41,3 %
1. Themen einbringen 2. Negatives verhindern	(57) 51,8 %	(32) 50,8 %
1. Negatives verhindern 2. Moderator/in sein	(28) 25,5 %	(19) 30,2 %
1. Negatives verhindern 2. Betriebsrat informieren	(29) 26,4 %	(21) 33,3 %
1. Negatives verhindern 2. andere von Mitarbeit abhalten	(9) 8,2 %	(7) 11,1 %
1. Moderator/in sein 2. andere von Mitarbeit abhalten	(8) 7,3 %	(7) 11,1 %
	(N= 110)	(N= 63)

Verteilung der auf den ersten drei Rängen genannten Ziele, teilweise Mehrfachvergabe eines Ranges

Ich fand auch hier ein deutliches Übergewicht der aktiv und konstruktiv orientierten Arbeitnehmer, die VW-Zirkel als ihr Beteiligungskonzept nutzen wollen. Nur eine Minderheit von ca. 7-11 % der Befragten verfolgt aus meiner Sicht destruktive Ziele bzw. versucht, die Entwicklung der VW-Zirkel-Idee zu behindern.

Von der Befragung im Juni 1989 bis zur Befragung im März 1990 ergibt sich eine positive Entwicklung zu einer verstärkten, aktiven Orientierung und Nutzung des VW-Zirkel-Modells.

Daß bei der zweiten, ebenfalls freiwilligen Erhebung keine zirkelfreundliche Selbstselektion stattfand, belegen die Ergebnisse der Tabellen 15 und 16. Das kritische Potential ist nach wie vor vorhanden und hat sich nicht von der Untersuchung zurückgezogen.

7.4 Veränderte Ziele in der Mitbestimmung

In den Jahren 1975 und 1981 haben Diefenbacher, Kißler, Nutzinger und Teichert (1984) zwei Fallstudien zur Norm und Wirklichkeit der Mitbestimmung in einem Großbetrieb der Automobilindustrie in Kassel durchgeführt. Sie fanden für diesen Zeitraum ein weitgehend hohes und konstantes Interesse der Stammbelegschaft an Mitbestimmungsfragen. Dieses Mitbestimmungsinteresse ist jedoch kein autonomes, sondern ein abgeleitetes Interesse, das an Beschäftigungs- und Lohninteressen gekoppelt ist. Sie fanden:

> "Gesicherte Beschäftigung ist ein zentrales Anliegen, denn in beiden Fallstudien wird von den befragten Mitgliedern der Stammbelegschaft der sichere Arbeitsplatz an erster Stelle als persönlich erwarteter Vorteil von Mitbestimmung genannt. Die Furcht vor Arbeitsplatzverlust führt zu Existenzunsicherheit, die einer längerfristigen Lebensplanung Grenzen setzt. Das Interesse am Abbau dieser Existenzunsicherheit wird an die Mitbestimmung geknüpft."

Diefenbacher et. al (1984) verweisen auf die große Chance der Verkoppelung von arbeitsorientierten Interessen mit der Mitbestimmung:

> "Wenn Beschäftigungs- und Lohninteresse auch als Mitbestimmungsinteresse begriffen werden, ließe sich auch jene weitere Barriere im Interessenhorizont der Arbeitenden beseitigen, die bislang bewirkt, daß man sich selbst, wenn es um die Interessendurchsetzung geht, aus dem Handlungsimpetus von Mitbestimmung herausnimmt; dies setzt allerdings voraus, daß der objektive Zusammenhang von Arbeitsplatz- und Lohnsicherung mit der Mitbestimmungsforderung erkannt wird."

Die Barriere des "arbeitsteiligen Gegenmachtmonopols", wie es Diefenbacher u. a. beschreiben, besagt, daß man mit der Wahl der Interessenvertreter als Mitbestimmungsträger das Mitbestimmen an jene delegiert. Dieser Aspekt wurde auch in meinen Interviews genannt und als Defizit derzeitiger Interessenvertretungsarbeit bezeichnet. Von Vertrauensleuten wurde in diesem Zusammenhang nicht nur auf die Verantwortungsübertragung durch die Beschäftigten hingewiesen, sondern auch auf die Arbeitsteilung mit den Betriebsräten. Einige Vertrauensleute erleben es als nicht befriedigend, wenn sie von Betriebsräten nur als Informationsvermittler angesehen werden.

In Anlehnung an diese Fallstudien habe ich das Mitbestimmungsinteresse meiner Untersuchungsgruppen erhoben. Dabei bestätigte sich das Ergebnis der Kasseler Studien mit der herausragenden Bedeutung der Arbeitsplatzsicherung als oberstes Ziel, das mit der Mitbestimmung verfolgt werden soll.

Tabelle 17: Ziele, die in der Mitbestimmung verstärkt verfolgt werden sollten

Welche Ziele sollten mit der Mitbestimmung verstärkt verfolgt werden ?

Zielbereich		t1	t1.1	t2
höherer Lohn	Exp.1	(14) 43 %		(9) 41 %
	K	(12) 32 %		(10) 46 %
	Exp.2	(10) 31 %	(7) 21 %	(8) 42 %
sichere Arbeitsplätze	Exp.1	(38) 93 %		(21) 96 %
	K	(31) 84 %		(21) 96 %
	Exp.2	(30) 94 %	(31) 91 %	(18) 95 %
angenehmere Arbeitsbedingungen	Exp.1	(27) 66 %		(15) 68 %
	K	(28) 76 %		(14) 64 %
	Exp.2	(25) 78 %	(24) 71 %	(12) 63 %
interessantere Arbeit	Exp.1	(18) 44 %		(9) 41 %
	K	(11) 30 %		(7) 32 %
	Exp.2	(17) 53 %	(13) 38 %	(7) 37 %
bessere Chancen für betriebliches Weiterkommen	Exp.1	(12) 29 %		(4) 18 %
	K	(7) 19 %		(11) 50 %
	Exp.2	(12) 38 %	(7) 21 %	(11) 58 %
mehr Einfluß auf Investitionsentscheidungen	Exp.1	(10) 24 %		(11) 50 %
	K	(8) 22 %		(7) 32 %
	Exp.2	(15) 47 %	(14) 41 %	(7) 37 %
den Unfall- und Gesundheitsschutz verbessern	Exp.1	(10) 24 %		(10) 46 %
	K	(10) 27 %		(9) 41 %
	Exp.2	(11) 34 %	(15) 44 %	(11) 58 %
	Exp.1	(N=41)		(N=22)
	K	(N=37)		(N=19)
	Exp.2	(N=32)	(N=34)	(N=19)

Verteilung der auf den ersten drei Rängen genannten Ziele, teilweise Mehrfachvergabe eines Ranges

Bedenklich muß stimmen, wenn 95 % der Befragten Arbeitsplatzsicherung als das hervorragende Ziel der Mitbestimmung artikulieren, aber nur ca. 30 - 40 % mehr Einfluß auf Investitionsentscheidungen als Ziel der Mitbestimmung einstufen. Die Verknüpfung arbeitsplatzferner Investitionsentscheidungen, auf die die gewerkschaftlichen Interessenvertreter in für die Beschäftigten abstrakten Gremien und Ausschüssen Einfluß zu nehmen trachten, mit dem konkreten Interesse der Arbeitsplatzsicherung ist offensichtlich nicht vorhanden.

Diefenbacher u.a (1984, S. 246) befürchten, daß "...die Mitbestimmung vom eigenen Arbeitszusammenhang abgespalten und als gewerkschaftliche Funktionärsarbeit begriffen wird...".

Diese Einschätzung findet in unseren Daten zur Frage nach der zukünftigen Mitbestimmungspolitik der Gewerkschaften teilweise Bestätigung.

Tabelle 18: Ziele der Mitbestimmungspolitik, die von den Gewerkschaften zukünftig verfolgt werden sollten.

Welche Mitbestimmungspolitik sollten die Gewerkschaften zukünftig verfolgen ?

		t1	t1.1	t2
die vorhandene Mitbestimmung verteidigen	Exp.1	(10) 24 %		(4) 18 %
	K	(12) 32 %		(6) 27 %
	Exp.2	(14) 44 %	(13) 38 %	(4) 21 %
die Mitbestimmung im Aufsichtsrat zur vollen Parität ausbauen	Exp.1	(17) 42 %		(9) 41 %
	K	(13) 35 %		(5) 23 %
	Exp.2	(12) 38 %	(7) 21 %	(10) 53 %
die Mitbestimmungsmöglichkeiten des Betriebsrates verbessern	Exp.1	(12) 29 %		(7) 32 %
	K	(7) 19 %		(9) 41 %
	Exp.2	(9) 28 %	(7) 21 %	(3) 16 %
die Mitbestimmung am Arbeitsplatz verbessern	Exp.1	(7) 17 %		(7) 32 %
	K	(9) 24 %		(6) 27 %
	Exp.2	(8) 25 %	(13) 38 %	(6) 32 %
	Exp.1	(N=41)		(N=22)
	K	(N=37)		(N=19)
	Exp.2	(N=32)	(N=34)	(N=19)

Verteilung der auf dem ersten Rang genannten Ziele, teilweise Mehrfachvergabe eines Ranges

Fast 40 % aller Befragten favorisieren den Ausbau der Mitbestimmung im Aufsichtsrat zur vollen Parität als zukünftiges oberstes Ziel der Mitbestimmungspolitik, während nur ca. 20 - 30 % aller Befragten die Verbesserung der Mitbestimmung am Arbeitsplatz als oberstes Ziel für die Zukunft ansehen. Hier bestätigt sich meines Erachtens die bisherige Grundstruktur betrieblicher Mitbestimmung und betrieblicher Kommunikation über Mitbestimmung im Untersuchungsbetrieb. Mitbestimmung ist nach wie vor "dort oben" angesiedelt. Die wesentlichen Mitbestimmungsträger werden von den Befragten vor allem auf den Ebenen des Betriebsrates, und des Aufsichtsrates angesiedelt. Damit wird aber auch deutlich, daß die Kommunikation über Notwendigkeit, Funktion und Erfolge der Mitbestimmung eine besondere Bedeutung erhalten muß.

Hiller (1987, S. 138) hat deutlich darauf hingewiesen, daß der Mitbestimmungsgedanke als Gestaltungsprinzip vor allem dann mobilisierend wirkt, wenn er konkret sichtbar und erfahrbar ist und entsprechende Perspektiven einer Mitbestimmung am

Arbeitsplatz entwickelt werden. Bisher zeigen sich in der betrieblichen Praxis nur vereinzelt Ansätze, den Aufbau eines Mitbestimmungsfundaments als langfristigen Prozeß der Arbeitnehmerbeteiligung zu begreifen. Von den Befragten wurde vielfach zwischen "kleiner" und "großer" Mitbestimmung, zwischen "falscher" und "richtiger" Mitbestimmung unterschieden. "Große" und "richtige" Mitbestimmung als mentales Abbild der wahrgenommenen betrieblichen Situation findet demnach (noch) nicht am Arbeitsplatz statt.

7.5 Zusammenfassung der Ergebnisse

Im Rahmen der Untersuchung zur Arbeitnehmerbeteiligung am Arbeitsplatz habe ich analysiert, welche unterschiedlichen Bewertungen der Arbeitssituation sich durch ein Beteiligungskonzept entwickeln. Dabei stand am Anfang meiner Betrachtung, ob bei vergleichbaren Ausführungsbedingungen für verschiedene Untersuchungsgruppen durch die Erfahrungen in und mit dem Beteiligungskonzept VW-Zirkel eine Neubewertung der persönlichen Beteiligungsmöglichkeiten am Arbeitsplatz erfolgt.

Ich bin weiterhin der Frage nachgegangen, ob VW-Zirkel eine Alternative zu anderen Beteiligungsangeboten darstellen und welche charakteristische Attraktivität das VW-Zirkel-Konzept auszeichnet. In diesem Zusammenhang war auch von Interesse, ob sich veränderte Beteiligungsorientierungen aufzeigen lassen.

Im folgenden habe ich untersucht, ob durch die Erfahrung mit dem VW-Zirkel-Konzept Einstellungsänderungen, Veränderungen persönlicher Handlungsziele und Veränderungen bei den Zielsetzungen der Mitbestimmung nachweisbar sind.

(1) Neubewertung persönlicher Beteiligungsmöglichkeiten am Arbeitsplatz

Ich fand große Übereinstimmung in der Wahrnehmung des Anregungsgehalts der Arbeitssituation in allen drei Untersuchungsgruppen. Es ist zu schlußfolgern, daß die objektive Arbeitssituation bei allen Untersuchungsgruppen sehr ähnlichen Charakter aufweist und sich im Verlauf der Untersuchung nicht gravierend verändert hat.

Zu den beiden Untersuchungszeitpunkten im Juni 1989 und im März 1990 konnte ich signifikante Unterschiede bei der Wahrnehmung von arbeitsplatzbezogenen Problemen und Bewältigungsmöglichkeiten in der Arbeitssituation feststellen. Der wahrgenommene Einfluß auf die Gestaltung der Arbeitssituation war im März 1990, also nach maximal 14 Monaten konkreter VW-Zirkel-Erfahrung, signifikant höher

ausgeprägt als in der Kontrollgruppe ohne Zirkelmöglichkeit. Ich gehe davon aus, daß verbunden mit dem VW-Zirkel-Konzept die Kontrollüberzeugungen der Beschäftigten in den VW-Zirkel-Bereichen gestiegen sind. Dies ist keine Aussage über objektive Kontrollmöglichkeiten, sondern lediglich die Erfassung subjektiver Überzeugungen.
Der Nachweis der Veränderung wesentlicher Bestandteile des Anregungsgehalts der Arbeitssituation, bzw. der Nachweis veränderter objektiver Handlungs- und Entscheidungsspielräume in der Arbeitstätigkeit, konnte aufgrund der konzeptionellen Anlage der Untersuchung nicht erbracht werden.

(2) Veränderte Beteiligungsorientierungen

VW-Zirkel, als Konzept direkter Arbeitnehmerbeteiligung am Arbeitsplatz, konnten in relativ kurzer Zeit sowohl in den Zirkelbereichen als auch im Bewußtsein der Befragten in den Bereichen ohne VW-Zirkel einen hohen Stellenwert und ein positives Image aufbauen. Im Vergleich zu anderen Beteiligungsträgern, wie den betrieblichen Vorgesetzten, den Betriebsräten, dem betrieblichen Vorschlagswesen und den Fachabteilungen, zeichnet sich die VW-Zirkel-Idee besonders durch das große Vertrauen der Beschäftigten in gute Lösungen und die ausgeprägt hohe Einschätzung, selbst Einfluß auf die Lösung zu haben, aus.

Insbesondere für Themen der betrieblichen Arbeitsbedingungen und Arbeitsabläufe, der Arbeitssicherheit, der Qualitätssicherung und der Zusammenarbeit haben sich VW-Zirkel einen Platz unter den betrieblichen Beteiligungsträgern und Beteiligungsinstitutionen erobert. Nach meinen Ergebnissen dienen VW-Zirkel den Beschäftigten als neuer Orientierungspunkt zur Betrachtung bisheriger Beteiligungsmöglichkeiten. Insbesondere die betrieblichen Vorgesetzten und die Betriebsräte werden ihre Beteiligungsangebote an die Beschäftigten zukünftig stärker an den positiven Elementen des VW-Zirkel-Konzepts orientieren müssen.
Eine Neubewertung persönlicher Beteiligungsmöglichkeiten am Arbeitsplatz durch VW-Zirkel-Aktivitäten konnte aufgezeigt werden. Die Kontrollerwartungen im Hinblick auf das VW-Zirkel-Konzept bei der Erarbeitung von Lösungsmöglichkeiten für arbeitsplatzbezogene Probleme sind ausgesprochen hoch. Das Vertrauen in gute Lösungen der VW-Zirkel, als ein Bestandteil der Motivation zur Mitarbeit, ist ebenfalls stark ausgeprägt.

(3) Veränderte Einstellungen, veränderte persönliche Handlungsziele und Zielsetzungen in der Mitbestimmung

Die allgemeine Einschätzung des VW-Zirkel-Modells als positives Partizipationsangebot konnte insbesondere in der Befragung im März 1990 nachgewiesen werden. Dagegen konnte weder eine Bestätigung für eine ausgeprägte Haltung gefunden werden, die VW-Zirkel als reines Management-Instrument anzusehen, noch konnte ich feststellen, daß VW-Zirkel als integraler Bestandteil gewerkschaftlicher Arbeit betrachtet werden. Deutlich wurde jedoch die Tendenz, VW-Zirkel als Form der Mitbestimmung am Arbeitsplatz zu akzeptieren.

Bei allen Untersuchungsgruppen konnte als Handlungsziel eine gestaltungsorientierte, aktive Nutzung des Beteiligungskonzepts festgestellt werden. Etwas mehr als 90 % aller Befragten gaben als ein vorrangiges persönliches Handlungsziel an, "selbst Themen in die Zirkel einzubringen und mitzuarbeiten".

Für die Ziele in der Mitbestimmung und die zukünftigen Ziele gewerkschaftlicher Mitbestimmungspolitik finden sich in beiden Befragungen relativ stabile Einstellungsmuster, die unabhängig von den Erfahrungen mit dem Beteiligungskonzept VW-Zirkel zu sein scheinen. Erste Präferenz erhält nach wie vor die Beschäftigungs- und Arbeitsplatzsicherung. Für die Befragten in den Zirkelbereichen zeigt sich ein Trend, dem Einfluß auf Investitionsentscheidungen höhere Bedeutung beizumessen. Große Bedeutung wird insgesamt der Möglichkeit der Verbesserung der Arbeitsbedingungen zugemessen. Höhere Entlohnung ist für die Befragten kein zentrales Anliegen, welches mit der Mitbestimmung verstärkt verfolgt werden sollte.

In der Mitbestimmungspolitik mußte ich nach wie vor eine starke Orientierung auf hochrangige Mitbestimmungsinstitutionen wie den Aufsichtsrat feststellen. Hier behalten Einstellungsmuster, die zwischen "großen" und "kleinen" Mitbestimmungsformen unterscheiden, Vorrang. Eine Tendenz, prozeßorientierte Mitbestimmungsformen am Arbeitsplatz zu favorisieren, ließ sich nicht zeigen.

7.6 Konsequenzen für die Gestaltung arbeitnehmerorientierter Beteiligungsmodelle

Beteiligungskonzepte wie Qualitätszirkel erzielen keine kurzfristigen Wirkungen in der Veränderung vorhandener Arbeitsbedingungen, gegebener Arbeitsorganisation, in den Führungsstrukturen und im Führungsverhalten sowie im Mitarbeiterverhalten. Soll die Unternehmens- und Partizipationskultur weiterentwickelt werden, ist eine sehr langfristig angelegte Strategie zu wählen. Unternehmen, die sich von Arbeitnehmerbeteiligungsmodellen die schnelle Rendite erwarten, sind schon häufig genug auf den Bauch gefallen. Arbeitnehmerbeteiligung im Rahmen meiner Modellvorstellung (s. Abb. 12) kann sich nur auf der Grundlage gesicherter Beschäftigung und eines minimierten innerbetrieblichen Arbeitsplatzrisikos fruchtbar entwickeln. Eine Politik des "hire and fire" sowie permanenter Arbeitsplatzwechsel der im Betrieb Beschäftigten führt zu erlebtem Kontrollverlust, Hilflosigkeit, Ohnmachtsgefühlen und Resignation. Die in vielen Industriebetrieben gemachte Beobachtung der Arbeitsunwilligkeit, innerer Kündigung und hoher Abwesenheitsraten hängt auch mit reduzierten Handlungsspielräumen bzw. nicht vorhandenen Kontrollmöglichkeiten über die eigene Arbeitssituation zusammen. Da sich entsprechende Zustände langfristig aufbauen, ist auch nicht mit kurzfristigen Veränderungserfolgen zu rechnen. Entsprechend vielschichtig sollten Organisationsentwicklungskonzepte angelegt sein, die eine grundlegende Veränderung einer Organisation unter anderem durch Implementierung eines Beteiligungskonzepts anstreben. Auf die Aspekte der Arbeitsplatzsicherung und innerbetrieblichen Kontinuität habe ich schon hingewiesen. Daneben halte ich den Aspekt der Information und damit der indirekten Beteiligung an betrieblichen Entscheidungsprozessen für einen eigenständigen Aspekt individuellen Kontrollerlebens. Umfang und Grad der Informiertheit sowie Glaubwürdigkeit der Informationsträger tragen wesentlich zur zumindest ideellen Teilhabe an Entscheidungsprozessen bei, sind jedoch auch Grundlage für eigenes Handeln, insbesondere im Feld betrieblicher Beteiligungsprozesse. Deshalb erscheint mir eine ausgebaute betriebliche Informations- und Kommunikationsstruktur als unabdingbare Voraussetzung für jeden Beteiligungsprozeß. Damit verbunden ist eine enge Abstimmung mit der Interessenvertretung über Zielsetzung, Planung und Durchführung von Veränderungsmaßnahmen. Über die Abstimmung und rechtliche Fixierung von Maßnahmen mit den gewählten Arbeitnehmervertretern ist in der Regel sowohlein hohes Maß an Handlungsicherheit für alle Beteiligten gegeben als auch die Glaubwürdigkeit in den Augen der Beschäftigten gestärkt.

Wir wissen, daß für die Verwirklichung einer persönlichkeitsförderlichen Arbeitsgestaltung (Ulich, 1978) mit der Optimierung des Tätigkeitsspielraums, d.h. des individuellen und kollektiven Handlungs-, Gestaltungs- und Entscheidungsspielraums, eine partizipative Strategie am erfolgversprechendsten ist. Diese Erkenntnis wird merkwürdigerweise nicht oder nur unzureichend auf die Konzeption und Implementierung von Beteiligungskonzepten angewandt.

Weder bei der Konkretisierung der VW-Zirkel-Idee noch bei anderen mir bekannten QZ-Konzepten wurde die Beteiligung der Betroffenen in der Konzeptphase konsequent verfolgt. Dieser Mangel wird meines Erachtens auch am Informationskonzept des VW-Zirkel-Beraterteams deutlich. Das sehr aufwendig und professionell gestaltete Informationsmaterial wurde für den flächendeckenden Einsatz konzipiert. Dieses Material kann dem Beschäftigten meines Erachtens als fremdbestimmtes Produkt gegenüberstehen, daß ihm vermittelt, er möchte sich doch bitte schön beteiligen. Kommunikationspsychologisch, im Sinne des Nachrichtenmodells nach Schulz von Thun (1981), besteht die Gefahr, daß ein Schwergewicht der Botschaft auf einem negativen Aspekt der Beziehungsseite liegt. Unter dem Eindruck "Da will mir jemand was verkaufen" ist nicht ausgeschlossen, daß Mißtrauen entstehen kann.

Im Rahmen der gewerkschaftlichen Informationsveranstaltungen habe ich sehr gute Erfahrungen mit von den Referenten selbst erstellten Informationsmaterialien (Folien, Wandzeitungen usw.) gemacht, die die Diskussion sehr angeregt haben. Die eigene kreative Arbeit fördert dabei die inhaltliche Auseinandersetzung, differenziert die eigene Position und fördert sowohl die Identifikation des Informierenden mit dem Thema als auch das Interesse und die Akzeptanz bei den zu Informierenden. Daraus abgeleitet müßten Informationsveranstaltungen über Beteiligungsmodelle ausschließlich als Workshop mit erarbeitendem Charakter organisiert sein.

Konsequent zu Ende gedacht, müßte der Beteiligungsgedanke sich neben dem Informationsmaterial auch auf das Beteiligungsmodell, also die werks-, bereichs- und abteilungsspezifische Umsetzung und Weiterentwicklung des Ansatzes, beziehen. Was ist schlimm daran, wenn Koordinatoren, Multiplikatoren, Förderer, Moderatoren, Zirkelteilnehmer, Führungskräfte, Betriebsräte und Vertrauensleute auf der Grundlage einer Betriebsvereinbarung ihr Beteiligungsmodell bereichsspezifisch weiterentwickeln und damit die Motivation, das Zirkelkonzept zum eigenen Projekt zu machen, gesteigert wird?
QZ-Konzepte leiden darunter, wenn der Schatten unzureichender Handlungs- und Gestaltungsspielräume auf sie fällt. QZ als durchgehend gleichgeschaltetes Konzept umzusetzen, erfordert einen immensen Kontroll- und Durchsetzungsaufwand, der in

keinem Verhältnis zur eigentlichen Aufgabe steht. Dieser Kontroll- und Durchsetzungsaufwand zur Vereinheitlichung des QZ-Konzepts wird den hochdifferenzierten strukturellen, sozialen und individuellen Gegebenheiten in einem Unternehmen nicht gerecht. Die große Gefahr eines solchen Ansatzes besteht darin, daß die Beratungsfunktionen betrieblicher Fachstellen sich zugunsten starker Kontroll- und Aufsichtsfunktionen wandelt, die dem Beteiligungsgedanken zuwiderläuft.

Über diese grundsätzlichen Gestaltungsaspekte von Beteiligungsmodellen hinaus möchte ich zum Abschluß auf die für mich wesentlichen Gestaltungsmerkmale für arbeitnehmerorientierte Beteiligungsmodelle hinweisen.

(1) Beteiligungs- und Umsetzungsrechte

Die Möglichkeit zur Entwicklung von Entscheidungs- und Gestaltungskompetenz ist durch entsprechende Beteiligungs- und Umsetzungsrechte zu gewährleisten. Neben die umfangreiche rechtliche Absicherung der Einflußnahme der Interessenvertretung, wie sie in der VW-Zirkel Betriebsvereinbarung vorbildlich geschehen ist, sollten die Umsetzungsmöglichkeiten der VW-Zirkel-Gruppen gestärkt werden. Nach wie vor ist die große Gefahr gegeben, daß sich eine Orientierung auf ausschließlich rationalisierungsrelevante Umsetzungen bei den betrieblichen Führungskräften durchsetzt.

(2) Zeitautonomie

Zeitautonomie als Grundlage von Beteiligung erfordert entsprechende Maßnahmen in der mittel- und langfristigen Vorbereitung eines Beteiligungskonzepts. Durch ein Fertigungslayout mit ausreichenden zeitlichen Spielräumen kann die Möglichkeit zur flexiblen Organisation von Gruppentreffen gewährleistet werden. Eine entsprechende Personalbemessung, die z.B. Beteiligungszeiten von einer Stunde pro Woche für jeden Beschäftigten berücksichtigt, ist anzustreben. Die Bereitstellung notwendiger Räumlichkeiten in Arbeitsplatznähe mag als Trivialität erscheinen, muß jedoch eingeplant werden.

(3) Qualifizierung zur Beteiligung

Die Qualifizierung zur Beteiligung hat bei den Beschäftigten, den Führungskräften und Interessenvertretern anzusetzen. Hier ist von einer langfristigen und kontinuierlichen Arbeit auszugehen. Ansätze in der "Neuordnung der Berufe", in der gewerkschaftlichen Bildungsarbeit und den Führungskräftetrainings müßten durch hierarchieübergreifenden Erfahrungsaustausch auf Abteilungsebene ergänzt werden. Im Rahmen der gewerkschaftlichen Arbeit im Betrieb wären ähnliche Gruppen notwendig.

(4) Teilnahme an Planungs- und Arbeitsgestaltungsprozessen

Zentral für den Erfolg eines Beteiligungskonzepts wird jedoch die Veränderung objektiver Gegebenheiten der Arbeitssituation sein. Vorrangig wird die Ausweitung des Handlungsspielraums in der Arbeitstätigkeit durch Teilnahme an Planungs- und Arbeitsgestaltungsprozessen über den Erfolg von Arbeitnehmerbeteiligung entscheiden. Entmenschlichte Teiltätigkeiten auf der einen Seite und Beteiligung im Qualitätszirkel auf der anderen Seite gehen nicht zusammen. In solch einem Fall bringt sich eine Zirkelidee selbst zum Scheitern.

Kapitel 8
Perspektiven der Arbeitnehmerbeteiligung bei der Volkswagen AG

In meinen Ausgangsüberlegungen habe ich auf die bedeutende Rolle direkter Arbeitnehmerbeteiligung für die Weiterentwicklung einer demokratischen Unternehmensverfassung, für die zeitgerechte Fortschreibung gewerkschaftlicher Mitbestimmungsideen und die Bewältigung zukünftiger Anforderungen der Gestaltung des Produktionsprozesses und der Technologieanwendung hingewiesen.

Im Rahmen meiner Arbeit habe ich die Strategie und erste Erfolge einer offensiven Mitbestimmungspolitik zum Ausbau einer Mitbestimmung am Arbeitsplatz durch die gewerkschaftliche Interessenvertretung der Volkswagen AG aufgezeigt. VW-Zirkel werden jedoch zukünftig nur ein Element, wenn auch ein wichtiges, einer offensiven gestaltungsorientierten Politik zum Ausbau direkter Arbeitnehmerbeteiligung sein. Es werden sich zukünftig drei wesentliche Arbeitsfelder direkter Arbeitnehmerbeteiligung herauskristallisieren, die hier kurz umrissen werden sollen:

(1) Die Weiterentwicklung des VW-Zirkel-Konzepts und seine Verknüpfung mit anderen betrieblichen Funktionsbereichen.

(2) Die Beteiligung der Arbeitnehmer bei der Planung und Feingestaltung neuer Anlagen und Produktionseinrichtungen.

(3) Die Einführung von qualifizierter Gruppenarbeit als beteiligungsorientierte Konzeption der Arbeitsorganisation.

8.1 Die Weiterentwicklung des VW-Zirkel-Konzepts und seine Verknüpfung mit anderen betrieblichen Funktionsbereichen

Die Weiterentwicklung des VW-Zirkel-Konzepts durch das VW-Zirkel-Beraterteam, die Koordinatoren, Moderatoren und die Zirkelteilnehmer erfolgt als eigenständiger Prozeß. Dabei gibt es interessante Entwicklungen kooperativer Selbstqualifikation und der Verknüpfung des VW-Zirkel-Konzepts mit anderen Ansätzen, auf die hier näher eingegangen werden soll.

Nach meinen Erfahrungen finden Prozesse kooperativer Selbstqualifikation jenseits der Ebene formaler Regelungen verstärkt im Austausch der Moderatoren untereinander statt. Insbesondere in gut funktionierenden Moderatorenrunden lösen sich die Teilnehmer von den Vorgaben des Koordinators und gestalten diese erfahrungsorientierten Lerngruppen selbständig nach ihren eigenen Vorstellungen.

Nach den vorliegenden Erfahrungen mit dem VW-Zirkel-Konzept gibt es weiterhin Hinweise darauf, daß verstärkt kooperative Lernprozesse in den Zirkelgruppen stattfinden. Der Aspekt des Ausbaus sozialer Kompetenzen erhält stärkere Bedeutung. Die Lerneffekte, im Sinne einer Teamentwicklungsmaßnahme, beziehen sich derzeit fast ausschließlich auf die Mitarbeiter der unteren Hierarchieebene. Zukünftig sollten die direkten Vorgesetzten verstärkt in diesen Prozeß einbezogen werden, damit gerade diese Gruppe an den sozialen Lernprozessen in VW-Zirkeln partizipieren kann. Die Vorgesetzten können am Beispiel der Zirkelarbeit ein neues Führungsmodell erleben, wie es in wesentlichen Aspekten den zukünftigen Anforderungen an Führungsqualitäten in der Fabrik der Zukunft entsprechen wird. Bereits heute ist klar, daß neben der fachlichen Aufgabe die sozial-kommunikative Kompetenz der Führungskräfte zunehmend an Bedeutung gewinnt. Kooperative Selbstqualifikation in VW-Zirkeln sollte deshalb nach meiner Einschätzung die erste Führungsebene des Unternehmens einbeziehen.

Eine Möglichkeit der Weiterentwicklung des VW-Zirkel-Gedankens besteht in der Verknüpfung mit anderen betrieblichen Funktionsbereichen. Ein nach meiner Ansicht besonders tragfähiger und effektiver Ansatz ist die Verknüpfung von VW-Zirkeln mit der betrieblichen Sicherheitsarbeit. Ein denkbares Konzept begreift die Sicherheitsunterweisung als problemzentrierten Sicherheitsdialog über sicherheitsrelevante Probleme im Arbeitsbereich. Aus der betrieblichen Sicherheitsunterweisung heraus können Zirkel zu speziellen, umfassenderen Themenstellungen initiiert werden, die in der Unterweisung nicht bearbeitbar sind. Die Diskussion über mögliche Ursachen von Sicherheitsproblemen im VW-Zirkel erhöht gleichzeitig die Teamfähigkeit und das Sicherheitsbewußtsein. Nach meiner Einschätzung führt dies zu einer gesteigerten Verantwortlichkeit für die Arbeitssicherheit im Arbeitsbereich.

8.2 Die Beteiligung der Arbeitnehmer bei der Planung und Feingestaltung neuer Anlagen und Produktionseinrichtungen

Auf der Basis der veränderten §§ 90/91 des Betriebsverfassungsgesetzes, die die Unterrichtungs- und Beratungsrechte des Betriebsrates bei der Gestaltung von Arbeitsplatz, Arbeitsablauf und Arbeitsumgebung umfassender als bisher regeln, und auf der Grundlage des "Tarifvertrag zur sozialen Sicherung der Arbeitnehmer bei technischen und organisatorischen Änderungen" zwischen IGM und Volkswagen bieten sich weitreichende Möglichkeiten direkter Arbeitnehmerbeteiligung.

Im Tarifvertrag "Soziale Sicherung", wie ich ihn im folgenden nenne, verpflichtet sich das Unternehmen nach Hiller (1988):

> "... den Betriebsrat über das Ziel und die Durchführungsmethoden eines Planungsvorhabens bereits in der Grobplanungsphase zu informieren. Grobplanungsphase bedeutet, daß der Entscheidungsprozeß über die Anlagenkonzeption nicht abgeschlossen sein darf, sondern für Alternativlösungen offen sein muß." ... "Die Informationen zu den Planungsvorhaben sind so zu gestalten, daß eine Einflußnahme des Betriebsrats möglich ist. Damit bietet der Tarifvertrag "Soziale Sicherung" die Chance, eine strategische Verbindung der Beeinflussung von Technikkonzepten mit der Gestaltung von Arbeitsinhalten und der Qualifizierung der Betroffenen herzustellen."

Hier bieten sich konkrete Ansatzpunkte für die Einbeziehung der Beschäftigten in die Planung und Feingestaltung neuer Anlagen und Organisationsformen. Damit könnte ein Weg eingeschlagen werden, den Fürstenberg 1985 im Rahmen einer Tagung zu "Technischer Wandel und Qualifizierung" in Wolfsburg darstellte. Danach muß es gelingen, in der betrieblichen Gestaltungs- und Qualifizierungspolitik von einer anforderungs- und beanspruchungsorientierten Planung zu einer bedürfnis- und interessenorientierten Planung zu gelangen. Nach diesem Konzept wird nicht mehr gefragt, wieviel Personal mit welchen Fähigkeiten für eine neue Anlage benötigt wird, sondern welche Personen mit welchen Qualifikationen vorhanden sind und wie diese Qualifikationen optimal entwickelt und eingesetzt werden können.

Ein zur Zeit für manchen vielleicht utopisches Gedankenspiel, das sich unter verstärkter Einbeziehung der Beschäftigten und in enger Zusammenarbeit von Personalwesen, Bildungswesen und den Planungsabteilungen realisieren ließe.

Bei der Einführung neuer Techniken, aber auch ganz allgemein bei Reorganisationsmaßnahmen, läßt sich bereits heute eine beteiligungsorientierte Vorgehensweise mit einem integrierten Qualifizierungsprogramm kombinieren. Ausgangsüberlegung ist dabei, daß bei der Einführung eines neuen Systems oder bei organisatorischen Änderungen die betroffenen Mitarbeiter so früh wie möglich zu Beteiligten des Veränderungsprozesses werden. Sie können dabei sowohl ihr Erfahrungs- und Expertenwissen einbringen als auch durch die Übernahme einer aktiven Rolle bei Planung, Aufbau und Anlauf einer neuen Anlage frühzeitig Korrekturen einbringen - Korrekturen, die kostspielige Nachrüstungen verhindern helfen können.

Im Rahmen beteiligungsorientierter Veränderungsmaßnahmen sind folgende Schritte vorzusehen:

1. Bildung eines Projektteams, in dem alle beteiligten Stellen und die betroffenen Mitarbeiter vertreten sind.
2. Umfassende Information aller betroffenen Mitarbeiter durch das Projekteam.
3. Mitarbeiterbezogene Ermittlung des Ist-Zustandes mit breiter und direkter Beteiligung der Betroffenen.
4. Erarbeitung eines technischen, organisatorischen, personellen Soll-Konzepts unter Beteiligung der Betroffenen.
5. Erarbeitung eines technischen, organisatorischen, personellen Realisierungskonzepts mit zeitlichen Vorgaben.
6. Erfassung der Auswirkungen der geplanten Veränderungen auf die Mitarbeiter.
7. Diskussion des Gesamtkonzepts mit allen Beteiligten und Berücksichtigung notwendiger Ergänzungen und Korrekturen.
8. Umsetzung unter direkter Beteiligung der Mitarbeiter.
9. Begleitung des Umsetzungsprozesses durch das Projekteam.
10. Auswertung der gesammelten Erfahrungen.

Auf der Basis dieser Vorgehensweise ließen sich viele grundsätzliche Probleme bei Reorganisationsmaßnahmen mildern. Erleben Mitarbeiter die Beeinflußbarkeit und Gestaltbarkeit von Veränderungen, so können sie zukünftige Anforderungen rechtzeitig erkennen. Aktive Bewältigungsstrategien werden für das einzelne Organisationsmitglied dadurch erst möglich.

8.3 Die Einführung von qualifizierter Gruppenarbeit als beteiligungsorientierte Konzeption der Arbeitsorganisation

Die Veränderung der Arbeitsorganisation durch die Einführung von qualifizierter Gruppenarbeit ist eng mit dem immer umfangreicheren Einsatz neuer Technologien im Fertigungsprozeß verknüpft. Tätigkeitsinhalte und Arbeitsfunktionen werden zunehmend durch das Erfordernis einer möglichst störungsfreien und effektiven Nutzung der Anlagen bestimmt. Gruppenarbeit in einem veränderten technologisch-ökonomischen Rahmen verlangt deshalb eine Mitbestimmungsstrategie, die die Gestaltung von Technik und Arbeitsorganisation, die Qualifikation und die Leistungsbemessung gleichermaßen berücksichtigt.

Für die gewerkschaftliche Interessenvertretung der Volkswagen AG steht die menschengerechte Gestaltung der Arbeit im Mittelpunkt ihrer Ziele von Gruppenarbeit. In einer Grundsatzerklärung über die Rolle der Gruppenarbeit für die Gestaltung einer demokratischen und sozialfortschrittlichen Arbeitskultur formuliert der Gesamtbetriebsrat der Volkswagen AG (1988) unter anderem:

> "Uns muß es darum gehen, daß Arbeitnehmer an ihren Arbeitsplätzen kraft ihres freien Willens und der Einsicht in die wesentlichen gesellschaftlichen und betrieblichen Rahmenbedingungen qualifiziert und verantwortungsbewußt handeln, weil sie in ihrer Arbeit in fachlicher, materieller und sozialer Hinsicht Befriedigung finden."

In zwölf, von mir in zusammengefaßter Form dargestellten, Eckpunkten zur Gruppenarbeit wird vom Gesamtbetriebsrat der Volkswagen AG (1988) fixiert, welche Entwicklungen hinsichtlich der Gruppenarbeit bei Volkswagen angestrebt werden:

1. Der Arbeitsgruppe wird ein hohes Maß an unterschiedlichen Arbeitsaufgaben übertragen, die eine qualifizierte und abwechselungsreiche Arbeit ermöglichen, selbstverantwortliche dispositive Entscheidungen zulassen, Belastungswechsel erlauben und Wechsel zwischen taktabhängiger und taktunabhängiger Arbeit ermöglichen.

2. Die Arbeitsgruppe entscheidet im Rahmen gegebener Gesetze und Vereinbarungen über Rotationsregelungen, die Qualität der ihren Arbeitsbereich verlassenden Produkte, Dienstleistungen und Informationen, die Beschaffung von Arbeitsmitteln, die zeitliche Lage von Gruppengesprächen und den Qualifizierungsbedarf der Gruppenmitglieder.

3. Es wird die gleiche Entlohnung für alle Mitglieder der Arbeitsgruppe angestrebt. Dies ist durch entsprechende Qualifizierungsmaßnahmen sicherzustellen. Unter besonderen Bedingungen können bis zu drei verschiedene Entlohnungsstufen vorhanden sein.

4. Gruppenarbeit soll allen Arbeitnehmern zugute kommen, die sie wünschen. Es sind Bedingungen sicherzustellen (z.B. durch ausreichende Personalbemessung), daß mitmenschliche Zuwendung und Unterstützung in der Arbeitsgruppe möglich ist und gefördert wird und sich ein gutes Arbeitsklima entwickeln kann. Leistungsgewandelte, Schwerbehinderte oder Personengruppen mit einer schwächeren sozialen Stellung sind bei der Gruppenzusammensetzung zu berücksichtigen.

5. Die persönliche und berufliche Weiterentwicklung des einzelnen und der Gruppe soll durch geeignete Qualifizierungsmaßnahmen gefördert werden. Im Rahmen einer halbjährigen Qualifizierungsbilanz definiert die Gruppe ihren zukünftigen Qualifizierungsbedarf.

6. Die Arbeitsgruppe führt regelmäßig Gruppengespräche durch. Dafür steht mindestens eine Stunde pro Woche zur Verfügung.

7. Die freiwillige Beteiligung an der Gruppenarbeit ist sicherzustellen. Benachteiligungen dürfen nicht entstehen.

8. Die Arbeitsgruppe vertritt ihre Interessen im Rahmen des betrieblichen Interessenvertretungssystems.
9. Es sind zur Entfaltung der Gruppenarbeit dezentrale (d.h. arbeitsplatz- und werkstattorientierte) Technik- und Fertigungsorganisationskonzepte zu bevorzugen.
10. Die Arbeitsgruppen sind als selbstregulierende Organisationseinheiten zu verstehen. Die betrieblichen Entscheidungsstrukturen sind entsprechend zu dezentralisieren und zu enthierarchisieren.
11. Es sind Pilotprojekte in allen Werken vor der allgemeinen Einführung durchzuführen. Es erfolgt eine Auswertung der jeweiligen Pilotprojekte.
12. Zur Koordination aller Aktivitäten, zur Entwicklung von Gruppenarbeitsformen und der Einführung von Gruppenarbeit wird auf Unternehmensebene ein VW-Gruppenarbeit-Steuerkreis gebildet.

Diese Gestaltungseckpunkte haben eine zukunftsweisende, beteiligungsorientierte Arbeitsorganisation verbunden mit einer entsprechenden Technologiepolitik zum Ziel. Mit den Erfahrungen des seit Herbst 1989 laufenden Pilotprojekts "Halle 53 A" und weiteren Pilotprojekten wird die Basis für ein differenziertes, beteiligungsorientiertes Vorgehen bereits in der konzeptionellen Phase eines Gruppenarbeitsprojekts gelegt.

8.4 Konsequenzen für die betriebliche Interessenvertretung

Die vorhandenen Erfahrungen mit neuen Organisations- und Produktionskonzepten zeigen die hohe Gestaltbarkeit der Arbeit im Zusammenhang mit neuen Technologien. Die Arbeit wird aufgrund dieser Tendenz aber auch immer weniger standardisierbar und planbar. Ganzheitliche Arbeitsstrukturen mit mehr dezentraler Verantwortung und Selbstregulierung werden gekoppelt mit Partizipationstrategien, die immer gezielter den einzelnen ansprechen.

Die Wirkungen der neuen Beteiligungs-, Organisations- und Produktionskonzepte lassen keine Ebene des Unternehmens unberührt. Dadurch verändern sich nicht nur die Hierarchie und die Arbeitsorganisation, sondern dadurch werden auch die bisherigen Formen von Entlohnung, Leistungsbeurteilung, Qualifikation, Arbeitsgestaltung, Personalpolitik, Mitbestimmungsregularien und die Arbeitsformen der Interessenvertretung in Frage gestellt.

Gerade die betrieblichen Beteiligungsstrategien, aber auch Beteiligungswünsche der Beschäftigten nach mehr Selbststeuerung und mehr Selbstverantwortung, sind enorme Herausforderungen an die Interessenvertretung im Betrieb. Stellt sich die Interessenvertretung nicht diesen neuen Anforderungen, so werden langfristig ihre Wirkungsmöglichkeiten schwinden. Gewerkschaftliche Betriebspolitik muß die Chance nutzen, über mehr Mitbestimmung am Arbeitsplatz die individuellen Forderungen und Bedürfnisse der Arbeitnehmer aktiv aufzugreifen. Die Entwicklung und Durchsetzung alternativer Konzepte bei der Gestaltung von Arbeit und Technik hängt zudem wesentlich von der Beteiligung der Beschäftigten und der Einbeziehung ihres Sachverstandes in die Arbeit der Interessenvertretung ab. Nur so kann erreicht werden, daß die institutionalisierte gewerkschaftliche und betriebliche Interessenvertretung sinnvoll ergänzt und weiterentwickelt wird.

So weist Roth (1990) darauf hin:

> "Nicht zuletzt wird die Interessenvertretung im Betrieb ihre Arbeitsweise den genannten Anforderungen anpassen müssen. In Zukunft wird hier ein Funktionswechsel erforderlich sein, um stärker als bisher
>
> - die Arbeit im Team zu organisieren,
> - Informations- und Kooperationsprozesse in die Wege zu leiten,
> - gezielt Fachleute und Experten heranzuziehen,
> - Beteiligungs- und Abstimmungsprozesse untereinander und mit verschiedenen Belegschaftgruppen zu organisieren."

Anstelle des Denkens in kausalen Ursache-Wirkungs-Zusammenhängen muß nach Roth zukünftig das Denken in komplexen Zusammenhängen und Abhängigkeiten, angelehnt an kybernetische Sichtweisen, treten müssen. Anstelle des verantwortlichen, aber isolierten Handelns für andere, wird das gemeinsame Handeln mit allen Betroffenen treten - mit allen Konsequenzen für umfassendes Informieren und Beteiligen.

Über den Weg einer beteiligungsorientierten Betriebspolitik werden kollektive Schutz- und Gestaltungmöglichkeiten weiterentwickelt, die den Bedürfnissen des einzelnen Beschäftigten Rechnung tragen, die politische Wirkungsfähigkeit der Interessenvertretung erhöhen und insgesamt einen Beitrag zur Demokratisierung des Betriebes leisten.

Kapitel 9
Zusammenfassung

Qualitätszirkel als Modell der Arbeitnehmerbeteiligung am Arbeitsplatz haben in den letzten Jahren eine rasante Verbreitung in deutschen Unternehmen erfahren. Dieser Entwicklung übergeordnet sind grundlegende Veränderungen der industriellen Arbeitsbeziehungen. Unter dem Druck veränderter Absatz- und Produktionsbedingungen bekommen dezentrale und flexible Organisationseinheiten mit hoher Verantwortlichkeit und Selbstständigkeit der Beschäftigten immer größere Bedeutung.

Insbesondere in der Automobilindustrie hat sich aufgrund des Wettbewerbsdrucks die Innovationsbereitschaft bei Management und Interessenvertretungen erheblich gesteigert. Besonders umstritten ist allerdings die Frage direkter Arbeitnehmerbeteiligung an Entscheidungs- und Gestaltungsprozessen in der Arbeit. Sowohl auf Seiten des Managements als auch auf der Seite der gewerkschaftlichen Interessenvertretungen gibt es neben großen Hoffnungen in Konzepte direkter Arbeitnehmerbeteiligung erhebliche Bedenken gegen zu tiefgreifende Veränderungen bestehender Strukturen. Angeregt durch dieses Spannungsfeld wird Arbeitnehmerbeteiligung am Arbeitsplatz am Beispiel der Volkswagen AG empirisch untersucht.

Aus der Diskussion handlungspsychologischer, kontrolltheoretischer und motivationspsychologischer Konzepte wird eine psychologische Modellvorstellung vom Beteiligunsgprozeß abgeleitet. Wesentlich ist die Erkenntnis, daß Beteiligungsaktivierung und Beteiligungslernen nur zu erwarten sind, wenn sich für die Beschäftigten wahrnehmbare Veränderungen ihrer Arbeitssituation ergeben.

Qualitätszirkel als ein Beteiligungsansatz stehen in Konkurrenz zu anderen Beteiligungsmöglichkeiten im Betrieb und müssen sich Effektivitätsbewertungen der Beschäftigten stellen. Kriterien für die Wahl einer Beteiligungsalternative sind neben der Problemstellung und der persönlichen Zielstellung vor allem die Anstrengungen zur Zielerreichung, Kontrollerwartungen und Belohnungsfragen.

Charakteristisch für das Modell der Volkswagen AG ist der auf einer richtungsweisenden Betriebsvereinbarung basierende Einführungsprozeß der VW-Zirkel durch das Management und den Betriebsrat. Bestandteil des Einführungsprozesses ist ein umfassendes Informationskonzept für die Beschäftigten. Gewerkschaftliche Bildungsmaßnahmen über Arbeitnehmerbeteiligung am Arbeitsplatz sollen die aktive Nutzung des Beteiligungsangebots VW-Zirkel unterstützen.

In einer empirischen Untersuchung mit einem Vorher-Nachher-Kontrollgruppendesign werden Veränderungen des Anregungsgehalts der Arbeitssituation, der Handlungs-, Gestaltungs- und Kooperationsspielräume, subjektiver Kontrollüberzeugungen und individueller Beteiligungsorientierungen bei Beschäftigten unterschiedlicher Arbeitsbereiche analysiert.

Ein Nachweis der Veränderung des subjektiv erlebten Anregungsgehalts der Arbeitssituation konnte nicht erbracht werden. Der wahrgenommene Einfluß auf die Gestaltung der Arbeitssituation ist in der Experimentalgruppe mit Zirkelmöglichkeit, nach nur 17 Monaten durchschnittlicher Zirkelerfahrungen, jedoch signifikant höher ausgeprägt als in der Kontrollgruppe ohne Zirkelmöglichkeit.

Im Vergleich zu anderen Beteiligungsträgern, wie den betrieblichen Vorgesetzten, den Betriebsräten, dem betrieblichen Vorschlagswesen und den Fachabteilungen, zeichnet sich die VW-Zirkel-Idee besonders durch das große Vertrauen der Beschäftigten in gute Lösungen und die ausgeprägt hohe Einschätzung, selbst Einfluß auf die Lösung zu haben, aus. Eine Neubewertung persönlicher Beteiligungsmöglichkeiten am Arbeitsplatz durch VW-Zirkel-Aktivitäten konnte aufgezeigt werden.

Unabhängig von der Haltung, VW-Zirkel als Form der Mitbestimmung am Arbeitsplatz zu akzeptieren, finden sich für die Ziele gewerkschaftlicher Mitbestimmung und Mitbestimmungspolitik stabile Einstellungsmuster. Erste Präferenz erhält nach wie vor die Beschäftigungs- und Arbeitsplatzsicherung. Bei den Befragten der Zirkelbereiche zeigt sich eine Tendenz, dem Einfluß auf Investitionsentscheidungen höhere Bedeutung beizumessen.

Als Konsequenz für die Gestaltung von Beteiligungsmodellen wird auf zentrale Merkmale wie Beteiligungs- und Umsetzungsrechte, Zeitautonomie, Qualifikation zur Beteiligung und Teilhabe an Planungs- und Arbeitsgestaltungsprozessen hingewiesen.

Perspektiven der Arbeitnehmerbeteiligung bei der Volkswagen AG ergeben sich aus der Weiterentwicklung des VW-Zirkel-Konzepts und seiner Verknüpfung mit anderen betrieblichen Konzepten, aus der Beteiligung der Arbeitnehmer bei der Planung und Feingestaltung neuer Anlagen und Produktionseinrichtungen und der Einführung von qualifizierter Gruppenarbeit.

Literaturverzeichnis

Alioth, A. (1980). Entwicklung und Einführung alternativer Arbeitsformen. Bern: Huber.

Baitsch, C. & Frei, F. (1980). Qualifizierung in der Arbeitstätigkeit. Bern: Huber.

Baitsch, C. (1985). Kompetenzentwicklung und partizipative Arbeitsgestaltung. Frankfurt a.M.: Peter Lang.

Bednarek, E. (1984). Veränderungen der Arbeitsmotivation durch Qualitätszirkel und Lernstatt. Dissertation. Fakultät für Wirtschaft und Sozialwissenschaften der TU München.

Berkel, K. (1986). Qualitätszirkel und Konflikt - Von der Episode zur Innovation. In: Bungard, W. & Wiendiek, G. (Hrsg.) Qualitätszirkel als Instrument zeitgemäßer Betriebsführung. Landsberg: Moderne Industrie.

Berkel, K. (1988). Qualitätszirkel - Ein Beitrag zur Organisationsentwicklung. In: Zeitschrift für Arbeits- und Organisationspsychologie, Heft 2/1988. Stuttgart:Hogrefe.

Blauner, R. (1964). Alienation and Freedom. Chicago: University of Chicago Press.

Bleicher, K. (1983). Organisationskulturen und Führungsphilosophien im Wettbewerb. In: Zeitschrift für betriebswirschaftliche Forschung 1983, 2, 135.

Bleicher W. (1990). Wandel der IG Metall zur Yuppie-Gewerkschaft? Beilage in: Die Mitbestimmung 1/90.

Breisig, T. (1984). Qualitätszirkel - Risiken, Chancen und Handlungsmöglichkeiten aus Arbeitnehmersicht. Arbeitspapier 84/5 zu Organisation, Automation und Führung, Universität Trier FB IV.

Briam, K.H. (1986). Arbeiten ohne Angst. Düsseldorf: Econ.

Brödner, P. (1985). Fabrik 2000 - Alternative Entwicklungspfade in die Zukunft der Fabrik. Berlin: sigma.

Bungard, W. & Wiendieck,G. (Hrsg.) (1986). Qualitätszirkel als Instrument zeitgemäßer Betriebsführung. Landsberg: Moderne Industrie.

Bungard, W. & Antoni, C. (1987). Quality Circles und andere Formen der Gruppenarbeit an der Basis. Eine Bestandsaufnahme bei den 100 größten deutschen Unternehmen. Dokumentation des 5. Deutschen Quality Circle Kongresses (287-325). Bad Soden.

Bungard W. (1988a). Qualitätszirkel als Instrument der Mitarbeiterqualifizierung. In: Methner, H. & Gebert, A. Arbeits- und Betriebspsychologie: Verantwortung und Leistung. Köln: Deutscher Psychologen Verlag.

Bungard, W. (1988b). Qualitätszirkel als Gegenstand der Arbeits- und Organisationspsychologie. In : Bungard, W. (Hg). Zeitschrift für Arbeits- und Organisationspsychologie, 2, 54.

Cohn, R. (1975). Von der Psychoanalyse zur themenzentrierten Interaktion. Stuttgart.

Deal, T.E. & Kennedy, A.A. (1982). Corporate Cultures. Reading Mass.

Deci, E. L. (1975). Intrinsic motivation. New York: Plenum Press

Decker, F. (1985). Aus- und Weiterbildung am Arbeitsplatz. München: Lexika.

Deppe, J. (1986). Qualitätszirkel - Ideenmanagement durch Gruppenarbeit. Frankfurt a.M.: Peter Lang.

Diefenbacher; H. Kißler, L.; Nuntzinger, G.; Teichert, M. (1984). Mitbestimmung: Norm und Wirklichkeit. Frankfurt a. M.: Campus.

Emery, F. u. Thorsrud, E. (1982). Industrielle Demokratie. Bern: Huber.

Endres, E. (1990). Macht und Solidarität. Hamburg: VSA.

Euler, H.P. (1977). Das Konfliktpotential industrieller Arbeitsstrukturen. Opladen: Westdeutscher Verlag.

Fitkau, B. u.a. (1983). Kommunikation lernen (und umlernen). Braunschweig: Pedersen.

Frank,U. & Schotte,E. (1989). Die Moderatorenrunde als Frühwarnsystem und Steuerungsinstrument. In: 8. Deutscher Quality Circle Kongress.

Frankenhaueser,M. (1986). A psychological framework for research on human stree and coping. In: Appley, M. H. & Trumbull, R. (Eds.). Dynamics of stress, 101-116, New York: Plenum.

Frese, M., Greif, S., Semmer, N. (Hrsg). Industrielle Psychopathologie. Bern: Huber

Frese, M. (1978). Partialisierte Handlung und Kontrolle. Zwei Themen industrieller Psychopathologie. In: Frese, M., Greif, S., Semmer, N. (Hrsg). Industrielle Psychopathologie. Bern: Huber, 159-183.

Fricke, E. (1981). Qualifikation und Beteiligung. New York: Campus.

Fricke, W. & Schuchardt, W. (Hrsg.) (1984). Beteiligung als Element gewerkschaftlicher Arbeitspolitik. Bonn: Neue Gesellschaft.

Fricke, W., Schuchardt, W. (1985). Innovatorische Qualifikationen. Bonn: Neue Gesellschaft.

Gardell,B. (1978). Arbeitsgestaltung, intrinsische Arbeitszufriedenheit und Gesundheit. In: Frese, M., Greif, S., Semmer, N. (Hrsg.) (1978). Industrielle Psychopathologie. Bern: Huber.

Girschner-Woldt, I. u.a. (1986). Beteiligung von Arbeitnehmern an betrieblichen Planungs- und Entscheidungsprozessen. Frankfurt a. M.: Campus.

Greif, S. (1983). Konzepte der Organisationspsychologie. Bern: Huber.

Hacker, W. (1978). Allgemeine Arbeits- und Ingenieurpsychologie. Berlin/DDR: Deutscher Verlag der Wissenschaften.

Hacker, W. (1986). Arbeitspsychologie. Bern: Huber.

Hacker, W. (1987). Software-Gestaltung als Arbeitsgestaltung. In : Fähnrich, K.P. (Hg.). Software Ergonomie. State of the Art 5. München: Oldenbourg, 29-42.

Hackman, J.R. & Oldham, G.R. (1974) The Job Diagnostic Survey: An Instrument for the Diagnosis of Jobs and The Evaluation of Job Redesign Projects. Catalog of Selected Documents in Psychology PAA.

Heller, F. A., Drenth, P. J. D., Koopman, P.,Rus, V. (1987) Decisions in organizations: A three country longitudinal study. London: Sage

Heidack, C. (Hg.) (1989). Lernen der Zukunft. München: Lexika.

Herzer, H. (1988). Qualitätszirkel als Beitrag zur Unternehmenskultur? Referat auf der Arbeitstagung der Ev. Akademie Bad Boll zum Thema "Unternehmen entdecken ihre Kultur".

Heckhausen, H. & Rheinberg, F. (1980). Lernmotivation im Unterricht, erneut betrachtet. In: Unterrichtswissensachaft, 8, 7-47.

Heckhausen, H. (1989). Motivation und Handeln: Lehrbuch der Motivationspsychologie. Bern: Springer.

Hildebrandt, E. & Seltz, R. (Hrsg.) (1987). Managmentstrategien und Kontrolle. Berlin: sigma.

Hildebrandt, E. & Seltz, R. (1989). Informationstechnologische Rationalisierung und industrielle Beziehungen: Thesen zu einem Vergleich zwischen Automobilindustrie und Maschinenbau. In: Aichholzer, G. & Schienstock, G. (Hrsg.). Arbeitsbeziehungen im technischen Wandel. Berlin: Sigma. 89-114.

Hiller, W. (1987). Die Zukunft der Interessenvertretung. In: IG Metall Wolfsburg (Hrsg.). Zukunft der Automobilindustrie, Symposium. Wolfsburg: IG Metall, 133-143.

Hiller, W. (1988). Die Bedeutung der Gruppenarbeit für die Zukunft der Interessenvertretung der Arbeitnehmer bei Volkswagen. In: Roth,S. & Kohl, H. (Hrsg.) (1988). Perspektive Gruppenarbeit. Köln: Bund.

Hiller, W. (1990). Die Zukunft der Interessenvertretung. In: IG Metall Wolfsburg (Hrsg.). Zukunft der Automobilindustrie, 2. Symposium. Wolfsburg: IG Metall, 81-96.

Himmelmann, G. (1977). Arbeitsorientierte Arbeitslehre. Opladen: Westdeutscher Verlag.

Himmelmann, G. (1986). Mitbestimmung bei der Produktion und bei den Produkten - Möglichkeiten und Grenzen. In: Die Mitbestimmung 5, 221-224.

Hoff, E.H. (1989a). Arbeit, Freizeit, Persönlichkeit. Bern: Huber.

Hoff, E.H (1989b.) Erfassung des Kontrollbewußtseins durch Interviews. In: Krampen, G. (1989). Diagnostik von Attributionen und Kontrollüberzeugungen. Göttingen: Hogrefe.

Hohner, H.-U. (1987). Kontrollbewußtsein und berufliches Handeln. Bern: Huber.

Holleis, W. (1987). Unternehmenskultur und moderne Psyche. Frankfurt a.M.: Campus.

Industrial Democracy in Europe (IDE) - International Research Group (1981). Industrial Democracy in Europe. London: Oxford University Press

Industriegewerkschaft Metall (Hrsg.) (1984). Neue Formen der Gruppenarbeit: Qualitätszirkel.

Industriegewerkschaft Metall (Hrsg.) (1989). Solidarität und Freiheit - Leitlinien der IG Metall zur gesellschaftlichen und gewerkschaftlichen Reform.

Jürgens, U., Malsch, T., Dohse, K. (1989). Moderne Zeiten in der Automobilindustrie. Berlin: Springer.

Jürgens, U. (1990). Produktionskonzepte und Standortstrategien in der Weltautomobilindustrie. In: IG Metall Wolfsburg (Hrsg.). Zukunft der Automobilindustrie, 2. Symposium. Wolfsburg: IG Metall, 13-34.

Karasek, R.A. (1979). Job demands, job decision latitude and mental strain: implications for job redesign. Administrative Science Quarterly, 24, 285-308.

Kaßebaum, B. (1989). Interessenvertretung und Beteiligung. In: Die Mitbestimmung 8/89, 453-456.

Katz, D. & Kahn, R.L. (1978). The social psychology of organisations. New York: Wiley.

Kern, H. & Schumann, M. (1984). Das Ende der Arbeitsteilung? München: Beck.

Kern, H. (1988). Der moderne Arbeitnehmer läßt sich nicht an die Kandare nehmen. In: Frankfurter Rundschau v. 12.08.1988, S. 16.

Kieser, A. & Kubicek, H. (1978): Organisationstheorien, 2 Bände. Stuttgart: Kohlhammer.

Kißler, L. (1980). Partizipation als Lernprozeß. Frankfurt a.M.: Campus.

Kißler, L. (1987). Risiken und Chancen für die Mitbestimmung am Arbeitsplatz. In: Die Mitbestimmung 11/87, 705-707.

Klebe, T. & Roth, S. (1988). Selbststeuerung der Arbeit und neue Unternehmensstrategien. In Roth, S. & Kohl, H. (Hrsg.). Perspektive Gruppenarbeit. Köln: Bund. 15-40.

Klipstein, M. v. & Strümpel, B. (Hrsg.) (1985). Gewandelte Werte - Erstarrte Strukturen. Wie die Bürger Arbeit und Wirtschaft erleben. Bonn.

Knuth, M. (1983). Gewerkschaften-Mitbestimmung-Qualitätszirkel. In: Die Mitbestimmung 10, 448-451.

Koch, G. (1987). Arbeitnehmer steuern mit. Köln: Bund.

Kohn, M. & Schooler, C. (1973). Occupational experience and psychological functioning: an assessment of reciprocal effects. American Sociological Review, 38, 97-118.

Kohn, M. & Schooler, C. (1978). The reciprocal effect of the substantive complexity of work and intellectual flexibility: A longitudional assesssment. American Journal of Sociology, 84, 24-52.

Kohn, M. & Schooler, C. (1983). Work and Personality. New York: Norwood.

Kowling, A. (1988). Arbeitsmarktpolitik im Großunternehmen. In: Meyer-Dohm u.a. (Hrsg.). Der Mensch im Unternehmen. Stuttgart: Haupt. 181-190.

Krampen, G. (1989). Diagnostik von Attributionen und Kontrollüberzeugungen. Göttingen: Hogrefe.

Küchler, J. (1981). Theorie und Praxis der Qualitätszirkel, Köln.

Kühlborn, H. (1985). Erhöhte Mitarbeitermotivation durch Mitwirkung der Beschäftigten. In: Fricke, W. & Schuchardt, W. (Hrsg.). Innovatorische Qualifikationen. Bonn: Neue Gesellschaft. 195-206.

Lacher,N. u.a. (1987). Die Fort- und Weiterbildung von Montagearbeitern/innen - Voraussetzungen und Perspektiven am Beispiel der Volkswagen AG, Zwischenbericht. Recklinghausen: Forschungsinstitut für Arbeiterbildung (FIAB).

Leicht, M. (1986). Grundgedanken zum Quality Circle Ansatz. In: Quality Circles - Voraussetzungen für Spitzenleistungen. Dokumentation zum 4. Deutschen QC-Kongress 1985. Hamburg: Windmühle.

Leitner, K., Volpert, W. u.a. (1987). Analyse psychischer Belastung in der Arbeit. Das RHIA-Verfahren. Handbuch und Manual. Köln: TÜV Rheinland.

Leminsky, G. (1985). Mitbestimmung am Arbeitsplatz - Erfahrungen und Perspektiven. In: Gewerkschaftliche Monatshefte 3/85, 151-161.

Likert, R. (1961). New patterns of management. New York: McGraw-Hill.

Marciniak, F. & Klitzke, T. (1988). Zum Medieneinsatz bei der Implementation von VW-Zirkeln. In: 7. Deutscher Quality Circle Kongress.

Marplan (1982). Gewerkschaftsbarometer '82.

Martin, E., Ackermann, U., Udris, I. & Oegerli, K. (1980). Monotonie in der Industrie. Bern: Huber.

Maslow, A.H. (1954). Motivation and personality. New York: Harper.

Mattheus, M. (1986). Charakteristika der Problemlösungs- und Entscheidungstechniken japanischer Manager. In: Bungard, W. & Wiendieck,G. (Hrsg.) (1986). Qualitätszirkel als Instrument zeitgemäßer Betriebsführung. Landsberg: Moderne Industrie. 129-148.

McGregor, D. (1970). Der Mensch im Unternehmen. Düsseldorf: Econ.

Meyer-Dohm, P. (1987). Einschätzung der VW-Zirkel aus Unternehmenssicht. Die Mitbestimmung 33, 681-682.

Miller, G. A.; Galanter, E.; Pribram, K. H. (1960)Plans and the strukture of behavior. New York: Holt, Rinehard & Winston.

Mulder, M. (1977). The daily power game. Leiden: M.Nijhoff.

Neuberger, D. & Kompa, A. (1987). Wir und die Firma. Weinheim: Beltz.

Nitschke, Chr. (1988). Autonomie in der Erwerbsarbeit. Berlin: edition sigma.

Oesterreich, R. (1981). Handlungsregulation und Kontrolle. München: Urban & Schwarzenberg.

Peters, T.J. & Waterman, R.H. (1984). Auf der Suche nach Spitzenleistungen. Landsberg.

Pöhler, W. (1973). Soziale Voraussetzungen und soziale Konsequenzen veränderter Kooperation bei Aufhebung der Fließarbeit. In: RKW (Hrsg.). Humanisierung des Arbeitslebens. Frankfurt a. M.: RKW.

Pusch, M., Volkert, K., Uhl, H.-J. (1983). Qualitätszirkel, Werkstattkreise, Aktionskreise der VW AG - Erfahrungen des Betriebsrats. in: Gewerkschaftliche Monatshefte 11, 1983, 740-745.

Reichart, L. (1989). Kooperative Selbstqualifizierung durch Lernstatt - Eine kritische Reflexion der Lernstatt-Philosophie. In: Heidack, C. Lernen der Zukunft. München: Lexika

Roethlisberger, F.J. & Dickson, W.J. (1964). Management and the worker. Cambridge, Mass.: Harvard University Press.

Rosenstiel, L. v. (1975). Die motivationale Grundlage des Verhaltens in Organisationen - Leistungen und Zufriedenheit. Berlin: Duncker & Humblot.

Rosenstiel, L. v. (1986). Führungskräfte nach dem Wertwandel - Zielkonflikt und Identifikationskrise? In: Zeitschrift für Führung und Organisation, Jg. 55, S.89-96.

Roth, S. & Kohl, H. (Hrsg.) (1988). Perspektive Gruppenarbeit. Köln: Bund.

Roth, S. (1990). Betriebliche Interessenvertretung und technischer Wandel in den 90er Jahren. In: perspektiven ds 3/1990

Rotter, J. B. (1955). The role of the psychological situation in determining the direction of human behavior. Nebraska Symposium of motivation 3, 245-268.

Rotter, J. B. (1966). Generalized expectancies for internal versus external control of reinforcement. Psychological Monographs 80, 1, Whole No. 609.

Rubinstein, S. L. (1971). Grundlagen der Allgemeinen Psychologie. Berlin (DDR): Volk und Wissen.

Schindler, D. (1989). Qualitätszirkel - Eine Chance für Frauen?. Unveröff. Diplomarbeit, TU Braunschweig.

Schultz, F. (1988). Qualitätszirkel - Von der Qualitätssicherung zur Förderung sozialer Kompetenzen. In: Methner,H. & Gebert, A. (Hrsg.) Arbeits- und Organisationspsychologie: Verantwortung und Leistung. Bonn: DPV, 172-183.

Schultz, F., Volkert, K., Uhl, H.J. (1989). Qualitätszirkel in der Automobilindustrie - Gewerkschaftliche Bildungsarbeit für Betriebsräte und Vertrauensleute der Volkswagen AG. In: Die Mitbestimmung 8, 461-463.

Schulz von Thun, F. (1983). Miteinander reden - Störungen und Klärungen. Hamburg: Rowohlt.

Schwarz, M. (1989). Beratungsgruppen für den Betriebsrat - zur Nachahmung empfohlen. In: Die Mitbestimmung 8/89, 448-449.

Seligman, M.E.P. (1975). Helplessness. San Francisco: Freemann.

Semmer, N. & Frese, M. (1979). Handlungstheoretische Implikationen für kognitive Therapie. In: Hoffmann, N. (Hg.). Grundlagen kognitiver Therapie. Theoretische Modelle und praktische Anwendung. Bern: Huber.

Semmer, N. (1984). Streßbezogene Tätigkeitsanalyse. Psychologische Untersuchungen zur Analyse von Streß am Arbeitsplatz. Weinheim: Beltz.

Semmer, N. (1990). Streß und Kontrollverlust. In: Frei, F., Udris, I. (Hrsg.) (1990) Das Bild der Arbeit. Bern: Huber.

Staudt, E. (1982). Qualitätszirkel in Deutschland. In: Biethahn, J. & Staudt, E.(Hrsg.). Der Betrieb im Qualitätswettbewerb. 101-113.

Steinkühler, F. (1988a). Individualinteressen und Organisationsinteressen zusammenführen - Gespräch über die Zukunft der Gewerkschaften. In: Gewerkschaftliche Monatshefte 6/88, 343-368.

Steinkühler, F. (1988b). Gewerkschaftlicher Interessenbegriff im Wandel. In: Die Mitbestimmung 10/88, 521.

Strassmann, J. (1986). Gruppendynamische Aspekte der Qualitätszirkel. In: Bungard, W. & Wiendiek, G. (Hrsg.) (1986). Qualitätszirkel als Instrument zeitgemäßer Betriebsführung. Landsberg: Moderne Industrie.

Strauss-Wieczorek, G. (1987). Taylorismus plus Sozialtechnik statt Mitbestimmung am Arbeitplatz. In: Die Mitbestimmung, 33, 676-678.

Streek, W. (1987). Neue Formen der Arbeitsorganisation im internationalen Vergleich. In: IG Metall Wolfsburg (Hrsg.). Zukunft der Automobilindustrie, Symposium. Wolfsburg: IG Metall.

Strombach, M., (Hrsg.) (1984). Qualitätszirkel und Kleingruppenarbeit als praktische Organisationsentwicklung. Frankfurt a.M.: Kommentator.

Strümpel, B. (1988). Werte im Wandel - Starre Strukturen in der Arbeitswelt. In: 8. Deutscher Quality Circle Kongeß.

Tomaszewski, T. (1964). Die Struktur der menschlichen Tätigkeit. In: Psychologie und Praxis, 8.

Udris, I. (1981). Streß in arbeitspsychologischer Sicht. In: Nitsch,J. (Hrsg.). Streß. Bern: Huber, 391-440.

Ulich, E., Groskurth, P. & Bruggemann, A. (1973). Neue Formen der Arbeitsgestaltung. Frankfurt a.M.: Europäische Verlagsanstalt.

Ulich, E. (1978). Über mögliche Zusammenhänge zwischen Arbeitstätigkeit und Persönlichkeitsentwicklung. In: psychosozial 1, 44-63.

Ulich, E. (1984). Psychologie der Arbeit. In: Management - Enzyklopädie, Band 7, 914-929, Landsberg: Moderne Industrie.

Ulich, E. (1989). Arbeitspsychologische Konzepte der Arbeitsgestaltung. In: Maaß, S. & Oberquelle, H. (Hrsg.). Software Ergonomie '89. Stuttgart: Teubner.

Vilmar, F. (1968). Mitbestimmung am Arbeitsplatz. Neuwied: Luchterhand.

Volkert, K., Uhl, H.-J., Widuckel-Mathias, W. (1987). Qualitätszirkel in der Automobilindustrie - Gefahren und Chancen. In: "Die neue Gesellschaft". Frankfurter Hefte Nr. 2.

Volpert, W. (1974). Handlungsstrukturanalyse als Beitrag zur Qualifikationsforschung. Köln: Pahl-Rugenstein.

Volpert, W. (Hrsg.) (1980). Beiträge zur Psychologischen Handlungstheorie. Bern: Huber.

Volpert, W., Oesterreich, R. u.a. (1983). Verfahren zur Ermittlung von Regulationserfordernissen in der Arbeitstätigkeit (VERA). Handbuch und Manual. Köln: TÜV Rheinland.

Vroom, V.H. (1964). Work and motivation. New York: Wiley.

VW-Zirkel-Beraterteam (1988). Informations-Mappe.

VW-Zirkel-Beraterteam (1989). Informationen auf der Hannover Messe 1989.

Weinert, A.B. (1981). Lehrbuch der Organisationspsychologie. München: Urban & Schwarzenberg.

White, R. W. (1959). Motivation reconsidered: The concept of competence. Psychological Review, 5, 297-333.

Wiendieck, G. (1988a). Qualitäts-Zirkel und Corporate Identity als Instrumente eines strategischen Personalmanagements. Zeitschrift für Arbeits- und Organisationspsychologie. Themenheft QZ.

Wiendieck, G. (1988b). Führung 2000 - Perspektiven und Konsequenzen. Vortrag. 7. Deutscher QC-Kongreß, Bad Dürkheim.

Wilpert, B. (1980). Mitbestimmung in Organisationen. In: Hoyos, C., Graf u.a. (Hg.). Grundbegriffe der Wirtschaftspsychologie. München.

Wilpert.B. & Rayley, J. (1983). Anspruch und Wirklichkeit der Mitbestimmung. Fankfurt a. M.: Campus.

Wilpert, B. (1986). Zu einer Psychologie der Partizipation. In: Amelang, M. (Hg.). Bericht über den 35. Kongreß der Deutschen Gesellschaft für Psychologie, Bd.2.

Wilpert, B. (1989). Mitbestimmung. In: Greif, S.; Holling, H.; Nicholsen, N. (Hrsg.). Arbeits- und Organisationspsychologie - Internationales Handbuch in Schlüsselbegriffen. München: Psychologie Verlags Union.

Zander, A. (1977). Groups at work, San Francisco.

Zink, K.J. & Schick, G. (1987). Quality Circles. München: Hanser.

Zoll, R. (1990). Beteiligung als Element einer neuen politischen Kultur in Alltag und Betrieb. In: WSI-Mitteilungen 1/90, 52-57.

Anhang A.1

Betriebsvereinbarung
VW-Zirkel

Betriebsvereinbarung

VW-Zirkel Gültig ab: 01.08.1986

Zwischen Vorstand und Gesamtbetriebsrat der Volkswagen AG wird die Einführung von VW-Zirkeln in allen Geschäftsbereichen und Werken vereinbart.

Präambel

Jeder Werksangehörige braucht ein Mindestmaß an Gestaltungs- und Entscheidungsmöglichkeiten, an körperlichen und geistigen Anforderungen sowie an sozialen Kontaktmöglichkeiten. Die Werksangehörigen sollen an der Gestaltung von Arbeit und Technik beteiligt werden.

Die Einbeziehung der Erfahrungen und Kenntnisse der Werksangehörigen zur Verbesserung der Arbeitsqualität, besseren Gestaltung der Arbeitsplätze, der Arbeitsumgebung, der Arbeitsbedingungen und des Arbeitsschutzes gewinnt zunehmend an Bedeutung. Hierzu soll auch die Einführung von VW-Zirkeln beitragen.

Innovatives, kreatives und selbständiges Denken und Handeln, die Bereitschaft zur Fort- und Weiterbildung sowie die Fähigkeit zu Kooperation und Teamarbeit aller Werksangehörigen sind entscheidende Voraussetzungen für den wirtschaftlichen Erfolg des Unternehmens und die Zukunftssicherung der Arbeitsplätze.

1. Zielsetzung der VW-Zirkel

Die Zielsetzung der VW-Zirkel steht im Einklang mit der Betriebsvereinbarung Nr. 1/83 "Führungsgrundsätze".

Mit VW-Zirkel sollen folgende Ziele erreicht werden:

- Verbesserung der Qualität der eigenen Arbeit,
- Aufrechterhaltung und Verbesserung der Wettbewerbsfähigkeit,
- Entwickeln und Verbessern der Teamfähigkeit und der Zusammenarbeit,
- Erhöhung der Arbeitszufriedenheit und der Motivation, z.B. durch Mitgestaltung des eigenen Arbeitsbereichs,
- Erweiterung und Nutzung der Kenntnisse und Fähigkeiten der Werksangehörigen,
- Überwindung von negativen Folgen der Arbeitsteilung und Mitwirkung der Arbeitnehmer bei der Gestaltung der Arbeitsumgebung,
- Verbesserung der Arbeitsbedingungen,
- Verbesserung des Arbeitsschutzes.

Ergebnisse der VW-Zirkel dürfen nicht zu Nachteilem für die Werksangehörigen, insbesondere nicht zu Entlassungen führen.

Personelle Maßnahmen, die aufgrund der Ergebnisse von VW-Zirkeln realisiert werden sollen, setzen die Zustimmung des Betriebsrats auf der Basis der gesetzlichen, tarifvertraglichen, betriebsvereinbarungsgemäßen und betrieblichen Regelungen voraus.

2. Definition der VW-Zirkel

Ein VW-Zirkel ist eine Gruppe von Werksangehörigen, die freiwillig die Qualität der eigenen Arbeit verbessern will. Kennzeichen sind Hierarchiefreiheit, Kreativität und der Wille zur Umsetzung.

VW-Zirkel können grundsätzlich in allen Arbeitsbereichen, auf allen Hierarchie-Ebenen geschäftsbereichsintern und geschäftsbereichsübergreifend durchgeführt werden.

Die in VW-Zirkeln zu behandelnden Themen können von den Werksangehörigen, den Führungskräften und vom Betriebsrat vorgschlagen werden.

3. Beteiligung des Betriebsrates

3.1 Einführung und Strategie

Mit dem Betriebsrat sind alle grundsätzlichen Fragen im Zusammenhang mit VW-Zirkeln einvernehmlich zu regeln.

Insbesondere:

- Arbeits-Methoden der VW-Zirkel,
- Auswahl und Ausbildung der VW-Zirkel-Leiter (Trainer/Moderatoren/Koordinatoren),
- die Strategie der stufenweisen Einführung von VW-Zirkeln.

Der Betriebsrat kann allen Zusammenkünften, die sich mit grundsätzlichen Fragen im Zusammenhang mit VW-Zirkeln befassen, Beauftragte entsenden.

3.2 Durchführung der VW-Zirkel-Arbeit vor Ort

Über Themen, Teilnehmer und Durchführung von VW-Zirkeln ist der Betriebsrat zu informieren, die Form wird mit dem Betriebsrat abgestimmt.

Der Betriebsrat oder von ihm benannte Vertreter können jederzeit an den Zusammenkünften der VW-Zirkel teilnehmen. Die Ergebnisse sind umgehend dem Betriebsrat mitzuteilen.

Bei der Arbeit der VW-Zirkel sind die gesetzlichen, tarifvertraglichen und betrieblichen Regelungen sowie die entsprechenden Zuständigkeiten des Betriebsrats einzuhalten.

3.3 Jahresbericht

Ergebnisse und Erfahrungen der VW-Zirkel sind jährlich dem Gesamtbetriebsrat/den Betriebsräten der Werke darzustellen.

4. VW-Zirkel-Steuerkreis

Zur Koordination aller VW-Zirkel-Aktivitäten wird auf Unternehmensebene ein VW-Zirkel-Steuerkreis unter Beteiligung des Gesamtbetriebsrats eingerichtet.

Aufgaben: Entscheidung über alle grundsätzlichen Konzepte im Rahmen der VW-Zirkel-Aktivitäten, wie z.B. Bildungs-, Werbe- und Informationskonzepte, Setzung von Prioritäten, spezielle Veranstaltungen, Budget-Regularien, Vorschläge für die Weiterentwicklung der VW-Zirkel-Organisation.

Entsprechende Steuerkreise werden unter Beteiligung des Betriebsrats auf Werksebene eingerichtet.

5. VW-Zirkel-Beraterteam

Darüber hinaus wird auf Unternehmensebene ein VW-Zirkel-Beraterteam eingesetzt.

Aufgaben: Förderung und Umsetzung der VW-Zirkel-Idee durch geeignete Aktionen, Erarbeiten von Vorlagen an den VW-Zirkel-Steuerkreis und anschließende Umsetzung, Beratung, Dokumentation, Berichtswesen, Informations- und Erfahrungsaustausch, fachliche Koordination aller Konzernaktivitäten, Abstimmung mit dem Betriebsrat, Betreuung der Koordinatoren.

6. VW-Zirkel-Koordinatoren

Koordinatoren, die eine spezielle Ausbildung erhalten, sind in den einzelnen Geschäfts-, Werks- und Fertigungsbereichen zuständig für die Betreuung der VW-Zirkel-Leiter sowie aller technischen und organisatorischen Maßnahmen. Sie sind innerhalb ihres Verantwortungsbereichs wie die Mitglieder des VW-Zirkel-Beraterteams tätig. Sie sind Mitarbeiter des jeweiligen Bereichs und für diese Aufgabe speziell eingesetzt.

7. VW-Zirkel-Leiter

VW-Zirkel-Leiter sind Werksangehörige, die eine spezielle Ausbildung für die Leitung und Durchführung von VW-Zirkeln erhalten

8. VW-Zirkel und Vorschlagswesen

Die Einrichtung aller VW-Zirkel ist dem Vorschlagswesen mitzuteilen. Die Mitglieder des VW-Zirkels entscheiden, ob die Ergebnisse als Gruppen-Verbesserungsvorschläge gemäß Betriebsvereinbarung Nr. 1/80 "Vorschlagswesen der Volkswagenwerk AG" eingereicht werden.

Für die Abwicklung gilt die Mitteilung des Vorstandsbereichs Personal- und Sozialwesen Nr. 2/83 "Gruppen-Verbesserungsvorschläge aus Werkstattkreisen/Qualitätszirkeln".

9. Geltungsdauer

Diese Betriebsvereinbarung tritt am 01.08.1986 in Kraft. Sie kann jederzeit mit einer Frist von drei Monaten zum Jahresende gekündigt werden.

Wolfsburg, 03 Juli 1986

GESAMTBETRIEBSRAT VOLKSWAGEN AG

Anhang A.2

Fragebogen zur

Arbeitnehmerbeteiligung

am Arbeitsplatz

Liebe Kollegin, lieber Kollege,

auf den folgenden Seiten findest Du verschiedene Fragen zu

Deiner Arbeit (Wie ich meine Arbeit sehe..., Probleme in meiner Arbeit..., Mein Einfluß auf meine Arbeit...),

zu Mitwirkungsmöglichkeiten (Wo ich mich beteiligen möchte..., An wen ich mich wende...),

zu den VW-Zirkeln (Mein Informationsstand zu VW-Zirkeln..., Meine Einstellung zu den VW-Zirkeln..., Mein Anteil an den VW-Zirkeln...),

zur Tätigkeit als Vertrauensfrau/mann (Die Rolle als Vertrauensmann/ frau und als VW-Zirkel Moderator/in..., Meine Ziele bei VW-Zirkeln...)

und zur Mitbestimmung (Meine Einstellung zur Mitbestimmung...).

Am Schluß befinden sich ein paar sozial-statistische Fragen (Angaben zu meiner Person...).

Du findest im folgenden einzelne Fragen wie z.B.:

In welchem Umfang arbeitest Du mit Werkzeugen?

1———2———3———4———5———6———7

sehr wenig ... mittel ... sehr viel

Wenn Du - als Beispiel - sehr oft mit Werkzeugen umgehst, aber auch ein wenig Schreibarbeiten machst, kreutzt Du z.B. die Zahl 6 an, wie oben geschehen.

1———2———3———4———5———6———7

sehr wenig ... durchschnittlich ... sehr viel

Wenn Du dagegen überhaupt nicht mit Werkzeugen arbeitest, kreuzt Du die 1 an.

Beantworte bitte den Fragebogen vollständig und wahrheitsgemäß und nach Deiner derzeitigen Einschätzung.

Über die Ergebnisse der begleitenden Untersuchung und des Fragebogens werde ich informieren.

Ich bedanke mich für Deine Mitarbeit

Dipl. Psych. Ferdinand Schultz

Wie ich meine Arbeit sehe ...

1.) Wie könntest Du Deinen Arbeitsbeitrag zu dem Produkt beschreiben?

1———2———3———4———5———6———7

Meine Arbeit betrifft nur ein kleines Teil eines größeren Arbeitsproduktes	Meine Arbeit betrifft ein mittelgroßes Teil eines größeren Arbeitsproduktes	Meine Arbeit betrifft das gesamte Arbeitsprodukt von Anfang Ende

2.) Kannst Du in Deiner Arbeit Deine Fähigkeiten und Fertigkeiten einsetzen?

1———2———3———4———5———6———7

10 %	40 %	70 % ...%
nur wenige	einige	sehr viele

3.) Wie abwechselungsreich ist Deine Arbeit?

1———2———3———4———5———6———7

sehr wenig	mittlere Abwechselung	sehr viel
ich muß immer die gleichen Tätigkeiten wiederholen		meine Arbeit verlangt viele unterschiedliche Tätigkeiten durchzuführen

4.) Wie selbständig kannst Du arbeiten? Hast Du die Möglichkeit, dir Deine Arbeit einzuteilen?

1———2———3———4———5———6———7

sehr wenig	durchschnittlich	sehr viel
ich habe nur wenig Möglichkeiten mir meine Arbeit einzuteilen	vieles ist festgelegt und nicht unter meiner Kontrolle aber einige Entscheidungen	ich kann mir meine Arbeit weitgehend so einteilen wie ich will

5.) In welchem Ausmaß verlangt Deine Arbeit eine enge Zusammenarbeit mit anderen Leuten (z.B. mit Kollegen der gleichen Abteilung, mit Mitarbeitern anderer Abteilungen oder mit Personen anderer Firmen)?

1———2———3———4———5———6———7

sehr wenig	durchscnittlich	sehr viel
es ist bei meiner Arbeit überhaupt nicht nötig mit anderen zusammenzuarbeiten	einige Zusammenarbeit mit anderen Leuten ist schon notwendig	die Zusammenarbeit ist ein wesentlicher Bestandteil meiner Arbeit

6.) Wieviel kannst Du in Deiner Arbeit hinzulernen?

1———2———3———4———5———6———7

sehr wenig	durchschnittlich	sehr viel

7.) Gibt es in Deiner Arbeit immer wieder neue Probleme, wo Du tüfteln und knobeln mußt, um damit fertig zu werden?

1——2——3——4——5——6——7

sehr selten	hin und wieder	regelmäßig
das kommt fast nie vor	kommt das schon vor	bin ich vor neue Probleme gestellt

8.) Gibt es in Deiner Arbeit Herausforderungen, an denen Du Deine Geschicklichkeit und Dein Können erproben kannst?

1——2——3——4——5——6——7

sehr wenige		sehr viele

9.) Kannst Du aus Deinen Arbeitseregebnissen (z.B. dem Werkstück) ersehen, wie gut Du arbeitest oder brauchen Du die Rückmeldung Deiner Vorgesetzten oder Kollegen, um die Qualität Deiner Arbeit ermessen zu können?

1——2——3——4——5——6——7

sehr wenig	mittel	sehr viel
ich kann an meiner Arbeit nicht sehen, wie gut ich arbeite	nur zum Teil kann ich sehen, wie gut ich arbeite	ich sehe meiner Arbeit immer an, wie gut ich arbeite

10.) Wie sehr zeigen Dir Deine Kollegen, was Sie von Deiner Arbeit halten?

1——2——3——4——5——6——7

sehr wenig	mittel	sehr viel
Sie lassen mich nie wissen, wie gut ich meine Arbeit tue	Manchmal geben sie mir einen Hinweis, zu anderen Zeiten tun sie es nicht	sie geben mir fast immer Hinweise, wie gut ich meine Arbeit tue

11.) Wie sehr zeigen Dir Deine Vorgesetzten, was Sie von Deiner Arbeit halten?

1——2——3——4——5——6——7

sehr wenig	mittel	sehr viel
Sie lassen mich nie wissen, wie gut ich meine Arbeit tue	Manchmal geben sie mir einen Hinweis, zu anderen Zeiten tun sie es nicht	sie geben mir fast immer Hinweise, wie gut ich meine Arbeit tue

12.) Welchen Einfluß hat die Güte Deiner Arbeit auf die Produktqualität?

1——2——3——4——5——6——7

geringen Einfluß	teilweiser Einfluß	erheblicher Einfluß
meine Arbeitsergebnisse beeinflussen die Produktqualität nur wenig		die Güte meiner Arbeit hat deutlichen Einfluß auf das Produkt

Probleme in meiner Arbeit ...

1.) In unzureichenden Arbeitsbedingungen (körperliche Belastungen usw.) sehe ich an meinem Arbeitsplatz

1——2——3——4——5——6
gar kein Problem ... ein brennendes Problem

2.) In ungenügender Arbeitssicherheit sehe ich an meinem Arbeitsplatz

1——2——3——4——5——6
gar kein Problem ... ein brennendes Problem

3.) Mängel im Arbeitsablauf sind am meinem Arbeitsplatz

1——2——3——4——5——6
gar kein Problem ... ein brennendes Problem

4.) Schlechte Umgebungsbedingungen (Lärm, Hitze, Licht usw.) sind an meinem Arbeitsplatz

1——2——3——4——5——6
gar kein Problem ... ein brennendes Problem

5.) Mangelhafte Zusammenarbeit mit meinen Kollegen ist in meinem Arbeitsbereich

1——2——3——4——5——6
gar kein Problem ... ein brennendes Problem

6.) Unzureichende Teilnahmemöglichkeiten an Fortbildsmaßnahmen sind für mich

1——2——3——4——5——6
gar kein Problem ... ein brennendes Problem

7.) Mngelhafte Zusammenarbeit mit meinen Vorgesetzten ist für mich

1——2——3——4——5——6
gar kein Problem ... ein brennendes Problem

8.) Organisatorische Mängel in meiner Abteilung sind

1——2——3——4——5——6
gar kein Problem ... ein brennendes Problem

9.) Versetzung innerhalb des Betriebes sind für mich

1——2——3——4——5——6
gar kein Problem ... ein brennendes Problem

10.) Regelung der Arbeitszeit sind für mich

1——2——3——4——5——6
gar kein Problem ... ein brennendes Problem

Mein Einfluß auf meine Arbeit ...

1.) An der Veränderung der Arbeitsbedingungen an meinem Arbeitsplatz bin ich

1——2——3——4——5——6
gar nicht beteiligt — sehr stark beteiligt

2.) an der Verbesserung der Arbeitssicherheit in meinem Arbeitsbereich bin ich

1——2——3——4——5——6
gar nicht beteiligt — sehr stark beteiligt

3.) An der Gestaltung des Arbeitsablaufs an meinem Arbeitsplatz bin ich

1——2——3——4——5——6
gar nicht beteiligt — sehr stark beteiligt

4.) An der Gestaltung der Umgebungsbedingungen (Lärm, Hitze, Licht usw.) in meinem Arbeitsbereich bin ich

1——2——3——4——5——6
gar nicht beteiligt — sehr stark beteiligt

5.) An der Fragen der Zusammenarbeit mit meinem Kollegen bin ich

1——2——3——4——5——6
gar nicht beteiligt — sehr stark beteiligt

6.) An der Entscheidung über die Teilnahme an Fortbildungsmaßnahmen bin ich

1——2——3——4——5——6
gar nicht beteiligt — sehr stark beteiligt

7.) An Fragen der Zusammenarbeit mit meinen Vorgesetzten bin ich

1——2——3——4——5——6
gar nicht beteiligt — sehr stark beteiligt

8.) An organisatorischen Änderungen in meiner Abteilung bin ich

1——2——3——4——5——6
gar nicht beteiligt — sehr stark beteiligt

9.) An der Entscheidung über meine Versetzung innerhalb des Betriebes bin ich

1——2——3——4——5——6
gar nicht beteiligt — sehr stark beteiligt

10.) An der Festlegung meiner Arbeitszeit bin ich mich

1——2——3——4——5——6
gar nicht beteiligt — sehr stark beteiligt

An wen ich mich wende ...

In Deiner Arbeitssituation gibt es immer wieder Situationen in denen Abstimmungsbedarf mit Kollegen besteht und Unzufriedenheit mit Arbeitsbedingungen vorhanden ist. Es sind Verbesserungen der Arbeitssicherheit, Änderungen des Arbeitsablaufs oder der Produktqualität, Fragen des Urlaubs und ähnliches zu klären.

Bitte erläutere, mit welchen typischen Problemen Du Dich an folgende Personen oder Institutionen (Vorgesetzter, Betriebsrat, VW-Zirkel, Fachabteilung, Vorschlagwesen) im Betrieb wendest.
Bitte kreuze an welches Deine Beweggründe dafür sind (mehrere Nennungen sind möglich).

1. Bei folgenden Problemen wende ich mich an meinen **betrieblichen Vorgesetzten**

a. Bitte beschreiben Sie ein Problem kurz:

.... 0 weil er zuständig ist

.... 0 weil er den Mißstand sofort behebt

.... 0 weil ich Vertrauen in eine gute Lösung habe

.... 0 weil ich Einfluß auf die Lösung habe

0 weil es gut für meine berufliche Zukunft ist

andere Gründe ....

b. Bitte beschreibe ein Problem kurz:

.... 0 weil er zuständig ist

.... 0 weil er den Mißstand sofort behebt

.... 0 weil ich Vertrauen in eine gute Lösung habe

.... 0 weil ich Einfluß auf die Lösung habe

0 weil es gut für meine berufliche Zukunft ist

andere Gründe ....

c. Bitte beschreibe ein Problem kurz:

.... 0 weil er zuständig ist

.... 0 weil er den Mißstand sofort behebt

.... 0 weil ich Vertrauen in eine gute Lösung habe

.... 0 weil ich Einfluß auf die Lösung habe

0 weil es gut für meine berufliche Zukunft ist

andere Gründe ....

2. Bei folgenden Problemen wende ich mich an meinen **Betriebsrat**

a. Bitte beschreibe ein Problem kurz:

.... 0 weil er zuständig ist

.... 0 weil er den Mißstand sofort behebt

.... 0 weil ich Vertrauen in eine gute Lösung habe

.... 0 weil ich Einfluß auf die Lösung habe

0 weil es gut für meine berufliche Zukunft ist

andere Gründe ....

b. Bitte beschreibe ein Problem kurz:

.... 0 weil er zuständig ist

.... 0 weil er den Mißstand sofort behebt

.... 0 weil ich Vertrauen in eine gute Lösung habe

.... 0 weil ich Einfluß auf die Lösung habe

0 weil es gut für meine berufliche Zukunft ist

andere Gründe ....

c. Bitte beschreibe ein Problem kurz:

.... 0 weil er zuständig ist

.... 0 weil er den Mißstand sofort behebt

.... 0 weil ich Vertrauen in eine gute Lösung habe

.... 0 weil ich Einfluß auf die Lösung habe

0 weil es gut für meine berufliche Zukunft ist

andere Gründe ....

3. Bei folgenden Problemen wende ich mich an einen VW-Zirkel Moderator um einen **VW-Zirkel** durchzuführen

a. Bitte beschreibe ein Problem kurz:

....	0 weil er zuständig ist
....	0 weil er den Mißstand sofort behebt
....	0 weil ich Vertrauen in eine gute Lösung habe
....	0 weil ich Einfluß auf die Lösung habe
	0 weil es gut für meine berufliche Zukunft ist
	0 weil es dafür Prämien gibt
	andere Gründe ....

b. Bitte beschreibe ein Problem kurz:

....	0 weil er zuständig ist
....	0 weil er den Mißstand sofort behebt
....	0 weil ich Vertrauen in eine gute Lösung habe
....	0 weil ich Einfluß auf die Lösung habe
	0 weil es gut für meine berufliche Zukunft ist
	0 weil es dafür Prämien gibt
	andere Gründe ....

c. Bitte beschreibe ein Problem kurz:

....	0 weil er zuständig ist
....	0 weil er den Mißstand sofort behebt
....	0 weil ich Vertrauen in eine gute Lösung habe
....	0 weil ich Einfluß auf die Lösung habe
	0 weil es gut für meine berufliche Zukunft ist
	0 weil es dafür Prämien gibt
	andere Gründe ....

4. Bei folgenden Problemen wende ich mich an das **betriebliche Vorschlagswesen**

a. Bitte beschreibe ein Problem kurz:

....	0 weil er zuständig ist
....	0 weil er den Mißstand sofort behebt
....	0 weil ich Vertrauen in eine gute Lösung habe
....	0 weil ich Einfluß auf die Lösung habe
	0 weil es gut für meine berufliche Zukunft ist
	0 weil es dafür Prämien gibt
	andere Gründe ....

b. Bitte beschreibe ein Problem kurz:

....	0 weil er zuständig ist
....	0 weil er den Mißstand sofort behebt
....	0 weil ich Vertrauen in eine gute Lösung habe
....	0 weil ich Einfluß auf die Lösung habe
	0 weil es gut für meine berufliche Zukunft ist
	0 weil es dafür Prämien gibt
	andere Gründe ....

c. Bitte beschreibe ein Problem kurz:

....	0 weil er zuständig ist
....	0 weil er den Mißstand sofort behebt
....	0 weil ich Vertrauen in eine gute Lösung habe
....	0 weil ich Einfluß auf die Lösung habe
	0 weil es gut für meine berufliche Zukunft ist
	0 weil es dafür Prämien gibt
	andere Gründe ....

5. Bei folgenden Problemen wende ich mich an eine **Fachabteilung** (z.B Arbeitsssicherheit, Personalwesen usw.)

Fachabteilung:____

a. Bitte beschreibe ein Problem kurz:

.... 0 weil sie zuständig ist

.... 0 weil sie den Mißstand sofort behebt

.... 0 weil ich Vertrauen in eine gute Lösung habe

.... 0 weil ich Einfluß auf die Lösung habe

0 weil es gut für meine berufliche Zukunft ist

andere Gründe ....

Fachbateilung:____

b. Bitte beschreibe ein Problem kurz:

.... 0 weil sie zuständig ist

.... 0 weil sie den Mißstand sofort behebt

.... 0 weil ich Vertrauen in eine gute Lösung habe

.... 0 weil ich Einfluß auf die Lösung habe

0 weil es gut für meine berufliche Zukunft ist

andere Gründe ....

Fachabteilung:____

c. Bitte beschreibe ein Problem kurz:

.... 0 weil sie zuständig ist

.... 0 weil sie den Mißstand sofort behebt

.... 0 weil ich Vertrauen in eine gute Lösung habe

.... 0 weil ich Einfluß auf die Lösung habe

0 weil es gut für meine berufliche Zukunft ist

andere Gründe ....

Mein Informationsstand zu VW-Zirkeln ...

Unter Problemlösegruppen (bei Volkswagen VW-Zirkel) verstehen wir Gruppen von 5-8 Mitarbeitern, die sich regelmäßig (ca. alle 14 Tage) auf freiwilliger Basis treffen. Mit Hilfe eines Moderators/einer Moderatorin, die eine spezielle Ausbildung haben, werden Probleme aus Deinem Arbeitsbereich bis zu deren Lösung bearbeitet.

Hast Du schon davon gehört?	nein	0
	ja	0

Wenn ja,
von wem hast Du Informationen bekommen?

von Kollegen/innen	0
von anderen Vertrauensleuten	0
von Vorgesetzten	0
vom Betriebsrat	0
auf VL-Schwerpunktsitzungen	0
aus dem "Autogramm"	0
aus "BR-Kontakt"	0
aus "Der Metaller"	0
auf Schulungen der IGM	0
auf Seminaren von A+L	0
auf speziellen Informationsrunden zu den VW-Zirkeln in meinem Bereich	0

Gibt es in Deinem Bereich bereits VW-Zirkel?	nein	0
	ja	0

Hast Du bereits an einem VW-Zirkel teilgenommen?	nein	0
	ja	0

als Teilnehmer/in	0
als Vertreter/in des Betriebsrats	0
als Moderator/in	0

Hast Du an einer Schulung zu VW-Zirkeln teilgenommen?	nein	0
	ja	0

Winterhalbjahresschulung der IGM 1986/87 zu Qualitätszirkeln	0
Vertrauensleuteseminar der IGM zu "Qualitätszirkel als neue Form der Arbeitnehmertbeteiligung"	0
Informantenseminar der IGM zu QZ	0
Ausbildung zum VW-Zirkel Moderator	0

Meine Einstellung zu VW-Zirkeln ...

Bitte gebe im folgenden Deine Meinung zu den VW-Zirkeln an

1.) Ich sehe die VW-Zirkel positiv, da überwiegen die Chancen

1——2——3——4——5——6

stimme überhaupt nicht zu — stimme voll zu

2.) Mit VW-Zirkeln kann man selbst Mißstände beseitigen

1——2——3——4——5——6

stimme überhaupt nicht zu — stimme voll zu

3.) Die VW-Zirkel sind eine Methode des Managements, um an unser Wissen heranzukommen

1——2——3——4——5——6

stimme überhaupt nicht zu — stimme voll zu

4.) Mit VW-Zirkeln will das Management mehr rationalisieren

1——2——3——4——5——6

stimme überhaupt nicht zu — stimme voll zu

5.) VW-Zirkel sind eine Form der Mitbestimmung am Arbeitsplatz

1——2——3——4——5——6

stimme überhaupt nicht zu — stimme voll zu

6.) VW-Zirkel entlasten den Betriebsrat in seiner Tagesarbeit

1——2——3——4——5——6

stimme überhaupt nicht zu — stimme voll zu

7.) VW-Zirkel sind ein Bestandteil der Arbeit der Interessenvertretung

1——2——3——4——5——6

stimme überhaupt nicht zu — stimme voll zu

8.) VW-Zirkel sind eine Konkurrenz zur gewählten Interessenvertretung

1——2——3——4——5——6

stimme überhaupt nicht zu — stimme voll zu

9.) Durch VW-Zirkel denkt man mehr über seine Arbeit nach

1——2——3——4——5——6

stimme überhaupt nicht zu — stimme voll zu

10.) Durch VW-Zirkel bekommt man mehr Freude an der Arbeit

1——2——3——4——5——6

stimme überhaupt nicht zu — stimme voll zu

11.) Man fühlt sich durch VW-Zirkel mit den Kollegen/innen enger verbunden

1——2——3——4——5——6

stimme überhaupt nicht zu — stimme voll zu

12.) Durch VW-Zirkel fühlt man sich für seine Arbeit verantwortlicher

1——2——3——4——5——6

stimme überhaupt nicht zu — stimme voll zu

Mein Anteil an den VW-Zirkeln...

Bitte kreuze diejenige der folgenden vier Aussagen an, die Du persönlich für zutreffend hälst, auch wenn derzeit in Deinem Bereich noch keine VW-Zirkel vorhanden sind.

Darauf, wie die VW-Zirkel laufen, habe ich keinen Einfluß, sondern das wird durch **äußere Einflüsse** bestimmt wie z.B. wichtige Personen oder technische, sachliche, organisatorische, soziale Notwendigkeiten oder durch allgemeine Bedingungen in der Wirschaft. 0

Wie die VW-Zirkel laufen, hängt ganz entscheidend von mir und meiner **eigenen Einflußnahme** ab, also von meinen Fähigkeiten und Eigenschaften oder von meiner eigenen Kraft, meinen Anstrengungen, Bemühungen und meiner Ausdauer. 0

Die VW-Zirkel befinden sich in einem Feld unterschiedlicher Einflüsse und Interessen und werden durch **alle Einflüsse zusammen** bestimmt, also sowohl äußere, als auch persönliche oder auch durch zufällige Einflüsse. Dabei kommt es ganz auf die Situation an, welche Einflüsse jeweils am wichtigsten sind. 0

Wie die VW-Zirkel laufen, hängt von vielen **unvorhersehbaren Einflüssen** ab, es kommt mal so und mal so und ist bestimmt durch äußere Zufälle oder durch Stimmungen, Glück oder Pech oder durch Schicksal. 0

Die Rolle als Vertrauenmann/frau und als VW-Zirkel Moderator/in ...

1.) Als Vertrauensmann/frau bin ich erster Linie der IG Metall verpflichtet

1————2————3————4————5————6

stimme überhaupt nicht zu | stimme voll zu

2.) Als Vertrauensamnn/frau bin ich in erster Linie meinen Kollegen/innen verpflichtet

1————2————3————4————5————6

stimme überhaupt nicht zu | stimme voll zu

3.) Als Vertrauensmann/frau unterstütze ich meine Arbeitskollegen/innen bei Problemen

1————2————3————4————5————6

stimme überhaupt nicht zu | stimme voll zu

4.) VW-Zirkel Moderatoren sind in erster Linie der Zirkel-Gruppe verpflichet

1————2————3————4————5————6

stimme überhaupt nicht zu | stimme voll zu

5.) VW-Zirkel Moderatoren sind in erster Linie dem Unternehmen verpflichtet

1————2————3————4————5————6

stimme überhaupt nicht zu | stimme voll zu

6.) Sowohl Vertrauensmann/frau und Moderator/in sollten den Kollegen/innen bei der Problemstellungen behilflich sein

1————2————3————4————5————6

stimme überhaupt nicht zu | stimme voll zu

7.) Die Tätigkeit als Vertrauensmann/frau und Moderator/in sind nicht miteinander zu vereinbaren

1————2————3————4————5————6

stimme überhaupt nicht zu | stimme voll zu

8.) Vertrauensmann/frau und Moderatorenfuktion sollten gekoppelt sein

1————2————3————4————5————6

stimme überhaupt nicht zu | stimme voll zu

Meine Ziele bei VW-Zirkeln...

Welche persönliche Zielsetzung habst Du als Vertrauensmann/frau für den Fall, daß VW-Zirkel in Deinem Bereich durchgeführt werden?

Gebe bitte eine Rangfolge der für Dich zutreffenden Ziele an.
Das Wichtigste Ziel bekommt eine 1, das Zweitwichtigste eine 2 usw.:

selbst Themen einbringen und mitarbeiten	__
aufpassen was die Kollegen/innen im Zirkel machen	__
negative Zirkelergebnisse verhindern	__
als Moderator/in selbst Zirkel durchführen	__
Kollegen/innen auf Themen aufmerksam machen	__
Kollegen/innen von der Mitarbeit abhalten	__
den Betriebsrat auf dem laufenden halten	__
andere Ziele	__
....	__
....	__

Welche Themen aus Deinem Arbeitsbereich würdest/wirst Du in einem VW-Zirkel bearbeiten, weil sie sich Deiner Meinung nach besonders dafür eignen?

(Bitte gebe die Themenstellung möglichst konkret an)

1. ....
2. ....
3. ....
4. ....
5. ....
6. ....
7. ....
8. ....

Meine Einstellung zur Mitbestimmung...

1. Hier sind zwei gegensätzliche Meinungen über den Industriebetrieb.

A. *Einige Leute sagen, daß der Industriebetrieb so etwas ähnliches ist wie eine Fußballmanschaft - gute Zusammenarbeit bringt Erfolg und ist für jeden im Betrieb ein Vorteil.*

B *Andere sagen, wirkliche Zusammenarbeit ist im Industriebetrieb unmöglich, weil Unternehmer und Arbeitnehmer letzten Endes gegensätzliche Interessen haben.*

Welcher der Meinungen würdest Du eher zustimmen?

die Zusammenarbeit ist möglich	0
teils möglich/teils nicht	0
die Zusammenarbeit ist unmöglich	0
kann mich nicht entscheiden	0

2. Welche Mitbestimmungspolitik sollten die Gewerkschaften zukünftig verfolgen?

Gebe bitte eine Rangfolge der für Dich zutreffenden Ziele an.
Das Wichtigste eine 1, das Zweitwichtigste eine 2 usw.

die vorhandene Mitbestimmung verteidigen	__
die Mitbestimmung im Aufsichtsrat zu vollen Parität ausbauen	__
die Mitbestimmungsmöglichkeiten des Betriebsrats verbessern	__
die Mitbestimmung am Arbeitsplatz verbessern	__
anderes z.B. :	__

3. Welche Ziele sollten mit der Mitbestimmung verstärkt verfolgt werden?
Markiere das Wichtigste mit einer 1, das Zweitwichtigste mit einer 2 usw.

höherer Lohn	__
sichere Arbeitsplätze	__
angenehme Arbeitsbedingungen	__
interessantere Arbeit	__
bessere Chancen für betriebliches Weiterkommen	__
mehr Einfluß auf Investitionsentscheidungen	__
den Unfall- u. Gesundheitsschutz verbessern	__
Andere Themen :	__
....	__

Angaben zu meiner Person...

1. Geschlecht: männlich 0
   weiblich 0

2. Alter: ______ Jahre

3. Schulbildung:

   Sonderschule 0
   Hauptschule 0
   Mittlere Reife 0
   Fachhochschulreife 0
   Abitur 0

4. Berufliche Ausbildung:

   Keine Berufsausbildung 0

   Berufsausbildung 0 als ______________________________

5. Stellung im Betrieb

   Vertrauensmann/frau 0 seit _____ Jahren

   Sitzungsleitungsmitglied 0 seit _____ Jahren

   Betriebsrat/rätin 0 seit _____ Jahren

   Sicherheitsbeauftragte/r 0 seit _____ Jahren

   .... seit _____ Jahren

6. Seit wie viel Jahren arbeitest Du im Werk?

   seit _____ Jahren

7. Bitte beschreibe Deine derzeitige Tätigkeit kurz:

____

____

____